MICROSOFT
सक्सेस Story

माइक्रोसॉफ्ट व्यक्तिगत कंप्यूटर बाजार का 'एकाधिकारवादी' (मोनोपॉली) ब्रांड रहा है, लेकिन पिछले कुछ वर्षों से फोर्ब्स पत्रिका की 'विश्व के सबसे मूल्यवान 100 ब्रांड' की सूची में एप्पल व गूगल के बाद माइक्रोसॉफ्ट तीसरे पायदान पर खिसक गया है। लेकिन फरवरी 2014 में सत्य नारायण नडेला के मुख्य कार्यकारी अधिकारी (सी.ई.ओ.) बनने के बाद माइक्रोसॉफ्ट के ब्रांड मूल्य में लगातार सुधार दर्ज किया गया था। मई 2017 में फोर्ब्स ने 16 प्रतिशत बढ़त के साथ माइक्रोसॉफ्ट का ब्रांड मूल्य 87 अरब डॉलर आँका था।

घर-घर में कंप्यूटर और सॉफ्टवेयर पहुँचाकर 'माइक्रोसॉफ्ट' ने एक प्रकार से मानव-जाति पर उपकार किया है, क्योंकि इनके कारण दैनंदिन जीवन सुविधाजनक हो गया है। चाहे बैंकिंग हो या रेल-हवाई जहाज टिकेटिंग, प्रबंधक हो या कर्मचारी, हर क्षेत्र में माइक्रोसॉफ्ट के प्रोडक्ट काम की गति बढ़ाने में अहम भूमिका निभा रहे हैं।

कंप्यूटर-क्रांति में अग्रणी भूमिका निभानेवाली 'माइक्रोसॉफ्ट' कंपनी की सफलगाथा।

वरिष्ठ पत्रकार **प्रदीप ठाकुर** को भारत के प्रमुख मीडिया समूहों (दिल्ली प्रेस, अमर उजाला व दैनिक जागरण) में विभिन्न संपादकीय पदों पर काम करने और विविध विषयों पर लिखने व विश्लेषण प्रस्तुत करने का दो दशक से भी अधिक समय का अनुभव प्राप्त है। उनकी अंग्रेजी में प्रकाशित कृतियाँ हैं : 'टाटा नैनो : द पीपल्स कार', 'कैरीइंग धीरूभाई', 'विजन फॉरवर्ड : मुकेश अंबानी', 'द शाइनिंग स्टार ऑफ अमेरिका एंड द वर्ल्ड : बराक ओबामा', 'द किंग ऑफ स्टील : लक्ष्मी एन. मित्तल', 'अन्ना हजारे : द फेस ऑफ इंडिया अगेंस्ट करप्शन', 'एंजेलीना जोली : इज शी द मोस्ट पॉवरफुल सेलिब्रिटी' और 'टाइगर इन द वुड्स : द स्टोरी ऑफ नं. 1 स्पोर्ट्स-ब्रांड टाइगर वुड्स'।

MICROSOFT सक्सेस Story

(विश्व की सबसे बड़ी सॉफ्टवेयर कंपनी की शिखरगाथा)

प्रदीप ठाकुर

प्रभात
पेपरबैक्स
www.prabhatbooks.com

प्रकाशक

प्रभात पेपरबैक्स

4/19 आसफ अली रोड, नई दिल्ली–110002

फोन : 23289777 • हेल्पलाइन नं. : 7827007777

इ–मेल : prabhatbooks@gmail.com ❖ वेब ठिकाना : www.prabhatbooks.com

संस्करण

प्रथम, 2018

मूल्य

दो सौ रुपए

अ.मा.पु.स. 978-93-5266-310-1

मुद्रक

आर–टेक ऑफसेट प्रिंटर्स, दिल्ली

MICROSOFT SUCCESS STORY
by Pradeep Thakur

Published by **PRABHAT PAPERBACKS**
4/19 Asaf Ali Road, New Delhi-110002

ISBN 978-93-5266-310-1

₹200.00

मेरी पूर्णकालिक लेखन-यात्रा को
संभव बनानेवाली धर्मपत्नी किरण और
मुझे हमेशा उत्साहित रखनेवाले
सुपुत्रों प्रभाकर, पुष्कर व भाष्कर
को
सस्नेह समर्पित

भूमिका

माइक्रोसॉफ्ट व्यक्तिगत कंप्यूटर बाजार का 'एकाधिकारवादी' (मोनोपॉली) ब्रांड रहा है, लेकिन पिछले कुछ वर्षों से फोर्ब्स पत्रिका की 'विश्व के सबसे मूल्यवान 100 ब्रांड' की सूची में एप्पल व गूगल के बाद माइक्रोसॉफ्ट तीसरे पायदान पर खिसक गया है। वास्तव में, लंबे अरसे से अपने एकाधिकारवादी रवैए के चलते माइक्रोसॉफ्ट को विश्व समाचार माध्यमों की तीखी आलोचनाओं व मजबूर उपयोगकर्ताओं की लगातार नाराजगी झेलनी पड़ी थी, उसकी ब्रांड छवि नीचे जा रही थी। लेकिन फरवरी 2014 में सत्य नारायण नडेला के मुख्य कार्यकारी अधिकारी (सी.ई.ओ.) के पदभार सँभालाने बाद माइक्रोसॉफ्ट का ब्रांड मूल्य में लगातार सुधार दर्ज किया गया था। मई 2017 में फोर्ब्स ने 16 प्रतिशत बढ़त के साथ माइक्रोसॉफ्ट का ब्रांड मूल्य 87 अरब डॉलर आँका था, फिर भी एप्पल के 170 अरब व गूगल के 101.8 अरब ब्रांड मूल्यों की तुलना में वह बहुत कम था। वैसे इस दौरान गूगल के ब्रांड राजस्व (80.5 अरब डॉलर) की तुलना में माइक्रोसॉफ्ट का ब्रांड राजस्व कुछ अधिक (85.3 अरब डॉलर) था।

याद रहे कि नडेला से पहले माइक्रोसॉफ्ट के मुख्य कार्यकारी अधिकारी (सी.ई.ओ.) पद पर पिछले पर 14 वर्षों (जनवरी 2000 से) बिल गेट्स का मित्र स्टीव बामर जमा हुआ था। हालाँकि ताबड़तोड़ अधिग्रहणों के माध्यम से बामर ने व्यक्तिगत कंप्यूटर के परिचालन प्रणाली (ऑपरेटिंग सिस्टम) बाजार पर माइक्रोसॉफ्ट के एकाधिकार को बनाए रखने की कोशिश की थी, लेकिन गूगल इंटरनेट-युग का सबसे क्रांतिकारी खिलाड़ी सिद्ध हुआ था। 'इंटरनेट सेवा बाजार' में गूगल की तूफानी गति एप्पल के लिए भी चुनौती बन गई थी। स्टीव जॉब्स ने अपने क्रांतिकारी उत्पाद 'आईफोन' से इंटरनेट बाजार समीकरण को पूरी तरह पलट देने (डेस्कटॉप कंप्यूटर से मोबाइल स्मार्टफोन) की कोशिश

की थी। लेकिन गूगल ने 'एंड्रॉइड' माध्यम से एप्पल को माइक्रोसॉफ्ट जैसी एकाधिकारवादी स्थिति में आने से रोक दिया था और माइक्रोसॉफ्ट मूक दर्शक बने रहने के अलावा कुछ भी नहीं कर सका था। ऐसे जब तक बिल गेट्स की नींद खुली थी, तब तक बहुत देर हो चुकी थी।

हैदराबाद (तेलंगाना) में तेलुगु भाषी परिवार में जन्मे, पले-बढ़े सत्य नारायण नडेला ने 1988 में मनिपाल इंस्टिट्यूट ऑफ टेक्नोलॉजी से विद्युत् अभियांत्रिकी (इलेक्ट्रिकल इंजीनियरिंग) में स्नातक करने के बाद 1990 में विस्कॉन्सिन विश्वविद्यालय (मिल्वौकी, अमेरिका) से कंप्यूटर विज्ञान में परास्नातक (एम.एस.) व 1992 शिकागो विश्वविद्यालय के बूथ स्कूल ऑफ बिजनेस से व्यवसाय प्रशासन निष्णात (एम.बी.ए.) की उपाधियाँ हासिल की थीं। फिर बाद में थोड़े समय तक सन माइक्रोसिस्टम में काम किया था; और फिर उसी वर्ष माइक्रोसॉफ्ट में शामिल हुआ था, जहाँ उसने विभिन्न जिम्मेदारियाँ निभाते हुए विशेष रूप से मेघ अभिकलन (क्लाउड कंप्यूटिंग) के क्षेत्र में उल्लेखनीय काम किया और दुनिया का सबसे बड़ा मेघ अभिकलन आधारभूत ढाँचा खड़ा किया। ऐसे में जब बिल गेट्स ने नडेला को माइक्रोसॉफ्ट की कमान सौंपी तो उसने जो सबसे महत्त्वपूर्ण काम किया, वह था : माइक्रोसॉफ्ट की नकारात्मक एकाधिकारवादी छवि को सेवा-उन्मुख बनाना।

जी हाँ, माइक्रोसॉफ्ट ने खुद को उपयोगकर्ता उन्मुख कंपनी बनाने की दिशा में आगे बढ़ने के लिए अनुसंधान व विकास परियोजनाओं में 2014 में 11 अरब डॉलर का निवेश किया था। जुलाई 2015 में विंडोज 10 को बाजार में जारी कर दिया गया था। इसे बहुप्रचलित 'विंडोज' परिचालन प्रणाली शृंखला अंतिम प्रमुख संस्करण माना जा रहा था, जिसका भविष्य में स्वत: उन्मुखीकरण किया जाता रहेगा। वैसे तो,माइक्रोसॉफ्ट 2018 तक विंडोज 10 मंच पर 1 अरब उपयोगकर्ताओं को लाने का मंसूबा बनाए हुए था, लेकिन उसके लिए अपनी 'वन मानुष' (गोरिल्ला) जैसी घातक छवि से छुटकारा पाना अभी दूर की कौड़ी दिख रही थी।

मुझे विश्वास है कि माइक्रोसॉफ्ट की रोचक कहानी हमारे सभी सुधी पाटकों के लिए प्रेरणादायी सिद्ध होगी।

—**प्रदीप ठाकुर**

अनुक्रम

1

गेट्स और एलन का कंप्यूटर-प्रेम

माइक्रोसॉफ्ट कॉर्पोरेशन एक अमेरिकी बहुराष्ट्रीय सॉफ्टवेयर कंपनी है। इसका मुख्यालय वॉशिंगटन प्रांत के महानगर सिएटल से 26 किलोमीटर पूर्व में स्थित रेडमोंड शहर में है। यह कंप्यूटिंग से संबंधित उत्पादों व सेवाओं की एक विस्तृत शृंखला का विकास, विनिर्माण, लाइसेंस व सहायता प्रदान करता है। कंपनी 4 अप्रैल, 1975 को बिल गेट्स और पॉल एलन द्वारा स्थापित की गई था। राजस्व के आधार पर माइक्रोसॉफ्ट दुनिया की सबसे बड़ी सॉफ्टवेयर निर्माता कंपनी है और इसे दुनिया की सबसे मूल्यवान कंपनियों में शुमार किया जाता है।

गेट्स और एलन की पारिवारिक पृष्ठभूमि

बिल गेट्स—माइक्रोसॉफ्ट के सह-संस्थापक विलियम हेनरी बिल गेट्स-III का जन्म 28 अक्तूबर, 1955 को सिएटल के एक ऐसे संभ्रांत परिवार में हुआ था, जिसका व्यापार, राजनीति व सामुदायिक सेवा में अच्छा इतिहास रहा है। उनके पुरखे अंग्रेजी, जर्मन व स्कॉट्स-आयरिश मूल के थे। उनके परदादा विधायक व महापौर थे, जबकि दादा व नाना बैंक व्यवसाय में थे। उनके पिता विलियम एच. गेट्स सीनियर (30 नवंबर, 1925) एक प्रमुख वकील थे, जो अब समाज-सेवी के रूप में मशहूर हैं। माता मैरी मैक्सवेल गेट्स (5 जुलाई, 1929 से 10 जून, 1994) वॉशिंगटन विश्वविद्यालय राज्य प्रतिनिधि बोर्ड में 18 वर्षों तक रहीं। वह समाज-सेवी संस्था 'यूनाइटेड वे ऑफ अमेरिका' में किंग काउंटी की पहली महिला अध्यक्ष व फर्स्ट इंटरस्टेट बैंक ऑफ वॉशिंगटन की पहली महिला निदेशक थीं। गेट्स की एक बड़ी बहन क्रिस्टी और एक छोटी बहन लिब्बी है।

हालाँकि बिल अपने परिवार में चौथे विलियम हेनरी गेट्स थे, लेकिन उनके पिता का उपनाम गेट्स-II था, इसलिए उन्हें 'ट्रे' (गेट्स-III) कहा गया।

कहा जाता है कि बचपन में 'ट्रे' हमेशा अपनी माँ के खिलाफ विद्रोह करता था और उसने हमेशा सबकुछ अपने तरीके से किया। जब तक कुछ-न-कुछ उसके नियंत्रण में न दिया जाता, उसे साथ रख पाना लगभग मुश्किल होता था। बिल के विद्रोही स्वभाव को उसकी माँ बरदाश्त नहीं कर पा रही थी, लिहाजा उसे कुछ वर्षों के लिए एक मनोचिकित्सक के पास भी भेजा गया। कुछ साल बाद मनोवैज्ञानिक ने उसकी माँ मैरी को जोर देकर समझाया कि वह बिल को माफ कर दें। मनोवैज्ञानिक का मानना था कि 'बिल जैसा है वैसा ही रहेगा' और खुद को छोड़ उसे और कोई नहीं बदल सकता। खैर, बिल को सरकारी प्राथमिक स्कूल में भरती कराया गया था।

बिल के प्रारंभिक जीवन में ही यह साफ हो गया था कि महत्त्वाकांक्षा, बुद्धि व प्रतिस्पर्धा की भावना उसे विरासत में मिली थी और इनकी बदौलत ही वह खुद के चुने हुए व्यवसाय में शिखर पर पहुँच सका। प्राथमिक स्कूल में बिल जल्दी से लगभग सभी विषयों में, विशेष रूप से गणित व विज्ञान के अपने सहपाठियों की क्षमताओं से, काफी आगे निकल चुका था। कोई चुनौती नहीं होने के कारण बिल सरकारी स्कूल में ऊब-सा रहा था। बिल के माता-पिता ने उसकी बौद्धिक क्षमता को पहचाना और उसे तीव्र शैक्षिक वातावरण के लिए मशहूर एक निजी स्कूल—लेकसाइड स्कूल में भरती करने का फैसला किया। तब बिल की उम्र करीब 12 साल थी और वह सातवीं कक्षा में दाखिल हुआ था।

एक साक्षात्कार में बिल गेट्स ने लेकसाइड स्कूल में दाखिले के बारे में कहा था—

"मेरे माता-पिता की यह धारणा थी कि मुझमें उच्च क्षमता थी और मैं इसका लाभ नहीं ले पा रहा था। मैं जिस माहौल में रहा था, गंभीर होने से भी अधिक कामचोर होना सामाजिक रूप से ज्यादा पुरस्कार योग्य था। यह सरकारी स्कूल था, इसलिए वे लोगों को उतनी मेहनत से आगे नहीं बढ़ाते थे। आप पहले सप्ताह में पाठ्य-पुस्तक पढ़ सकते हो, शेष समय में वहाँ कुछ भी दिलचस्प होने वाला नहीं था। तो वे मुझे एक निजी स्कूल में दाखिले के लिए परीक्षा दिलाने ले आए थे। और मैंने सोचा, 'अच्छा, मुझे यह परीक्षा उत्तीर्ण करनी चाहिए कि नहीं? आप इसे असफल भी कर सकते हो और आपको जाने की जरूरत नहीं होगी।' लेकिन उस तरह के काम से मेरी निष्ठा को ठेस पहुँचती थी। 'अरे, मैं परीक्षा लेने में अच्छा

हूँ। मैं उसके बारे में उलझन में नहीं पड़ना चाहता हूँ।' इसलिए, मैंने दाखिला लिया और उन्होंने मुझे (स्कूल) जाने के लिए प्रोत्साहित किया था।

''वह लड़कों का स्कूल था, वाजिब तौर पर सख्त। मेरे वहाँ रहते, यह असल में बदल गया था, लड़कियों के स्कूल के साथ विलय हो गया था और वर्दियाँ पहनना रुक गया था, शिक्षकों को 'मास्टर' बुलाना बंद कर दिया गया था। इसलिए यह बहुत सामान्य हो गया था। लेकिन यह एक बदलाव था, जो पहली बार हुआ था। और जैसा कि सरकारी स्कूल में होता था, कामचोर की तरह रहना उच्च इनाम की स्थिति नहीं थी। तो मेरे माता-पिता सही थे। इसमें एक चुनौतीपूर्ण वातावरण बनाने का इरादतन प्रभाव था। और कुछ अध्यापक, जो अच्छे थे। कहा करते थे कि मुझे कड़ी मेहनत करनी चाहिए और मेरे सामने गणित व विज्ञान की जानकारियाँ करते थे और अंततः यह वही जगह थी, जहाँ मुझे कंप्यूटर का उपयोग करने को मिला।'' (स्रोत—अचीवमेंट.ओर्ग)

असल में, शुरू-शुरू में लेकसाइड स्कूल में स्थानांतरित किए जाने के बारे में बिल खुश नहीं थे। क्यों? बिल गेट्स ने बाद में इस बारे में बताया था—

''लेकसाइड में स्कूल-दिवस ज्यादा लंबा था और यह एक बदलाव था। मैं सरकारी स्कूल में आला दर्जे का आरामपसंद हो चुका था—कामचोर होने जैसा, और यहाँ लोग अध्ययनशील थे और पहले चूँकि मुझे बहुत अच्छा ग्रेड नहीं मिला, उन्होंने मुझे अध्ययन-कक्ष में डाल दिया था और कुछ लोग, जिन्हें सचमुच अच्छे ग्रेड मिले थे, उन्हें अध्ययन-कक्ष में नहीं जाना पड़ता था। किसी को पता नहीं था कि मैं वास्तव में चालाक था, इसलिए वे वास्तव में कुछ औसत छात्र की तरह मुझसे व्यवहार करते थे। वैसे भी, यह आपसी तालमेल था। वहाँ बहुत से और भी बच्चे थे। वे सभी उसी तरह तालमेल कर रहे थे। तो, मुझे अपनी जगह बनाने में कुछ साल लगे। मैं खुशनसीब हूँ कि उस स्कूल में गया। यह एक शानदार स्कूल है।'' (स्रोत—अचीवमेंट.ओर्ग)

पॉल एलन—माइक्रोसॉफ्ट के सह-संस्थापक पॉल गार्डनर एलन का जन्म 21 जनवरी, 1953 को सिएटल में एक यहूदी परिवार में हुआ था। पॉल के पिता केनेथ सैमुअल एलन (7 दिसंबर, 1920 से 23 नवंबर, 1983) और माता एडना फेय गार्डनर (वर्ष 1922 से 2 जून, 2012, उम्र करीब 90 साल), एनाडार्को हाई स्कूल (कद्दो काउंटी, ओकलाहोमा प्रांत, संयुक्त राज्य अमेरिका) में सहपाठी थे। सन् 1940 में स्कूल ने दोनों को 'सर्वश्रेष्ठ छात्र' व 'सर्वश्रेष्ठ छात्रा' के खिताब से नवाजा। द्वितीय विश्व युद्ध में सेवा से केनेथ के लौटने पर दोनों ने शादी

लेकसाइड स्कूल में पॉल एलन दसवीं में पढ़ते थे, जब बिल गेट्स आठवीं में दाखिल हुए थे। फिर भी, कंप्यूटर के प्रति दोनों की दीवानगी एक जैसी थी और जल्द ही दोनों जिगरी दोस्त बन गए थे।

की। सन् 1949 में वे सिएटल आ गए थे, ताकि यूनिवर्सिटी ऑफ वॉशिंगटन में केनेथ पढ़ाई कर सकें। सन् 1951 में पढ़ाई पूरी करने के बाद केनेथ की डब्लू.एस.यू. पुस्तकालय में संदर्भ पुस्तकालय अध्यक्ष (रेफरेंस लाइब्रेरियन) के रूप में नियुक्ति हुई और 1960 में वह संयुक्त निदेशक के पद पर पहुँच गए थे।

दूसरी ओर एडना फेय गार्डनर को पढ़ने की जबरदस्त लालसा थी और वह किताबों की क्षमता में विश्वास करती थी। वह बचपन में एक छोटे शहर कार्नेगी (कद्दो काउंटी, ओकलाहोमा प्रांत) के पुस्तकालय में रात को काम करती थी। अपने बचपन के काम से लेकर सिएटल के पास स्थित किताबों से भरे अपने घर में उन्होंने हर विधा व दुनिया भर की साहित्यिक पुस्तकें एकत्रित कर रखी थीं। एडना फेय ने सन् 1949-51 तक वॉशिंगटन यूनिवर्सिटी के पुस्तकालय में काम भी किया। फिर एक पब्लिक स्कूल में योग्य शिक्षिका (चौथी कक्षा) बन गई थीं, जिसे छात्रों ने जीवन भर याद रखा था। पॉल एलन की छोटी बहन जोडी एलन हैं जो अब उनकी कंपनी वुल्कॉन इन्कॉरपोरेशन का काम सँभालती हैं।

पॉल एलन ने एक मीडिया साक्षात्कार में कहा था कि उनकी माँ ने उन्हें भाप इंजन के बारे में एक पुस्तक दी थी, जिसे पढ़ने के बाद प्रौद्योगिकी व विज्ञान के क्षेत्र में उनकी रुचि उत्पन्न हुई। वह बचपन से ही बहुत प्रतिभाशाली थे। लेकिन उनकी प्रतिभा में असल निखार तब आया था, जब 1965 में उनके माता-पिता ने एलन को सातवीं में सिएटल के प्रतिष्ठित व खर्चीले लेकसाइड स्कूल में भरती कराया था।

लेकसाइड स्कूल में कंप्यूटर की पेशकश

माइक्रोसॉफ्ट की कहानी सिएटल के उत्तरी छोर पर स्थित हालर-लेक इलाके के निजी विद्यालय लेकसाइड स्कूल (पाँचवीं से बारहवीं तक) से शुरू होती है। बिल गेट्स और पॉल एलन ने इसी स्कूल में 'लेकसाइड मदर्स' एसोसिएशन व लेकसाइड गणित विभाग द्वारा उपलब्ध कराए गए एक 'समय साझा कंप्यूटर' पर कागज-पेंसिल खेल—'टिक-टैक-टोए'—के कार्यक्रम निर्माण (प्रोग्रामिंग) से अपनी शुरुआत की थी।

गेट्स और एलन की नजदीकी—लेकसाइड स्कूल में पॉल एलन दसवीं में

पढ़ते थे, जब बिल गेट्स आठवीं में दाखिल हुए थे। फिर भी, कंप्यूटर के प्रति दोनों की दीवानगी एक जैसी थी और जल्द ही दोनों जिगरी दोस्त बन गए थे।

सन् 1968 की वसंत ऋतु में लेकसाइड स्कूल ने फैसला किया था कि छात्रों को कंप्यूटर की दुनिया के साथ परिचित होना चाहिए। उस वक्त कंप्यूटर बहुत बड़ा होता था और उसे अपने दम पर ही खरीद पाना स्कूल के लिए महँगा साबित हो रहा था। लिहाजा अपेक्षित धनराशि इकट्ठा करने के लिए स्कूल के 'मदर्स' क्लब ने पुरानी चीजों के विक्रय का आयोजन किया। कुछ हजार डॉलर इकट्ठा हुए, जिससे स्कूल के छात्रों के लिए एक टेलिटाइप मॉडल 33 ए.एस.आर. टर्मिनल और जनरल इलेक्ट्रिक (जी.ई.) के कंप्यूटर पर कंप्यूटर समय का एक ब्लॉक खरीदा गया था। स्कूल को लगा था कि यह समय अगले एक साल के लिए काफी था, लेकिन उस मशीन के प्रति मुट्ठी भर युवाओं में जो उत्साह था, उसे स्कूल ने काफी कम करके आँका था।

जल्द ही बिल गेट्स, पॉल एलेन और कुछ अन्य लेकसाइड के छात्र (जिनमें से कई माइक्रोसॉफ्ट में काम पर रखे गए पहले प्रोग्रामर थे) कंप्यूटर से जुड़ गए और उन्हें किसी भी कीमत पर अलग नहीं किया जा सकता था। वे प्रोग्राम को लिखते, कंप्यूटर साहित्य को पढ़ते या फिर कंप्यूटिंग से संबंधित कुछ और करते हुए पूरे दिन व रात कंप्यूटर कक्ष में रहने लगे। गेट्स ने जनरल इलेक्ट्रिक (जी.ई.) के कंप्यूटर पर 'बेसिक' (बिगिनर्स आल-पर्पज सिंबॉलिक इंस्ट्रक्शन कोड) की प्रोग्रामिंग में रुचि दिखाई थी और उस कंप्यूटर पर पहला प्रोग्राम लिखा था—'टिक-टैक-टोए' का कार्यान्वयन, जो उपयोगकर्ताओं को कंप्यूटर पर गेम खेलने की अनुमति देता था। मशीन व उसके द्वारा हर बार पूरी तरह से सॉफ्टवेयर कोड लागू कर लेने की प्रक्रिया पर बिल गेट्स मोहित थे।

बहुत जल्द इन कंप्यूटर-प्रेमियों को अपने शिक्षकों से दिक्कतें शुरू हो गई थीं। उनके गृहकार्य में देर से आने लगे थे। कंप्यूटर कक्ष में रहने के लिए वे अपनी कक्षाओं को छोड़ने लगे थे और सबसे गलत काम यह हुआ कि महज कुछ सप्ताहों में उन्होंने स्कूल का पूरा कंप्यूटर समय खर्च कर लिया था।

सन् 1968 में कंप्यूटर कंट्रोल कॉरपोरेशन (सी.सी.सी.) ने सिएटल में व्यापार खोला था। उसके द्वारा अच्छी दरों पर कंप्यूटिंग समय की पेशकश की गई थी। सी.सी.सी. के मुख्य प्रोग्रामर का एक बच्चा लेकसाइड स्कूल में पढ़ता था। सी.सी. सी. व स्कूल के बीच कंप्यूटर समय के लिए एक समझौता हुआ था और उसके तहत छात्रों को वहाँ जाने की अनुमति मिल गई थी। गेट्स और उनके साथियों ने

जल्द ही इस नई मशीन के अंदर की सामग्रियों की खोज शुरू कर दी थी। वह समय दूर नहीं था, जब इन युवा हैकरों की नित नई-नई खोजों एवं सॉफ्टवेयर प्रयोगों से सी.सी.सी. के कंप्यूटर सिस्टम को नुकसान पहुँचना शुरू हो गया था। उनकी करामातों के चलते कंप्यूटर सिस्टम बार-बार बंद होने लगे थे और उन लोगों ने कंप्यूटर सुरक्षा प्रणाली को तोड़ दिया था। इतना ही नहीं, उन लोगों ने उस फाइल को भी बदल दिया था, जिसमें उन लोगों द्वारा उपयोग होनेवाला कंप्यूटर समय दर्ज होता था। ऐसा करते हुए वे पकड़ लिये गए थे और सी.सी.सी. ने लेकसाइड स्कूल के चार छात्रों—बिल गेट्स, पॉल एलन, रिक वेईलैंड व केंट इवांस के सिस्टम के उपयोग पर गरमियों में कई हफ्तों के लिए प्रतिबंध लगा दिया गया था।

लेकसाइड प्रोग्रामर्स रूप—लेकसाइड स्कूल के ये कंप्यूटर दीवाने यहीं नहीं रुकने वाले थे और वर्ष 1968 के अंत में उन चारों ने 'लेकसाइड प्रोग्रामर्स रूप' का गठन किया। वे अपनी कंप्यूटिंग क्षमता का वास्तविक दुनिया में उपयोग करने की हर संभव कोशिशें कर रहे थे। उनके सपने को सच करने का मौका उसी सी.सी.सी. से ही मिला था, जिसने उन्हें उनकी शरारतों के लिए प्रतिबंधित किया था। असल में कंप्यूटर सुरक्षा प्रणाली के कमजोर होने और कंप्यूटर के बार-बार बंद होने के चलते सी.सी.सी. के कारोबार को नुकसान हो रहा था। सी.सी.सी. के संचालक गेट्स व उनके कंप्यूटर के दीवाने साथियों के पिछले कारनामों से प्रभावित थे, लिहाजा उन चारों को काम पर रखने का मन बनाया था। लेकसाइड प्रोग्रामिंग रूप को उनकी मदद के बदले में सी.सी.सी. ने उन्हें असीमित कंप्यूटर समय देने का वादा किया था। इन कंप्यूटर-प्रेमियों की मनचाही मुराद पूरी हो रही थी, लिहाजा सी.सी.सी. के प्रस्ताव को न मानने का कोई कारण ही नहीं था।

हालाँकि इस समूह को सिर्फ 'सॉफ्टवेयर बग्स' (सॉफ्टवेयर की गलतियाँ, खामियाँ या वायरस) खोजने के लिए काम पर रखा गया था; लेकिन वे दिन की पाली के बाद पीछे छोड़ दिए गए अन्य कंप्यूटर से संबंधित सामग्रियों को पढ़ते थे। ये युवा हैकर नई जानकारियों के लिए सी.सी.सी. के दफ्तर के प्रोग्रामरों के पास भी चले जाते और तमाम कंप्यूटर प्रोग्राम फोरट्रान, लिस्प व मशीन लैंग्वेज आदि में इस्तेमाल होनेवाले 'सोर्स कोड' का भी अध्ययन करते थे। यह सिलसिला मार्च, 1970 तक चला। वर्ष 1969 के अंत में सी.सी.सी. को वित्तीय समस्याएँ आना शुरू हो गईं, और उसे अपना कारोबार बंद करना पड़ा था।

बहुत बाद में, इस समय को याद करते हुए बिल गेट्स व पॉल एलन ने 'फॉर्च्यून' पत्रिका के ब्रेंट स्क्लेंडर से बातचीत की थी, जो 2 अक्तूबर, 1995 को प्रकाशित हुई थी। पेश है उस बातचीत के प्रमुख अंश—

गेट्स—सन् 1968 में 'मदर्स क्लब' के स्कूल में एक कंप्यूटर टर्मिनल डालने के लिए भुगतान के बाद हमारी दोस्ती शुरू हुई थी। धारणा यह थी कि निश्चित तौर पर शिक्षक इस कंप्यूटर से संबंधित बातों को समझेंगे और उसके बाद छात्रों को पढ़ाएँगे; लेकिन वैसा नहीं हुआ। चारों तरफ अलग ही माहौल था। छात्रों का एक समूह था, जो एक तरह से पागल हो गया था।

एलन—टेलिटाइप कमरा लिपटे हुए कागज-टेप पर बने कंप्यूटर कार्यक्रमों व नियमावलियों तथा अन्य हर तरह की चीजों से भरा हुआ था। कक्षाओं के बीच में या जब भी हममें से किसी कंप्यूटर के शौकीन को एक अतिरिक्त अवधि मिलती थी, हम वहाँ इकट्ठा हो जाते थे।

गेट्स—कंप्यूटर समय पर बहुत सारा पैसा खर्च करना आसान था। होशियार शिक्षकों में एक ने गलती से एक अनंत-फंदा बना लिया और एक ही बार में 60 डॉलर के आस-पास खर्च कर डाला। वह इतने सदमे में था कि उसके बाद वह उस चीज (कंप्यूटर संबंधी) के पास भी नहीं जाना चाहता था। हम बहुत तेजी से 'मदर्स क्लब' के पैसे पर दौड़े जा रहे थे।

एलन—ऐसा जब होता था, कंप्यूटर सेवा स्कूल को बिल कर देता था और फिर स्कूल हमें या हमारे माता-पिता को भुगतान के लिए कहता था। अपने माता पिता को यह बताना कि हमने अपने ऊपर कितना खर्च कर लिया, हमेशा आसान नहीं होता था। इसलिए जब हम कर सकते थे, खुद ही भुगतान कर देते थे।

गेट्स—वर्ष के अंत में पॉल ने अपने जाँच-खाता से बड़े पैमाने पर ज्यादा निकासी कर ली थी। उपाधि-ग्रहण दिवस पर वह अपनी माँ के साथ था स्कूल के अधिकारीगण सामने आए और बोले कि उसे अपना प्रमाण-पत्र मिल सकता है, (लेकिन) पहले उन्हें अधिक प्रयोग किए गए कंप्यूटर समय के लिए 200 डॉलर का भुगतान करना होगा। हम हमेशा मुफ्त कंप्यूटर समय के लिए मिन्नतें किया करते थे। एक साल एक छात्र की माँ ने हमारे लिए डाउन टाउन (शहर के निचले हिस्से में स्थित बाजार) जाने का, एक नए वाणिज्यिक कंप्यूटर सेंटर में इंतजाम किया था। हमें समय के लिए भुगतान नहीं करना पड़ा था, जब तक कि हम उनके कंप्यूटर में 'बग' खोजते और उन्हें बताते रहे। वे हमें बंदरों की तरह लाए थे, लेकिन यह ईश्वर द्वारा भेजा गया था।

एलन—हर स्कूल-दिवस के अंत में हमारा एक झुंड अपने चमड़े के छोटे स्कूली बस्ते लेता था और डाउन टाउन बस में सवार होकर कंप्यूटर सेंटर जाया करता था। बिल और मैं ऐसे लड़के थे, जो सबसे देर तक ठहरते थे। बाद में

मार्च 1970 में कंप्यूटर कॉरपोरेशन सेंटर के बंद हो जाने के बाद लेकसाइड प्रोग्रामर्स ग्रुप को कंप्यूटर समय के लिए नया रास्ता ढूँढ़ना था। अंततः उन्हें डब्लू.एस.यू. के परिसर में कुछ कंप्यूटर मिले, जहाँ एलन के पिता काम करते थे।

हम सड़क पार हिप्पी के जमघट वाली जगह पर पिज्जा खाने जाते थे।

गेट्स—केंद्र में काम करनेवाले कुछ पेशेवर प्रोग्रामर हमसे नफरत करते थे और हमें बाहर रोक देते थे। लेकिन वहाँ ऐसे लोग भी थे, जो वास्तव में हमें पसंद करते थे। एक बेहतरीन शख्स भी था, जो हमें कार्य-विवरणी दिया करता था। एक और आदमी शांत तरह का था; लेकिन हम उसे खामियाँ बताते थे तो वह सवालों का जवाब दिया करता था। पॉल और मैं हमेशा मशीन कोड (मशीन पर प्रोग्रामिंग का बुनियादी स्तर) समझना चाहते थे। हम विभिन्न संचालनों के बीच के अंतर के बारे में उलझे रहा करते थे।

एलन—ऐसा इसलिए होता था कि वे कार्य-विवरणियाँ गायब कर देते और हमें एक समय पर एक ही देते थे। यह उनका एक खेल जैसा था। वे हमें 'असेंबलर' (कंप्यूटर संयोजन करनेवाला) की कार्य-विवरणी देते थे, लेकिन 'ऑपरेटिंग सिस्टम' (कंप्यूटर संचालन प्रणाली) या 'इंस्ट्रक्शन सेट' (अनुदेश समूह) की कार्य-विवरणी नहीं। फिर वह यह देखने के लिए इंतजार करते थे कि हम कितनी देर में यह हिसाब लगा पाते हैं कि हमारे पास तसवीर का हिस्सा भर है और तब हम वापस आते और बाद की कार्य-विवरणी के बारे में पूछते थे।

गेट्स—उस मशीन का हिसाब लगाने की कोशिश में पॉल और मैं एक साथ बँध से जाते थे।

एलन—शायद कंप्यूटर सेंटर को वित्तीय समस्याएँ आ रही थीं। यह वही समय था, जब हम दिवालिएपन के बारे में पहली बार सीख सके थे। एक दिन बिल और मैं अपने कार्यक्रमों पर काम कर रहे थे, तब कुछ लोग फर्नीचर पर हक जताने आए थे। वे हमारे नीचे से कुरसियाँ खीच ले गए थे।

गेट्स—हाँ, और हम फिर भी टाइप किए जा रहे थे। बिजली बंद किए जाने से पहले छोटे टेपों पर अपने कार्यक्रमों को सुरक्षित कर लेने कोशिश कर रहे थे।

आई.एस.आई. का पे-रोल प्रोग्राम

मार्च 1970 में कंप्यूटर कॉरपोरेशन सेंटर (सी.सी.सी.) के बंद हो जाने के बाद लेकसाइड प्रोग्रामर्स ग्रुप को कंप्यूटर समय के लिए नया रास्ता ढूँढ़ना था।

अंततः उन्हें डब्लू.एस.यू. के परिसर में कुछ कंप्यूटर मिले, जहाँ एलन के पिता काम करते थे। लेकसाइड प्रोग्रामर्स ग्रुप ने अपने कंप्यूटर कौशल को लागू करने के लिए नए अवसरों की खोज शुरू कर दी।

उन्हें पहला मौका नवंबर 1970 में मिला, जब इन्फॉरमेशन साइंसेज इन्कॉरपोरेशन (आई.एस.आई.) ने वेतन-पत्रक (पे-रोल) के लिए प्रोग्राम बनाने के लिए उन्हें काम पर रखा। एक बार फिर से इस समूह को मुफ्त कंप्यूटर समय और पहली बार आय का स्रोत प्राप्त हुआ था। आई.एस.आई. सहमत हुआ था कि जब भी वह उस समूह के प्रोग्रामों में से किसी से पैसा बनाएगा तो उन्हें स्वामित्व में हिस्सेदारी (रॉयल्टी) देगा। आई.एस.आई. के साथ हस्ताक्षरित व्यापार समझौते के नतीजे के रूप में यह समूह भी एक कानूनी व्यवसाय बन गया था।

उस घटना को याद करते हुए बिल गेट्स ने एक साक्षात्कार में कहा था— ''पोर्टलैंड (ओरेगन) की इस कंपनी ने कहा था, 'अरे, हम आप लोगों को यूँ ही कंप्यूटर समय नहीं देने जा रहे। आपको कुछ करना होगा।' इसलिए हम इस पे-रोल प्रोग्राम लिखने के लिए राजी हो गए और एक पे-रोल प्रोग्राम आश्चर्यजनक रूप से जटिल होता है। राज्य स्तर और संघीय स्तर पर करों, रिपोर्ट्स एवं अन्य बातों का ध्यान रखना पड़ता है। वैसे, उन्होंने कहा, 'अगर आप उनमें से कोई एक लिख सकते हो तो ठीक है, हम कम-से-कम आपको मुफ्त कंप्यूटर समय देंगे।' मैंने उस सौदे पर बातचीत की और दो बड़े सदस्य—पॉल एलन एवं रिक वेईलैंड ने कहा, 'चारों ओर जाने के लिए वहाँ पर्याप्त काम नहीं है। इसलिए हम इस मामले का प्रभार लेने के लिए जा रहे हैं।' और मैंने कहा, 'ठीक है, मुझे इसमें उतनी रुचि नहीं हैं; क्योंकि मेरे दिमाग में था कि मैं इस पे-रोल प्रोग्राम को कैसे करना चाहता हूँ।

''तो, वे तीन महीने तक चारों ओर उलझे रहे ज्यादा कुछ नहीं हो पाया था और फिर कहा था, 'क्या तुम वापस शामिल होगे ?' और मैंने कहा, 'यदि ऐसा है तो ठीक है, मैं इसका प्रभारी हूँ।' और यह भविष्य की गतिविधियों के लिए एक मिसाल की तरह कायम होने जा रहा था। लेकिन उन्होंने कहा, 'नहीं, नहीं। यह ठीक है।' और इसलिए हमने काम किया। हमने इस पे-रोल प्रोग्राम को वास्तव में संपूर्ण किया था। यह एक बहुत बड़ा काम था। दोस्त जो मेरी उम्र का था, केंट इवांस और मैंने काम का बड़ा हिस्सा पूरा किया था। अब दुर्भाग्य से, बिल्कुल जैसे ही उसने और मैंने कार्य समाप्त किया कि वह पहाड़ पर चढ़ाई की दुर्घटना (28 मई, 1972) में मारा गया। तो फिर हममें से सिर्फ तीन ही थे जो बाकी थे, पॉल एलेन सहित, जो मुझसे भी ज्यादा पत्रिकाएँ पढ़ा करता था। वही एक था जिसने वास्तव

में बहुत छोटे से अस्पष्ट लेख में चिप—तथाकथित माइक्रो प्रोसेसर—पर कंप्यूटर को देखा और वर्ष 1971 में जिसे मेरे लिए लाया था। तो हम लोग 15 के ही थे। मेरी उम्र 15 वर्ष थी और वह उस समय 17 वर्ष के थे। (स्रोत—अचीवमेंट ओर्ग)

जब गेट्स दसवीं कक्षा में था, स्कूल प्रशासकों को उसकी प्रोग्रामिंग क्षमताओं के बारे में पता चला और उसे कक्षाओं में छात्रों को सूचीबद्ध करने के लिए कंप्यूटर प्रोग्राम, संक्षेप में 'वर्ग अनुसूची कार्यक्रम' (क्लास शिड्यूलिंग प्रोग्राम), लिखने को कहा गया था। पहले तो गेट्स ने यह कह कर मना कर दिया कि यह काम कठिन था, जिसे वरिष्ठ साथी ही कर सकते थे। लेकिन जब ऐसा नहीं हुआ तो करीब एक साल बाद गेट्स ने इसके लिए एलन से सहयोग लिया और उस प्रोग्राम को सफलता पूर्वक तैयार किया था। इस बीच, वर्ष 1971 की दूसरी छमाही में लेकसाइड में बारहवीं की पढ़ाई पूरी करने के बाद एलन ने यूनिवर्सिटी ऑफ वॉशिंगटन में स्नातक कला समाज-विज्ञान (बीए-सोशल साइंस) में दाखिल हो चुके थे। इसके लिए उन्हें स्कूल की ओर से पैसे भी दिए गए थे। बहुत बाद में (23 सितंबर, 2005) बिल गेट्स ने लेकसाइड स्कूल के अपने भाषण में इस घटना को याद करते हुए कहा था—

"बेशक, प्रासंगिकता का एक नया आयाम आया था, जब मुझे हाई स्कूल के लिए एक कंप्यूटरीकृत वर्ग अनुसूची तैयार करने के लिए कहा गया था। यह जटिल था, लेकिन अंत में बहुत फायदेमंद हुआ। जिस समय मैंने इसे पूरा किया, मैंने पाया कि शुक्रवार को मेरे पास कोई वर्ग नहीं था। और भी बेहतर, मेरे सभी वर्गों में दिलचस्प लड़कियों की बेहिसाब संख्या थी।" (गेट्सफाउंडेशन.ओर्ग)

'टर्फ-ओ-डाटा' की स्थापना

वर्ष 1972 की गरमियों में, जब बिल गेट्स बारहवीं में प्रवेश कर रहा था और पॉल एलन भी छुट्टियाँ बिताने कॉलेज से घर आ गया था तो दोनों ने एक सझीदारी कंपनी 'टर्फ-ओ-डाटा' की स्थापना की थी। इसका उद्देश्य सड़क यातायात काउंटरों से प्राप्त कच्चे आँकड़ों को पढ़ना और यातायात इंजीनियरों के लिए रिपोर्ट बनाना था। हालाँकि कंपनी को मामूली सफलता (करीब 20 हजार डॉलर) मिली थी, लेकिन वह अनुभव कुछ साल बाद माइक्रोसॉफ्ट की स्थापना की दिशा में एक महत्त्वपूर्ण पड़ाव साबित हुआ था।

राज्य व स्थानीय सरकारें अकसर 'वायवीय सड़क नली' (न्यूमेटिक रोड ट्यूब) तकनीक पर आधारित 'ट्रैफिक काउंटर' (यातायात की गिनती करनेवाली मशीन) के जरिए यातायात सर्वेक्षण करती हैं।

रबड़ की नलियों को सड़क भर में फैला दिया जाता है और वहाँ से गुजर रहे वाहन हवा की धड़कन पैदा करते हैं, जो सड़क के किनारे लगे काउंटर पर दर्ज होते रहते हैं। वर्ष 1970 में गिनतियों को एक लिपटे हुए कागज-टेप पर यांत्रिक तरीके से दर्ज किया जाता था। समय व धुरों की संख्या कागज-टेप में '16 बिट पैटर्न' के रूप में छेदी जाती थीं। (मानक टेलिटाइप कागज-टेप केवल 8 बिट का उपयोग करता है।) शहर का स्थानीय प्रशासन इन यातायात आँकड़ों को प्रतिवेदन (रिपोर्ट) में अनुवादित करने के लिए निजी कंपनियों को बहाल करता है और यातायात इंजीनियर 'ट्रैफिक लाइट' को समायोजित करने या फिर सड़कों को बेहतर बनाने के लिए इन प्रतिवेदनों का इस्तेमाल करते हैं।

गेट्स व एलन ने सोचा कि वे स्थानीय कंपनियों के मुकाबले यातायात डाटा को सस्ते और तेजी से अनुवादित कर सकते हैं। उन्होंने कागज-टेप में छेद-नमूनों को पढ़ने और कंप्यूटर कार्ड पर टाइप कर नकल तैयार करने के लिए सहपाठियों को भरती किया। फिर उन्होंने वॉशिंगटन विश्वविद्यालय में एक कंप्यूटर का उपयोग कर यातायात प्रवाह सारणी (ट्रैफिक फ्लो चार्ट) तैयार किए थे। यह टर्फ-ओ-डाटा की शुरुआत थी।

अगला कदम एक उपकरण का निर्माण करना था, जो यातायात कागज-टेप को सीधे पढ़ सके और थकाऊ हाथ के काम को खत्म किया जा सके। इसके लिए माइक्रो-प्रोसेसर की जरूरत थी।

['माइक्रो-प्रोसेसर' (सूक्ष्म प्रक्रमक) एक या कुछ इंटीग्रेटेड सर्किट (आई.सी., एकीकृत परिपथ) पर कंप्यूटर की सेंट्रल प्रोसेसिंग यूनिट' (सी.पी.यू., केंद्रीय प्रक्रमन एकक) के कार्यों को आपस में मिलाता है। यह एक बहूउद्देश्यीय 'कार्यक्रम-योग्य उपकरण' (प्रोग्रामएबल डिवाइस) है, जो अंकीय आँकड़ा (डिजिटल डेटा) को कच्चा माल के रूप में स्वीकार करता है, अपनी स्मृति (मेमोरी) में संगृहीत निर्देशों के अनुसार उसका प्रसंस्करण करता है और उत्पादन के रूप में नतीजे प्रदान करता है।]

इस बीच अप्रैल 1972 में, इंटेल कॉरपोरेशन ने 'इंटेल 8008 माइक्रो प्रोसेसर' की पेशकश की थी, जो 16 के.बी. (किलोबाइट) मेमोरी का जवाब दे सकता था। बारहवीं करने के बाद एलन ने वॉशिंगटन स्टेट यूनिवर्सिटी में दाखिला लिया था। न तो गेट्स और न ही एलन, किसी को भी हार्डवेयर डिजाइन अनुभव नहीं था। लिहाजा वे लाचार हो रहे थे। उस समय सिएटल में कंप्यूटर समुदाय अपेक्षाकृत छोटा था।

गेट्स व एलन का एक दोस्त पॉल वेनबर्ग (ट्रिआकिस कॉरपोरेशन का

संस्थापक) था, जो उनकी तरह ही मेनफ्रेम कंप्यूटर पर असीमित समय के लिए डब्लू.एस.यू. के पास सी.डी.सी. कॉरपोरेशन में मँडराया करता था। उस वक्त वह डब्लू.एस.यू. में इलेक्ट्रिकल इंजीनियरिंग का छात्र था। इन घटनाओं के दौरान गेट्स व एलन ने उससे अपनी समस्या के बारे में चर्चा की थी। उन्हें एक ऐसे व्यक्ति की तलाश थी, जो एक कंप्यूटर पत्रिका में छपे आरेख (डायग्राम) के आधार पर पुरजों को जोड़कर उनके लिए मुफ्त में कंप्यूटर बना दे। वेन्नबर्ग ने उन्हें इलेक्ट्रिकल इंजीनियरिंग के एक अन्य छात्र पॉल गिल्बर्ट का नाम सुझाया था। दोनों ने डब्लू.एस.यू. में फिजिक्स भवन के पास एक प्रयोगशाला में गिल्बर्ट से संपर्क किया और 'टर्फ-ओ-डाटा' में हिस्सेदार बनने का प्रस्ताव रखा।

फिर उस वर्ष गिल्बर्ट ने बिजली के घटकों (इलेक्ट्रिकल कंपोनेंट्स) के जरिए एक-एक टुकड़े की 'वायर रैपिंग' (तारों से बाँधने की प्रक्रिया) और उसके बाद उनकी 'सोल्डरिंग' (टाँका लगाने की प्रक्रिया) कर माइक्रो-कंप्यूटर की 'असेंबलिंग' (संयोजन प्रक्रिया) की। पॉल गिल्बर्ट का भाई माइल्स गिल्बर्ट, जो एक ग्राफिक डिजाइनर व ड्राफ्ट्समैन था, उस नई-नवेली कंपनी के प्रतीक चिह्न (लोगो) बनाने में मदद की थी। गेट्स और एलन ने सॉफ्टवेयर लेखन शुरू कर दिया था। पॉल एलन ने अपने पिता के कारण उपलब्ध हो सके डब्लू.एस.यू. के कंप्यूटर 'आई.बी.एम.-360' पर 'इंटेल-8008 माइक्रो प्रोसेसर' का अनुकरण करनेवाला एक कंप्यूटर प्रोग्राम लिखा और डिजाइन किए जा रहे कंप्यूटर पर उसका परीक्षण किया था।

इस संदर्भ में बिल गेट्स व पॉल एलन की 'फॉर्च्यून' पत्रिका के साथ बातचीत (2 अक्तूबर, 1995 को प्रकाशित) के प्रमुख अंश इस प्रकार हैं—

गेट्स—1971 में, वह घटना तब घटी, जिसने व्यापार के लिहाज से हमारे लिए सबकुछ शुरू कर दिया था, जब पॉल को एक इलेक्ट्रॉनिक्स पत्रिका में पृष्ठ 73 या कुछ और पर 'इंटेल 4004 चिप सेट' के बारे में एक लेख मिला, जो दुनिया का पहला माइक्रो प्रोसेसर था। पॉल आता है और कहता है, 'वाह!' और विस्तार से बताता है कि यह माइक्रो प्रोसेसर नाम की चीज ही केवल बेहतर और बेहतर होने वाली है। निश्चित तौर पर एक साल बाद इंटेल 8008 के साथ प्रकट हुआ और यह बहुत बेहतर था।

एलन—यह हमें तब पता चला था कि मूर की विधि सच में काम कैसे करती है—माइक्रो प्रोसेसर चिप की हर पीढ़ी बुनियादी तौर पर पिछले से दोगुना तेज थी और वे पहले से सस्ती हो गई थी। इसलिए बिल और मैं बाहर गए और 360 की

राशि (डॉलर) में अपनी चिप 8008 खरीद ली। चिप एल्यूमीनियम पन्नी में पूरी तरह लपेटी हुई थी और हम उसे छूने में लगभग डरते थे।

[इंटेल के सह-संस्थापक गॉर्डन ई. मूर के नाम पर कंप्यूटर हार्डवेयर के इतिहास में प्रचलित 'मूर की विधि' (मूर'स लॉ) एक रुझान का अवलोकन है जिसे मूर ने अपने वर्ष 1965 के शोध-पत्र में पेश किया था। उस शोध-पत्र में उल्लेख था कि वर्ष 1958 में इंटीग्रेटेड सर्किट (आई.सी.) के आविष्कार के बाद से सन् 1965 तक आइ.सी. में घटकों की संख्या हर साल दोगुनी हो गई थी और मूर ने भविष्यवाणी की थी कि यह रुझान कम-से-कम दस साल के लिए जारी रहेगा। उनकी भविष्यवाणी अलौकिक रूप से सही साबित हो गई थी। अर्धचालक (सेमी-कंडक्टर) उद्योग में लंबी अवधि की योजना बनाने और अनुसंधान-विकास का लक्ष्य निर्धारित करने के लिए मार्गदर्शक के तौर पर 'मूर की विधि' का उपयोग किया जाता है।]

गेट्स—हमने सोचा कि हम यातायात मात्रा गणना का विश्लेषण करने के लिए एक विशेष कंप्यूटर के दिल के रूप में 8008 का उपयोग कर सकते हैं। हम मशीनों को बनाने और उन्हें यातायात विभाग को बेचने जा रहे थे। इसलिए हमने अपनी पहली कंपनी की स्थापना की, जिसे हमने 'टर्फ-ओ-डाटा' कहा था।

एलन—'टर्फ-ओ-डाटा' कोई धुआँधार सफलता नहीं थी। कुछ साल बाद में माइक्रोसॉफ्ट का पहला उत्पाद बनाने के लिए हमें तैयार करने में यह बीज जैसी थी। हमने डी.ई.सी. (डिजिटल इक्विपमेंट कॉरपोरेशन) के कंप्यूटरों का उपयोग कर स्वयं अनुकरण किया कि माइक्रो प्रोसेसर कैसे काम करते हैं, इसलिए हमारी मशीन का निर्माण होने से पहले ही हम सॉफ्टवेयर विकास कर सके थे।

हम हमेशा व्यापार में रुचि रखते थे। हम बिल के घर जाते थे, 'फॉर्च्यून' और उसके माता-पिता को मिली अन्य व्यावसायिक पत्रिकाओं को पढ़ते थे। बिल कहा करता था, 'जी, यह फॉर्च्यून-500 में नंबर वन होने का क्या मतलब है? क्या तुम कल्पना कर सकते हो कि उस आकार की कंपनी क्या करती है? उन सभी आँकड़ों का वास्तव में क्या मतलब है?'

हम उद्यमी होने के बारे में बात करते थे। जाहिर है, यह एक छोटे पैमाने पर होता था, क्योंकि हम बच्चे थे। हमारे लिए माइक्रो प्रोसेसर यथोचित रूप से आकर्षक थे, क्योंकि आप परंपरागत इलेक्ट्रॉनिक्स की लागत के एक अंश में किसी चीज का निर्माण कर सकते थे। यह अनिवार्य रूप से वही था, जो हमने टर्फ-ओ-डाटा कंप्यूटर के साथ किया था—यह सेवा व्यापार का निर्माण करने के लिए एक बहुत ही सीमित व चुनौतीपूर्ण क्षेत्र था।

उस वक्त संयुक्त राज्य प्रतिनिधि सभा में पूरक प्रशासनिक सहायता प्रदान करने के लिए दलगत राजनीति से परे सरकारी कर्मचारियों के रूप में हाई स्कूल के छात्रों को चुना जाता था, जो सभा-मुंशी कार्यालय' के अंतर्गत कुछ सप्ताहों के लिए काम करते थे।

गेट्स—मुझे याद है, शुरू से ही हमें आश्चर्य हुआ था, 'डी.ई.सी. के लिए इसका क्या मतलब होगा कि कभी माइक्रो कंप्यूटर शक्तिशाली व काफी सस्ते थे? आई.बी.एम. के लिए इसका क्या मतलब होगा?' हमें यह लग रहा था कि वे मदहोश थे। हमने सोचा था कि शायद वे कल भी मदहोश रहें। हम कह रहे थे, 'भगवान्, वे लोग क्यों नहीं चौंके थे? ऐसा कैसे हुआ कि वे स्तब्ध व डर नहीं रहे थे?' जब हम सन् 1975 में माइक्रोसॉफ्ट शुरू करने अल्बुकर्क आए, हमारी धारणा काफी स्पष्ट थी कि कंप्यूटर एक बड़ा व्यक्तिगत उपकरण होने जा रहा है।

एलन—मुझे याद है, सन् 1973 में वैंकूवर, वॉशिंगटन में शाके'ज पर मैं पिज्जा खाते हुए बात कर रहा था कि अंत में हर कोई ऑनलाइन होने जा रहा है और (उन्हें) अखबारों व ऐसे सामानों की पहुँच होगी और लोग सूचना के लिए कंप्यूटर टर्मिनल पर भुगतान करने को तैयार नहीं होंगे।

गेट्स—हाँ, हम वांग (वांग लैबोरेटरी) के समर्पित वर्ड-प्रोसेसर (कंप्यूटर) से भी काफी प्रभावित थे, क्योंकि हमें भरोसा था कि सामान्य प्रयोजन की मशीनें वैसे ही अच्छा कर सकेंगी। यही कारण है कि जब आई.बी.एम. पी.सी. (पर्सनल कंप्यूटर) के लिए कुंजी पटल (की-बोर्ड) डिजाइन करने की बारी आई तो हमने मशीन में हास्यास्पद वांग अक्षर-समूह को डाल दिया था। आप जानते हैं, स्माइली चेहरे व बक्से और त्रिकोण व (अन्य) सामान। हम सोच रहे थे कि हम किसी दिन 'वांग वर्ड प्रोसेसिंग सॉफ्टवेयर' की एक 'क्लोन' (नकल) करना चाहेंगे। उस वक्त अधिकांश निजी कंप्यूटर में 'ऊपर के' तथा 'नीचे के' अक्षर नहीं होते थे।

इस बीच, सन् 1973 की शुरुआत में बिल गेट्स ने संयुक्त राज्य प्रतिनिधि सभा (यू.एस. हाउस ऑफ रिप्रजेंटेटिव) में 'सभा के अर्दली छोकरे' (कांग्रेसनल पेज-बॉय) के रूप में भी काम किया था। उस वक्त संयुक्त राज्य प्रतिनिधि सभा (वॉशिंगटन डीसी) में पूरक प्रशासनिक सहायता प्रदान करने के लिए दलगत राजनीति से परे सरकारी कर्मचारियों के रूप में हाई स्कूल के छात्रों को चुना जाता था, जो सभा-मुंशी (क्लर्क ऑफ द हाउस) कार्यालय' के अंतर्गत कुछ सप्ताहों के लिए काम करते थे। वर्ष 2011 में यह योजना समाप्त हो गई।

इलेक्ट्रिसिटी ग्रिड कंट्रोल प्रोग्राम—इस बीच गेट्स और एलन लगातार ऐसे काम की तलाश में रहते थे, जिससे कुछ कमाई हो सके। इन्फॉरमेशन साइंसेज इन्कॉरपोरेशन (आई.एस.आई.) के पे-रोल प्रोग्राम को पूरा करने के बाद पहली बार एक गंभीर काम हाथ में आया था, जिससे इन दोनों में अपनी सॉफ्टवेयर कंपनी खोलने का विचार आया था। यह काम था 'बिजली जाल नियंत्रण प्रणाली' (इलेक्ट्रिसिटी ग्रिड कंट्रोल सिस्टम) के लिए कंप्यूटर सॉफ्टवेयर प्रोग्राम। संक्षेप में 'इलेक्ट्रिसिटी ग्रिड कंट्रोल प्रोग्राम' की गड़बड़ी को दुरुस्त करना। असल में, यह काम भी कुल मिलाकर सी.सी.सी. में 'बग' निकालने का ही था, लेकिन यहाँ गेट्स व एलन सिर्फ सॉफ्टवेयर की बीमारी खोजने भर के लिए ही नहीं, बल्कि उसे पूरी तरह से दुरुस्त रखने के लिए बहाल किए गए थे।

यह उत्तर के पश्चिम प्रशांत क्षेत्र बाँधों में सभी बिजली ग्रिड पर नियंत्रण के लिए कंप्यूटर का उपयोग करने की एक परियोजना थी। बोनविले पावर एडमिनिस्ट्रेशन नामक सरकारी एजेंसी ने इन सभी नियंत्रण के लिए कंप्यूटर का उपयोग करने के लिए रक्षा ठेकेदार कंपनी टी.आर.डब्लू. इन्कॉरपोरेशन के साथ अनुबंध किया था। यह एक उच्च विश्वसनीयता का बड़ा सॉफ्टवेयर काम था और टी.आर.डब्लू. इसे करने के लिए प्रतिबद्ध थी। लेकिन इस काम में टी.आर.डब्लू. को परेशानी आ रही थी। वे ऐसे सॉफ्टवेयर प्रोग्रामर की तलाश में थे, जो इसे ठीक कर सकें।

बोनविले पावर एडमिनिस्ट्रेशन का मुख्यालय सिएटल से करीब 180 किलोमीटर दूर पोर्टलैंड (ऑरिगोन प्रांत) में है। टी.आर.डब्लू. के लोग पोर्टलैंड में प्रोग्रामरों को तलाश रहे थे। आई.एस.आई. भी वहीं की कंपनी थी, जिससे जुड़े किसी प्रोग्रामर ने गेट्स व एलन के बारे में टी.आर.डब्लू. के लोगों को बताया था। इस काम के लिए गेट्स को स्कूल से और एलन को यूनिवर्सिटी से विशेष अनुमति लेनी पड़ी थी। वर्ष 1973 की गरमियों में दोनों करीब चार महीने तक पोर्टलैंड से सटे वॉशिंगटन प्रांत के शहर वैंकूवर (कोलंबिया नदी के उत्तरी छोर पर) में किराए के अपार्टमेंट में रहे थे। इस मौके के बारे में बिल गेट्स ने कहा था—

"हम भाग्यशाली थे। हमेशा कुछ ऐसी चीजें मिल जाती थीं, जो हमें न सिर्फ एक मौका देती थीं, बल्कि अगले स्तर तक हमें अवगत कराया करती थीं।"' टी.आर.डब्लू. इस उच्च विश्वसनीयतावाले महान् सॉफ्टवेयर कार्य को करने के लिए प्रतिबद्ध थी। अच्छा, उन्होंने इसे अपेक्षा से ज्यादा कठिन पाया था। इसलिए वे ऐसे लोगों की तलाश कर रहे थे, जो इस तरह के कंप्यूटरों को समझते हों, जिन

पर पॉल और मैंने बहुत से काम किए थे। ये वैसे ही कंप्यूटर थे, जैसे कंप्यूटर सेंटर कॉरपोरेशन में और इन्फॉरमेशन साइंसेज के। वैसे भी, हम प्रसिद्ध जैसे ही थे; लेकिन कोई भी हमसे मिलने नहीं आया था, इसी कारण हमने इस समस्या के प्रतिवेदन (प्रॉब्लम रिपोर्ट्स) दाखिल किए थे और इन समस्या-प्रतिवेदनों के बाद में—वे इतने परिष्कृत थे—यह इस तरह था, 'सिएटल में ये कौन लोग निकल आए हैं, जो बता रहे हैं कि इन चीजों को कैसे ठीक करें?'

''इसलिए जब टी.आर.डब्लू. कह रहा था, 'अरे, हम हताश हो रहे हैं। हमें ढूँढ़ कर दो...।' वे डिजिटल इक्विपमेंट कॉरपोरेशन को कह रहे थे, 'हमें सबसे अच्छा प्रोग्रामर ढूँढ कर दो।' और किसी ने कहा, 'ठीक है, गेट्स और एलन हैं।...' और (फिर) किसी ने कहा, 'वास्तव में कोई भी उनसे मिला नहीं है। लेकिन हाँ, वे वास्तव में अच्छा कर रहे हैं। हम उन्हें ढूँढ़कर ला सकते हैं।' तो वे, यह एक आदमी, हमें ढूँढ़ लेता है और हम साक्षात्कार के लिए जाते हैं। और ये दो बच्चे दिखाई देते हैं—जब मेरा साक्षात्कार किया गया थे, तब मैं क्या था? मैं 16 साल का था। उन्होंने मेरा साक्षात्कार लिया। इसलिए वे इस तरह (बोल रहे) थे, 'हम तुम्हें बहाल नहीं कर सकते।'

''लेकिन तब उन्होंने हमसे सॉफ्टवेयर के बारे में बात की और हमें स्पष्ट रूप से बहुत कुछ पता था। और, अगर आप युवा हैं और आपको बहुत कुछ पता है, लोगों के बीच किसी तरह की बातें होतीं। या तो आप वैसे हैं जैसा कि आपको होना चाहिए, जो कि एक बच्चे को ज्यादा पता नहीं होता या वे सोचते हैं, 'वाह, इस आदमी की क्या बात है!' हम बहुत अच्छे प्रोग्रामर थे। लेकिन किसी भी तरह हमें टी.आर.डब्लू. में काम मिल गया और उसने मुझे कुछ ऐसे प्रोग्रामरों से परिचित कराया, जो मेरे मुकाबले बेहतर थे, जिन्होंने मेरे काम की समालोचना की थी। मैं उनके काम को देख सका था। और यह आदमी वास्तव में एक अद्भुत प्रोग्रामर था।...(जॉन नॉर्टन)...वह मेरी चीजों को यूँ लेता था और खोलकर रख देता था। आपको पता है, इस बहुत ही रचनात्मक तरीके से...पॉल और मैं वैंकूवर, वॉशिंगटन में रहे थे। तो यह एक तरह से हमारी समझदारी को एक पूरे नए स्तर पर ले गया था और इसने वहाँ लोगों के एक समूह से हमें परिचित कराया था।''
(स्रोत—अचीवमेंट.ओर्ग)

खैर, इस काम के पूरा होने के साथ बिल गेट्स अपनी बारहवीं कक्षा और कॉलेज में नामांकन की तैयारियों में जुट गए थे। लेकसाइड प्रोग्रामर्स ग्रुप का एक साथी केंट इवांस पिछले साल ही दुर्घटना का शिकार हो गया था और एक अन्य

साथी रिक वेईलैंड स्टैंडफोर्ड यूनिवर्सिटी चला गया था। इस तरह सिएटल में गेट्स और एलन बचे थे। एलन यूनिवर्सिटी ऑफ वॉशिंगटन में दूसरा साल खत्म कर तीसरे में जानेवाला था। वर्ष 1973 की शरद् ऋतु में गेट्स हार्वर्ड चला गया था।

वास्तव में, टर्फ-ओ-डाटा की स्थापना और मशीन के तैयार होने में करीब दो साल लग गए थे। मशीन के प्रोटोटाइप बनाने में 1,500 डॉलर का खर्च आया था। व्यावहारिक तौर पर कंपनी का काम पॉल एलन व पॉल गिल्बर्ट के जिम्मे आ गया था। इस मशीन का एक ही ग्राहक मिला था। वॉशिंगटन स्टेट गवर्नमेंट ने शहरों को मुफ्त में 'यातायात प्रसंस्करण सेवा' (ट्रैफिक प्रोसेसिंग सर्विस) उपलब्ध करा दी थी और निजी ठेकेदारों की आवश्यकता समाप्त हो गई थी। बाद में, इस मशीन को दक्षिण अमेरिकी राज्यों में भी बेचने की कोशिशें की गई थीं। लेकिन सफलता नहीं मिली थी।

इस बीच, बिल गेट्स हार्वर्ड में रहकर पॉल एलन व पॉल गिल्बर्ट की मदद कर रहे थे। लेकिन हार्वर्ड में रहते हुए गेट्स को एलन की दूरी खटक रही थी। सिएटल और हार्वर्ड की दूरी करीब 5,000 किलोमीटर की है, लिहाजा दोनों की मुलाकात तभी हो पाती थी, जब छुट्टियों में बिल घर आते। खैर, ज्यादा दिनों तक दोनों दूर नहीं रह सके। वर्ष 1974 की गरमियों में पॉल एलन ने बोस्टन के पास के इलाके में हनीबेल इंटरनेशनल के कंप्यूटर विभाग में प्रोग्रामर की नौकरी शुरू कर ली थी। ज्यादा समय नहीं लगा था कि वर्ष 1975 की शुरुआत में दोनों को अपनी जिंदगी हमेशा के लिए बदल लेने का मौका आ गया था और उसी साल 4 अप्रैल को 'माइक्रोसॉफ्ट' की स्थापना हो गई थी।

वर्ष 1974 से 1980 के बीच, टर्फ-ओ-डाटा को करीब 4,000 डॉलर का शुद्ध घाटा हुआ था और काम बंद कर दिया गया था।

□

2

सॉफ्टवेयर कारोबार की ओर बढ़ते कदम

वर्ष 1973 की गरमियों में लेकसाइड स्कूल में बिल गेट्स की पढ़ाई पूरी हो गई थी। बिल ने कॉलेज में नामांकन के लिए अमेरिका में आयोजित होनेवाली प्रवेश परीक्षा—'शैक्षिक मूल्यांकन परीक्षा' (SAT, स्कॉलैस्टिक असेसमेंट टेस्ट) में 1600 में से 1590 अंक हासिल किए थे। फिर वर्ष 1973 की शरद् ऋतु में उसने हार्वर्ड कॉलेज में कानून (लॉ) में दाखिला लिया था।

असल में, बिल गेट्स ने नामांकन के लिए सिर्फ तीन यूनिवर्सिटी कॉलेजों में आवेदन किया था—हार्वर्ड, येल और प्रिंस्टन। हरेक के लिए उसका अपना दृष्टिकोण था और वह उन सभी की अलग-अलग प्रतिभा-प्रक्रियाओं में अव्वल रहने की अपनी क्षमता से बखूबी परिचित था। येल यूनिवर्सिटी के लिए उसने अपने में राजनीतिक महत्त्वाकांक्षावाली क्षमता को देखा था और इसी कारण अमेरिकी प्रतिनिधि सभा में 'पेज' के रूप में अनुभव भी हासिल किया था। प्रिंस्टन यूनिवर्सिटी के लिए गेट्स ने स्वयं को सिर्फ एक कंप्यूटर इंजीनियर बनाने की ख्वाहिश पर केंद्रित किया था और हार्वर्ड यूनिवर्सिटी के लिए उसका गणित के प्रति प्रेम था। उसने मैसाचुसेट्स इंस्टीट्यूट ऑफ टेक्नोलॉजी (एम.आई.टी.) में जाने पर विचार किया था, लेकिन अंतिम क्षण में उसने पिन बॉल खेलने के साक्षात्कार को रद्द कर दिया था। उसका तीनों यूनिवर्सिटियों में चयन हो गया था, लेकिन उसने हार्वर्ड को चुना। एलन ने उसे चेतावनी दी थी कि वहाँ कुछ लोग ऐसे होंगे, जो उससे ज्यादा अच्छे होंगे। लेकिन गेट्स ने उसे अनसुना कर दिया था।

हार्वर्ड कॉलेज में बिल गेट्स के कारनामे

जब बिल गेट्स से उसके पसंद के रूममेट के बारे में जानकारी माँगी गई तो उसने एक अफ्रीकी-अमेरिकी और एक अंतरराष्ट्रीय छात्र को चुना था। उसे विग्लेस्वोर्थ हॉल में मोंट्रियल के गरीब विस्थापित यहूदी परिवार से संबंधित विज्ञान प्रतिभा सैम जनीमेर और चैट्टानूगा (टेनेसी) के अश्वेत छात्र जिम जेनकिंस के साथ रखा गया था। गेट्स की पढ़ने या कोई और काम करने की आदत भी विचित्र थी। वह 36 घंटे या उससे भी अधिक समय तक लगातार पढ़ा करता था, फिर 10 घंटे तक सोता रहता था। जब जागता तो पिज्जा खाने जाता और वापस लौटकर फिर से शुरू हो जाता। गंभीर अध्ययन के बीच-बीच में वह झोंक में आता और अपने हॉस्टल लाउंज में वीडियो गेम (पोंग, अटारी या स्पेस वार) खेलने के लिए अपने रूममेट को भी जबरदस्ती पकड़ ले जाया करता था।

चूँकि 'विशुद्ध गणित' में गेट्स से बेहतर काफी लोग थे और पहली छमाही में काफी मेहनत के बावजूद गेट्स को अच्छा दर्जा नहीं मिला था, इसलिए उसने 'व्यावहारिक गणित' में कुछ खास करने का फैसला किया था।

एप्लाइड मैथ की ओर झुकाव—एलन की चेतावनी सही निकली थी कि हार्वर्ड में उससे भी तेज गणित के छात्र होंगे। विग्लेस्वोर्थ हॉल में ही ऊपरी मंजिल पर बाल्टीमोर से एक गणित का छात्र था—एंडी ब्रैटरमैन, जो गेट्स से बेहतर था। दोनों रात-रात भर पिज्जा खाते हुए गणित के सवालों को सुलझाते और जमकर पोकर भी खेलते। बाद में उसने और ब्रैटरमैन ने एक साथ कमरा लेने का फैसला किया था और उन्हें कूरियर हाउस में जगह मिली, जिसे गेट्स बहुत पसंद करता था।

चूँकि 'विशुद्ध गणित' (प्योरमैथ) में गेट्स से बेहतर काफी लोग थे और पहली छमाही में काफी मेहनत के बावजूद गेट्स को अच्छा दर्जा नहीं मिला था, इसलिए उसने 'व्यावहारिक गणित' (एप्लाइड मैथ) में कुछ खास करने का फैसला किया था। पॉल एलन ने अपनी आत्मकथा 'आइडिया मैन' (1911) में इस घटना का उल्लेख कुछ इस प्रकार किया है—

''जब बिल को यह खबर मिली कि वह हार्वर्ड विश्वविद्यालय में चयनित हो गया है तो वह हैरान नहीं था। पुटनाम प्रतियोगिता में शीर्ष के पास अंक लेने के बाद से वह ऊँची उड़ान भर रहा था, जहाँ उसने देश भर के अंतः-स्नातकों के खिलाफ अपने गणित कौशल का परीक्षण किया था।

मैंने उस बुद्धिमान को कुछ कहने की पेशकश की थी—'तुम्हें पता है बिल, जब तुम हार्वर्ड जा रहे हो, वहाँ कुछ ऐसे लोग भी जा रहे होंगे, जो गणित में तुमसे बहुत बेहतर होंगे।'

'नहीं', उसने कहा, 'कोई रास्ता नहीं है।'

और मैंने कहा, 'इंतजार करो और देखो।'

''मैं गणित में ठीक-ठाक था और बिल प्रतिभाशाली था; लेकिन तब तक मैंने वॉशिंगटन स्टेट यूनिवर्सिटी में अपने अनुभव से बात की थी। एक दिन मैंने एक प्राध्यापक को 'आंशिक अंतर समीकरण' (पार्शियल डिफरेंशियल इक्वेशंस) की उलझन से श्याम-पट्ट (ब्लैकबोर्ड) को भरते देखा और वे संभवत: द्वितीय राजवंश के चित्र-लेखों की तरह के थे। यह उन क्षणों में से एक था। आपको एहसास होता है कि मैं इसे देख नहीं सकता। मैं थोड़ा उदास हुआ था; लेकिन मैंने अपनी सीमाओं को स्वीकार कर लिया। मैं एक सामान्य सा व्यक्ति होकर खुश था।

'बिल के लिए यह अलग था। जब मैंने क्रिसमस की छुट्टियों में उसे फिर से देखा था, वह ढीला लग रहा था। मैंने उसकी पहली छमाही के बारे में उससे पूछा और उसने उदासी से कहा था, 'मुझे एक गणित का प्राध्यापक मिला, जिसने अपनी पी-एच.डी 16 वर्ष की उम्र में हासिल की।' पाठ्यक्रम विशुद्ध रूप से सैद्धांतिक था और सप्ताह में 30 घंटे तक का गृहकार्य का बोझ था। बिल ने अथक परिश्रम किया और 'बी' ग्रेड हासिल किया। जब उच्च गणित का मामला आया तो वह शायद एक लाख में एक या बेहतर रहा था। लेकिन वहाँ जो लोग थे, वे 10 लाख में से एक या करोड़ में से एक थे और उनमें से कुछ हार्वर्ड में उपेक्षित हो रहे थे बिल उस कमरे में होशियार आदमी कभी नहीं बन सकता था और मुझे लगता है कि उसकी प्रेरणा को चोट लगी थी। उसने अंत में अपना प्रमुख विषय व्यावहारिक गणित में बदल लिया था।''

खैर, विश्वविद्यालय के दूसरे वर्ष में गेट्स को सफलता मिली। प्राध्यापक हैरी लुइस ने एक साहचर्य वर्ग में 'पैनकेक शॉर्टिंग' से संबंधित अनसुलझी समस्याओं की शृंखला को पहेलियों (पजल्स) के रूप में छात्रों के समक्ष समाधान के लिए रखा था। उनमें से एक को बिल गेट्स ने सुलझाया था और उसके लिए 'कलन विधि' (अल्गोरिथम) का ईजाद किया था। गेट्स का समाधान 30 साल के सबसे तेज संस्करण के रूप में दर्ज किया गया था। बाद में गेट्स के उस समाधान को हार्वर्ड के कंप्यूटर वैज्ञानिक क्रिस्टोस पदिमीट्रिओऊ के साथ मिलकर एक शोध-पत्र में औपचारिक रूप दिया गया था।

गेट्स का विद्रोही शैक्षिक रुझान—हार्वड में बिल गेट्स अकसर विज्ञान-केंद्र में 'दि ऐकेन लैब' में ही जमा रहता था। यह प्रयोगशाला इलेक्ट्रो-मेकैनिकल कंप्यूटर 'मार्क-1' के आविष्कारक हार्वर्ड ऐकेन के नाम पर है और जहाँ गेट्स की सबसे पसंदीदा मशीन डिजिटल इक्विपमेंट कॉरपोरेशन (डी.ई.सी.) की पी.डी.पी.-10 थी, वहाँ पी.डी.पी.-1 कंप्यूटर भी था, जिस पर 'स्पेस वार' गेम भी खेला जाता था। प्रथम वर्ष के कंप्यूटर प्रोजेक्ट के तहत वीडियो बेस बॉल गेम के लिए गेट्स ने पी.डी.पी.-10 व पी.डी.पी.-1 को आपस में जोड़ा था। ऐसा करने के पीछे एक कारण यह भी था कि वह पी.डी.पी.-1 पर स्पेस-वार गेम के लिए भी वही डिस्प्ले उपयोग में लाया करता है।

बिल गेट्स अपने किसी भी पाठ्यक्रम के वर्ग में लेक्चर के लिए नहीं जाता, बल्कि उन वर्गों में निरीक्षण करता, जिससे उसका कोई संबंध न था। पहले वर्ष में तो वह पूरी तरह से 'खारिजकर्ता' हो गया था। ठीक उसी समय दूसरे वर्ग में जाया करता, जब उसका अपने विषय का वर्ग होता। खीझ में वह जमकर पोकर खेलता था। कूरियर हाउस के एक कॉमन रूम में यह खेल रात-रात भर चलता था, जो 'पोकर रूम' के रूप में जाना जाने लगा था। पोकर ताश का एक खेल है, जिसमें बोली भी लगाई जाती था। हर रात 1000 डॉलर या उससे ज्यादा राशि की हार-जीत होती थी। गेट्स का पसंदीदा पोकर गेम था—'सात पत्तों का घुड़साल' (सेवेन कार्ड स्टड)। गेट्स में एकोन्मादी गुण था। यदि वह किसी चीज पर ध्यान केंद्रित करता तो बस, उससे चिपक ही जाता था।

स्टीव बॉल्मर से दोस्ती—अर्थशास्त्र की कक्षा में गेट्स की मुलाकात स्टीव बाल्मर से हुई थी, जो सन् 1980 में माइक्रोसॉफ्ट के 30वें कर्मचारी और पहले बिजनेस मैनेजर नियुक्त हुए तथा 1998 में अध्यक्ष और 2001 में मुख्य कार्यकारी अधिकारी (सी.ई.ओ.) बने। बाल्मर कूरियर हाउस में ही गेट्स से नीचेवाली मंजिल पर रहते थे।

स्टीव बाल्मर ऊपरी तौर पर गेट्स से बहुत अलग था। वह बहुत ऊधम मचाने वाला और झुंड में रहने वाला था। वह कॉलेज में सरगरम रहनेवालों की तरह का था, जो हर संगठन में शामिल होने या नेतृत्व करने के लिए उतावला रहा करता था। वह पूर्व स्नातकों (अंडर ग्रेजुएट्स) के बीच दोस्ती, बातचीत एवं सौहार्द लाने के स्थापित मशहूर हेस्टी पुडिंग क्लब में सक्रिय था। (हेस्टी पुडिंग अमेरिका का पारंपरिक पकवान जो हलवा की तरह का होता है और मक्की के आटे व दूध से बनाया जाता है।) वह फुटबॉल टीम में भी शामिल था। वह

समलैंगिक-अधिकारों की आवाज उठानेवाली पत्रिका 'दि एडवोकेट' का प्रकाशक और हार्वर्ड कॉलेज के पूर्व-स्नातकों द्वारा निकाले जानेवाला कैंब्रिज (मैसाचुसेट्स) का एकमात्र दैनिक अखबार 'द हार्वर्ड क्रिमसन' का विज्ञापन प्रबंधक भी था। गेट्स और बाल्मर के बीच दोस्ती का सबसे बड़ा कारण था उनकी जबरदस्त तीव्रता। दोनों एक साथ फिल्म देखने जाते थे। वे एक साथ ऊँची आवाज में बातें करते, तर्क-वितर्क करते, अध्ययन करते और आगे-पीछे धमाल करते रहते थे।

पढ़ाई छोड़ एलन की हनीवेल में नौकरी—बिल गेट्स के हार्वर्ड चले आने के बाद पॉल एलन का मन वॉशिंगटन स्टेट यूनिवर्सिटी (डब्लू.एस.यू.), सिएटल में नहीं लग रहा था। वर्ष 1974 की शुरुआत से गेट्स ने भी एलन पर अपने आस-पास रहने का दबाव बनाना शुरू किया था, ताकि दोनों अपने कारोबारी सपने को एक साथ आगे बढ़ा सकें। गेट्स ने एलन के सामने किसी कंपनी में प्रोग्रामर के रूप में एक साथ काम करने का विचार रखा था और उसी साल गरमियों में हनीवेल इंटरनेशनल के कंप्यूटर डिवीजन में दोनों को काम मिल गया था। पॉल एलन अपनी प्रेमिका के साथ उसी के आस-पास रहने लग गया था।

याद रहे कि मौजूदा-100 बहुराष्ट्रीय कंपनी हनीवेल ने फ्रामिंघम (मैसाचुसेट्स) स्थित कंप्यूटर कंट्रोल कॉरपोरेशन (सी.सी.सी.) को 1970 में उसके दिवालिया घोषित होने के बाद खरीदा था। यह वही सी.सी.सी. है जिसके सिएटल सेंटर में गेट्स और एलन ने मुफ्त कंप्यूटर समय के 'बग' ढूँढ़ने का काम करते हुए कंप्यूटर प्रोग्रामिंग के बुनियादी गुर सीखे थे। कैंब्रिज से फ्रामिंघम की दूरी महज 31 किलोमीटर है, जो मैसाचुसेट्स प्रांत की राजधानी बोस्टन से 21 किलोमीटर पश्चिम में स्थित है।

पॉल एलन ने अपनी आत्मकथा 'आइडिया मैन' में इसका जिक्र कुछ ऐसे किया है—

"सन् 1974 की वसंत छमाही के दौरान बिल मुझसे बोस्टन में स्थानांतरित होने का आग्रह कर रहा था। उसने कहा था कि हमें प्रोग्रामर के रूप में काम मिल सकता है। कुछ स्थानीय कंपनियाँ रुचि लेती लग रही थीं। हम कुछ रोमांचक परियोजना को आगे बढ़ाएँगे। किसी भी परिस्थिति में, हम मजा करेंगे। क्यों न ऐसा करने की एक कोशिश करें?

'वॉशिंगटन राज्य में मंद गति करने की बजाय मैं एक उड़ान लेने के लिए तैयार था। मैंने बोस्टन क्षेत्र में एक दर्जन से अधिक कंप्यूटर कंपनियों को अपना संक्षिप्त विवरण (रिज्यूम) भेज दिया था और हनीवेल से 12,500 डॉलर की

एक नौकरी की पेशकश मिल गई थी। यदि बोस्टन में बात नहीं बनती तो मैं हमेशा विश्वविद्यालय में लौट सकता था। इस बीच, मैं देश के एक नए हिस्से को आजमाऊँगा और मेरी प्रेमिका रीटा, मेरे साथ शामिल होने के लिए सहमत हो गई थी। हम और अधिक गंभीर हो गए थे और शादी के लिए एक परीक्षण-चलाई के रूप में एक साथ जीना चाहते थे। इसके अलावा, वहाँ बिल होगा। कम-से-कम सप्ताहांत पर तो हम एक साथ अपनी मगजमारी कर सकेंगे।''

खैर, हनीवेल में प्रोग्रामर की नौकरी करते हुए एलन और गेट्स लगातार नई परियोजनाओं पर बहस किया करते थे। कभी एलन के घर में रीटा के हाथ का बना स्वादिष्ट भोजन करते हुए या फिर गेट्स के कूरियर हाउस छात्रावास के तथाकथित पोकर रूम में दोनों की मगजमारी लगातार चल रही थी। बिल आदतन व्यापारिक खोजी था। वह किसी कारोबार-प्रस्ताव के हरेक पहलू की बारीकी से जाँच करता था और देखता था कि उन्हें किस काम में कितनी सफलता मिल सकती थी। एलन अपनी आत्मकथा में आगे लिखते हैं—

''हर बार मैं बिल के लिए एक विचार ले जाया करता था। वह मेरे गुब्बारे को उछाल देता था। वह कहा करता था, 'उसमें लोगों का एक झुंड और बहुत सारा पैसा लगेगा।' या वह मुझे याद दिलाता था, 'यह बहुत जटिल लगता है। हम हार्डवेयर के गुरु नहीं हैं, पॉल। हम जो जानते हैं, वह सॉफ्टवेयर है।' और वह सही था। मेरे विचार अपने समय से आगे थे या हमारी गुंजाइश से परे या दोनों। यह सोचना हास्यास्पद था कि बोस्टन में दो युवा लोग आई.बी.एम. को उसके ही मैदान पर हरा सकते हैं। बिल की वास्तविकता की जाँच ने हमें उन क्षेत्रों में समय बरबाद करने से रोका था, जहाँ हमारे पास सफलता के मामूली अवसर थे।''

लेकिन गेट्स और एलन की मनचाही मुराद जल्द ही पूरी होने वाली थी। दिसंबर 1974 के अंत में एक दिन पॉल एलन हार्वर्ड स्क्वायर (कैंब्रिज नगर का मशहूर तिराहा) से गुजर रहा था तो उसने पॉपुलर इलेक्ट्रॉनिक्स का ताजा अंक (जनवरी 1975) देखा तो चौंका। उसे खरीदकर वह लगभग भागता हुआ-सा कूरियर हाउस में गेट्स के पहुँचा था। उस पत्रिका में दुनिया का सबसे पहला घरेलू कंप्यूटर 'अल्टेयर 8800' की 'प्रोग्रामिंग लैंग्वेज' (कंप्यूटर को चलाने की भाषा) के निर्माण के लिए निर्माता कंपनी 'माइक्रो इंस्ट्रामेंटेशन एंड टेलीमेट्री सिस्टम्स (एम.आई.टी.एस.) की ओर से खुला निमंत्रण छपा था। ईश्वर ने शायद

इसी ऐतिहासिक काम के लिए गेट्स और एलन की जोड़ी बनाई थी, जिससे कंप्यूटिंग की दुनिया में वास्तविक क्रांति की शुरुआत हुई थी।

पहला घरेलू कंप्यूटर 'अल्टेयर 8800' का विकास

पॉपुलर इलेक्ट्रॉनिक्स के जनवरी 1975 अंक में एम.आई.टी.एस. 'अल्टेयर 8800' की आवरण कथा के रूप में शीर्षक छपा था—'प्रतिद्वंद्वी वाणिज्यिक मॉडल के लिए दुनिया की पहली मिनी कंप्यूटर किट।' इसे पढ़ते ही पॉल एलन को अंदाजा हो गया था कि आगे क्या होने वाला है। जब उसने कूरियर हाउस पहुँचकर गेट्स को वह लेख दिखाया तो गेट्स मानो जागकर खड़ा हो गया था। दोनों को लगा था कि यदि उन्होंने इस काम को नहीं पकड़ा तो कोई-न-कोई इस अवसर का लाभ उठा लेगा। लिहाजा उन्होंने इस खास मशीन 'अल्टेयर 8800' के लिए पहले से ही प्रचलित कंप्यूटर कार्यक्रम की भाषा (प्रोग्रामिंग लैंग्वेज)—बेसिक (बिगिनर्स ऑल-पर्पज सिंबॉलिक इंस्ट्रक्शन कोड यानी नौसिखिया सर्वउद्देश्यीय प्रतीकात्मक निर्देश संकेत लिपि) के दुभाषिया (इंटरप्रेटर) सॉफ्टवेयर बनाने की जरूरत थी।

[बेसिक (नौसिखिया सर्वउद्देश्यीय प्रतीकात्मक निर्देश संकेत-लिपि) आम उपयोग के लिए एक उच्च स्तरीय कंप्यूटर प्रोग्रामिंग भाषा का परिवार है। इसका डिजाइन-दर्शन उपयोग में आसानी पर जोर देता है। सन् 1964 में डार्टमाउथ कॉलेज (हनोवर, न्यू हैंपशायर, संयुक्त राज्य अमेरिका) के गणित के प्राध्यापकों जॉन जी. केमेनी (31 मई, 1926 से 26 दिसंबर, 1992) और थॉमस ई. कुट्र्ज (22 फरवरी, 1928) ने इस मूल कंप्यूटर भाषा की रचना की थी। वे विज्ञान व गणित के अलावा अन्य क्षेत्रों के छात्रों को कंप्यूटर का उपयोग करने के लिए सक्षम करना चाहते थे। यह भाषा आई.बी.एम. द्वारा वैज्ञानिक व इंजीनियरिंग जरूरतों के लिए सन् 1958 में विकसित फोरट्रान-II पर आधारित थी। इस पर नीदरलैंड के कंप्यूटर वैज्ञानिकों के 1960 में विकसित 'अग्लो-60' (अल्गोरिथम 1960) का भी प्रभाव था। बेसिक भाषा के डिजाइनर गणितज्ञों ने इसे मुफ्त उपलब्ध बनाने का फैसला किया था, ताकि इसका व्यापक उपयोग हो।]

पॉपुलर इलेक्ट्रॉनिक्स के जनवरी 1975 अंक में एम.आई.टी.एस. 'अल्टेयर 8800' की आवरण कथा के रूप में शीर्षक छपा था—'प्रतिद्वंद्वी वाणिज्यिक मॉडल के लिए दुनिया की पहली मिनी कंप्यूटर किट।' इसे पढ़ते ही पॉल एलन को अंदाजा हो गया था कि आगे क्या होने वाला है।

गेट्स और एलन को इस काम के कर लेने में कोई शक नहीं था, क्योंकि ट्रैफिक काउंटर के लिए कंप्यूटर बनाते हुए वे इंटेल माइक्रो प्रोसेसर चिप-4004 का दुभाषिया संस्करण पहले ही तैयार कर चुके थे जो पूरी तरह से कामयाब था। एम.आई.टी.एस. के 'अल्टेयर 8800' में इंटेल माइक्रो प्रोसेसर चिप-8080 लगा हुआ था और अब इसके लिए बेसिक पर 'इंटरप्रेटर' की कोडिंग करना था, जिसका व्यावसायिक नाम बाद में 'अल्टेयर बेसिक' पड़ा था। जिस तरह 'अल्टेयर 8800' पहला घरेलू कंप्यूटर था, उसे चलानेवाली कंप्यूटर कार्यक्रम भाषा 'अल्टेयर बेसिक' होने वाली थी। गेट्स और एलन बखूबी जानते थे कि इस मिनी कंप्यूटर की दुनिया भर से भारी माँग आएगी और हर मशीन के साथ सॉफ्टवेयर भी बिकेगा। लिहाजा अब गेट्स ने भी हॉर्वर्ड पाठ्यक्रम के दूसरे साल की पहली छमाही की तैयारी को जहाँ-तहाँ छोड़ दिया और दोनों जुट गए इस ऐतिहासिक काम को अंजाम देने में।

एम.आई.टी.एस. अल्टेयर 8800 का विकास दिसंबर 1969 में संयुक्त राज्य अमेरिका के न्यू मेक्सिको प्रांत के सबसे बड़े नगर अल्बुकर्क में माइक्रो इंस्ट्रुमेंटेशन एंड टेलीमेट्री सिस्टम्स (एम.आई.टी.एस.) की स्थापना हुई थी। व्यक्तिगत कंप्यूटर के जनक कहे जानेवाले अमेरिकी इंजीनियर व मेडिकल डॉक्टर हेनरी एडवर्ड 'एड' रॉबर्ट्स (13 सितंबर, 1941 से 1 अप्रैल, 2010) ने इसका विकास किया था। शौकिया वैज्ञानिक फॉरेस्ट एम. मिम्स III एम.आई.टी.एस. के एक अन्य सह-संस्थापक थे। दोनों अमेरिकी वायुसेना की किर्टलैंड एयरफोर्स बेस (अल्बुकर्क, न्यू मैक्सिको) की हथियार प्रयोगशाला में काम करते थे और दोनों की मॉडल रॉकेटरी यानी शौकिया रॉकेट संचालन में रुचि थी। एम.आई.टी.एस. की शुरुआत मॉडल रॉकेट के लिए छोटी टेलीमेटरी मॉड्यूल- रोल रेट सेंसर के निर्माण से हुई थी। इसमें एम.आई.टी.एस. को मामूली सफलता मिली थी।

जल्द ही मिम्स का ध्यान इलेक्ट्रॉनिक्स पत्रकारिता की तरफ चला गया था और एक अन्य हिस्सेदार की व्यापारिक रुचि खत्म हो गई थी। लिहाजा एड रॉबर्ट्स ने कंपनी में उनकी हिस्सेदारी खरीद ली थी और उस वक्त उभर रहे इलेक्ट्रॉनिक कैलकुलेटर के बाजार में उतरने का मन बनाया था। पॉपुलर इलेक्ट्रॉनिक्स ने एड रॉबर्ट द्वारा तैयार अब तक के सबसे आधुनिक इलेक्ट्रॉनिक कैलकुलेटर—एम.आई.टी.एस.-816, जिसमें चिप सेट का उपयोग किया गया था, को अपने नवंबर 1971 के अंक में आवरण कथा बनाकर बड़े विस्तार से प्रकाशित किया था। कैलकुलेटर किट को 175 डॉलर (असेंबल्ड 275 डॉलर)

पर बाजार ने हाथों-हाथ लिया था और सन् 1973 में उसकी बिक्री 10 लाख इकाइयों के ऊपर चली गई थी। इस दौरान बाजार में गलाकाट प्रतिस्पर्धा हुई थी और 1974 में कंपनी भारी घाटे में चली गई।

उसके बाद एड रॉबर्ट्स ने विश्व का सबसे पहले घरेलू कंप्यूटर अल्टेयर-8800, का निर्माण करने का फैसला किया और अपना सबकुछ दाँव पर लगा दिया था। असल में रॉबर्ट्स ने प्रोग्राम किए जा सकनेवाले कैलकुलेटर का डिजाइन व उत्पादन किया था, इसलिए वह माइक्रो प्रोसेसर की बारीकियाँ और भविष्य की संभावनाओं को बखूबी जानता था। उस वक्त बाजार में उपलब्ध माइक्रोप्रोसेसर्स में से इंटेल-4004 व इंटेल-8008 उतने शक्तिशाली नहीं थे। नेशनल सेमीकंडक्टर के आईएमपी-8 और आईएमपी-16 में बाहरी हार्डवेयर की जरूरत थी और मोटोरोला-6800 का तब तक विकास ही चल रहा था। इसलिए जब अप्रैल 1974 में इंटेल-8080 बाजार में आया तो एड रॉबर्ट्स की आँखें चमक उठी थीं; क्योंकि वह न केवल अब तक का सबसे शक्तिशाली माइक्रो प्रोसेसर था, बल्कि उसकी खुदरा बिक्री (प्रति इकाई 360 डॉलर) भी शुरू की गई थी। इससे पहले तक इंटेल बड़ी कंप्यूटर कंपनियों को हजार के समूहों में ही माइक्रो प्रोसेसर की बिक्री कर रही थी। चूँकि एड रॉबर्ट्स को 'मूल उपकरण निर्माता' (ओ.ई.एम., ओरिजिनल इक्विपमेंट मैन्युफैक्चरर) के लाइसेंस के तहत कैलकुलेटर चिप की खरीदारी का अनुभव था, इसलिए वह इंटेल-8080 के लिए प्रति इकाई 75 डॉलर की सौदेबाजी करने में सफल रहा था।

यहाँ दिलचस्प तथ्य यह भी था कि उस वक्त इंटेलेक-8 माइक्रो प्रोसेसर डेवलपमेंट सिस्टम 10 हजार डॉलर की लाभदायक कीमत पर बेची जा रही थी, जो कामकाज में रॉबर्ट्स की ईजाद 'अल्टेयर-8800' के जैसा ही था। हाँ, इंटेलेक-8 एक वाणिज्यिक श्रेणी का सिस्टम था, जिसके साथ कई बाहरी उपकरण व सॉफ्टवेयर भी दिए जा रहे थे। ऐसे में जब 'अल्टेयर-8800' की किट 439 डॉलर (असेंबल्ड 621 डॉलर) बाजार में आई थी तो ग्राहकों ने इंटेल के सामने सवाल खड़ा किया था कि उनका सिस्टम इतना महँगा क्यों था। इंटेल के कुछ विक्रेताओं ने एम.आई.टी.एस. द्वारा घटिया किस्म या रद्द चिप के इस्तेमाल का दुष्प्रचार करना शुरू किया था। लेकिन जुलाई 1975 में इंटेल ने अपने सभी विक्रेताओं व बिक्री कर्मचारियों को पत्र लिखकर साफ किया था कि एम.आई.टी.एस. अल्टेयर-8800 में इंटेल-8080 के असली पुरजे इस्तेमाल किए गए हैं। उक्त पत्र में इंटेल ने निर्देश दिया था कि इंटेलेक को उसकी अच्छाइयों के

आधार पर बेचा जाय और किसी को एम.आई.टी.एस. जैसे मूल्यवान् ग्राहकों के खिलाफ अपमानजनक टिप्पणी नहीं करनी चाहिए। इसी पत्र को एम.आई.टी.एस. ने अपने अगस्त 1975 के एम.आई.टी.एस. कंप्यूटर नोट्स में भी प्रकाशित किया था। लेकिन एम.आई.टी.एस. और इंटेल के बार-बार लिखित इनकारों के बावजूद अल्टेयर-8800 पर 'कॉस्मेटिक रिजेक्ट' (रद्द प्रसाधन) होने की अफवाह खत्म नहीं हो सकी थी, क्योंकि अपनी कीमत पर वह उस वक्त की अनोखी ईजाद थी।

अल्टेयर-8800 की डिजाइन विशेषताएँ—आखिर क्या किया था एड रॉबर्ट्स ने दुनिया के सबसे पहले घरेलू कंप्यूटर अल्टेयर-8800 में? अल्टेयर के पहले डिजाइन में मशीन की जरूरत के सभी हिस्से-पुरजों को एक मदरबोर्ड पर लगाना संभव नहीं था, इसलिए एक के ऊपर एक करके चार मदरबोर्ड लगाए गए थे। मदरबोर्ड, कंप्यूटर का मुख्य प्रिंटेड सर्किट बोर्ड होता है, जिसके ऊपर सी.पी.यू. (सेंट्रल प्रोसेसिंग यूनिट) व रैम (रैंडम एक्सेस मेमोरी) स्थापित किए जाते हैं और अन्य बाहरी उपकरणों (इनपुट के लिए माउस, की-बोर्ड आदि; आउटपुट के लिए मॉनिटर, प्रिंटर आदि और स्टोरेज के लिए हार्ड ड्राइव, फ्लैश ड्राइव आदि) को जोड़ प्रदान किया जाता है। रॉबर्ट्स की दूसरी दिक्कत यह थी कि कंप्यूटर को पूरी तरह उपयोगी बनाने के लिए मदरबोर्ड पर लगाने लायक जरूरी हिस्से-पुरजे उपलब्ध नहीं थे और जनवरी (1975) में लॉञ्चिग के मद्देनजर कम समय में उनकी डिजाइनिंग व उत्पादन संभव नहीं था।

इसलिए दूसरी डिजाइन में रॉबर्ट्स ने पूरी मशीन को मदर-बोर्ड पर आधारित करने की बजाय उसके अधिकांश हिस्से को 'हटा सकने योग्य पत्तियों' (रिमूवेबल काड्र्स) से बनाने का फैसला किया था। यानी मदरबोर्ड का काम बैकप्लेन (इलेक्ट्रिकल कनेक्टर्स का समूह) की तरह सिर्फ काड्र्स को आपस में जोड़ प्रदान करने भर का रह गया। एक पर सी.पी.यू. व दूसरे पर मेमोरी सहित बुनियादी मशीन में पाँच कार्ड थे। फिर रॉबर्ट्स ने कनेक्टर्स के लिए सस्ते स्रोत की तलाश की थी और उसने 100 पिन 'एज कनेक्टर्स' को चुना था। एज कनेक्टर्स प्रिंटेड सर्किट बोर्ड का एक हिस्सा होता है, जिसमें बढ़े हुए किनारे होते हैं, जो मेल-खाते हुए एक सॉकेट में जोड़े जाते हैं। यह 'एस-100' या 'अल्टेयर बस' के नाम से जाना गया, और इसे इंस्टीट्यूट ऑफ इलेक्ट्रिकल एंड इलेक्ट्रॉनिक्स इंजीनियर्स (आई.ई.ई.ई.) ने आई.ई.ई.ई.-696 नाम से कंप्यूटर बस मानक का दर्जा दिया था।

कंप्यूटर वास्तुकला में सिर्फ 'बस' या 'कंप्यूटर बस' एक संचार प्रणाली

है, जो कंप्यूटर के अंदर के घटकों के बीच डाटा स्थानांतरित करता है। इस अभिव्यक्ति में सभी संबंधित हार्डवेयर घटक (वायर व ऑप्टिकल फाइबर आदि) तथा संचार प्रोटोकॉल सहित सॉफ्टवेयर भी शामिल होते हैं।

'एस-100' कंप्यूटर बस 100-पिन पी.सी.बी एज कनेक्टर्स के समानांतर वायर किया हुआ एक अप्रतिरोधी बैकप्लेन है। इसके 5 × 10 इंच माप के सर्किट कार्ड्स इनके कनेक्टर्स से जुड़े सी.पी.यू., मेमोरी या इनपुट-आउटपुट (आई/ओ) इंटरफेस के कार्यों के लिए सेवाएँ प्रदान करते हैं। इसके 100 लाइंस को चार प्रकार के समूहों—बिजली (पावर), आँकड़ा (डाटा), संबोधन (एड्रेस) और घड़ी व नियंत्रण (क्लॉक एंड कंट्रोल) में बाँटा जा सकता है। अल्टेयर बस के डिजाइन की कई खामियाँ भी थीं। एक-दूसरे के अगल-बगल विभिन्न वोल्टेज के पावर लाइंस लगे थे, जिसके कारण 'शॉर्ट सर्किट' जैसे हादसों की आशंकाएँ थीं। एक और विषमता यह थी कि सिस्टम में एक दिशावाले दो 8-बिट के डाटा-बस, जबकि दो दिशावाले एकमात्र 16-बिट एड्रेस-बस का इस्तेमाल हुआ था।

अल्टेयर दो टुकड़े के केस में भेजा जाता था। बक्से के अगले व पिछले हिस्सों के साथ-साथ बैकप्लेन व बिजली आपूर्ति बेस-प्लेट पर मढ़े गए थे। 'सी' आकार के 'लिड' या कवर से बक्से के ऊपरी, बाएँ व दाएँ भाग को ढका गया था। अल्टेयर अगला हिस्सा यानी फ्रंट पैनल, 1969 में अमेरिकी कंपनी डाटा जनरल द्वारा जारी किए गए मिनी कंप्यूटर 'डाटा जनरल नोवा' से प्रेरित था। फ्रंट पैनल में मशीन की मेमोरी में बाइनरी डाटा भरने के लिए भारी संख्या में टॉगल-स्विच (खास तरह के लीवर-युक्त बिजली स्विच) और उनकी गुणवत्ताओं को वापस प्रदर्शित करने के लिए कई एल.ई.डी. (लाइट इमीटिंग डायोड प्रकाश उत्सर्जक डायोड) लगाए गए थे।

अल्टेयर की प्रोग्रामिंग अत्यंत कठिन प्रक्रिया थी। उपयोगकर्ता को 8080-माइक्रो प्रोसेसर के निर्देश यानी बाइनरी में किए गए ऑपकोड (ऑपरेशन कोड, मशीन भाषा निर्देश का हिस्सा) की स्थिति के मुताबिक स्विच को 'टॉगल' करना पड़ता था, फिर मशीन की मेमोरी में कोड को डालने के लिए 'प्रवेश' (इंटर) स्विच को दबाना पड़ता था और फिर इस कदम को तब तक दोहराना पड़ता था, जब तक कि प्रोग्राम (संभवतः पूरे व सही) के सभी ऑपकोड अपनी जगह पर हो जाएँ। शुरुआत में स्विच व एल.ई.डी. ही अल्टेयर के एकमात्र 'इंटरफेस' (यांत्रिक, विद्युत् व तार्किक संदेश प्राप्त करने का माध्यम) था। मतलब यदि एल.ई.डी. ने झिलमिलाना शुरू किया तो समझो कि प्रोग्राम सही है, वरना नहीं।

इसके अलावा, रॉबट्र्स को स्टोरेज के पेपर-टेप रीडर, अतिरिक्त रैम कार्ड और उचित टेलिटाइप टर्मिनल लगाने के लिए आरएस-232 (सीरियल पोर्ट) इंटरफेस के लिए भी काफी दिक्कतों का सामना करना पड़ा था।

खैर, रॉबट्र्स ने अपनी इस नायाब खोज को बाजार में उतारने के लिए अपने चिप-सेट कैलकुलेटर की तरह पॉपुलर इलेक्ट्रॉनिक्स का सहारा लिया था। पॉपुलर इलेक्ट्रॉनिक्स के पत्रकारों को रॉबट्र्स की इस ईजाद के बारे में पता था। रॉबट्र्स ने पॉपुलर इलेक्ट्रॉनिक्स, के तत्कालीन संपादक लेस सोलोमन से कंप्यूटर का नाम चुनने का आग्रह कर रखा था। सोलोमन ने अपनी 12 साल की बेटी लॉरेन ने पूछा था तो उसने उस वक्त के लोकप्रिय टेलीविजन सीरियल के 'स्टार-ट्रेक' की कहानी के आधार पर 'अल्टेयर', आकाश में 12वाँ सबसे चमकीला तारा, का नाम सुझाया और उस पर सभी सहमत हो गए थे। इस बीच एड रॉबट्र्स और उसके एक खास सहयोगी बिल गेट्स ने कंप्यूटर का पहला प्रोटोटाइप तैयार कर लिया था और रेलवे एक्सप्रेस एजेंसी के जरिए उसे पॉपुलर इलेक्ट्रॉनिक, के न्यूयॉर्क मुख्यालय को भेज दिया। लेकिन उक्त शिपिंग कंपनी में हड़ताल के चलते कंप्यूटर गंतव्य तक नहीं पहुँच सका। लिहाजा प्रत्रिका के कवर पर सिर्फ ऊपरी बक्से का ही चित्र प्रकाशित हुआ था।

खैर, जनवरी 1975 का अंक मध्य दिसंबर 1974 में यानी क्रिसमस से करीब एक सप्ताह पहले पाठकों के बीच पहुँचा था। रॉबट्र्स ने अल्टेयर को शौकिया कंप्यूटर उत्साहियों के मद्देनजर बाजार में लाने की योजना बनाई थी; लेकिन इसकी असल माँग उम्मीद से इतनी ज्यादा आई थी कि फोन का जवाब देने के लिए एक नए कर्मचारी की भरती करनी पड़ी। फरवरी 1975 में एम.आई.टी.एस. ने 1000 अल्टेयर-8800 के आदेश को स्वीकार किया था और पहुँच समय 60 दिनों के बाद का रखा था। लेकिन असल पहुँच में कई महीने और लग गए थे और अगस्त 1975 में कंपनी ने 5,000 कंप्यूटरों को ग्राहकों के लिए रवाना किया था।

इस बीच, रॉबट्र्स ने बिल और एलन अल्टेयर-बेसिक को 'ओके' कर दिया था। पहले एलन और कुछ माह बाद गेट्स ने भी हार्वर्ड में पढ़ाई छोड़ दी और एम.आई.टी.एस. के अल्बुकर्क (न्यू मेक्सिको) में काम करना करना शुरू कर दिया था। लेकिन एक तरफ माइक्रोसॉफ्ट जैसी हर घर-दफ्तर-टेबल पर पहुँचनेवाली बहुराष्ट्रीय कंपनी का निर्माण होना था तो एम.आई.टी.एस. व अल्टेयर बस इतिहास का हिस्सा भर रह जाने को अभिशप्त थी। असल में,

रॉबर्ट्स आविष्कारक थे और वे अब तक के कारोबार में सुख-चैन गँवा चुके थे। लिहाजा उनकी अगली मंजिल शांति थी। इसके विपरीत, रॉबर्ट्स के कंधों पर सवार हो एलन-गेट्स की उत्साही जोड़ी सातवें आसमान तक उड़ने की तैयारियों में जुटी हुई थी।

पहला कंप्यूटर दुभाषिया 'अल्टेयर-बेसिक' की रचना

जैसा कि हम पढ़ चुके हैं कि दिसंबर 1974 के तीसरे सप्ताह में 'पॉपुलर इलेक्ट्रॉनिक्स' का आलेख पढ़ने के बाद एलन व गेट्स काफी उत्साहित थे और इस मौके को हाथ से नहीं जाने देना चाहते थे। लिहाजा उन्होंने टर्फ-ओ-डाटा के पत्र-शीर्ष (लेटरहेड) पर ही एम.आई.टी.एस. का संस्थापक एवं मुख्य कार्यकारी अधिकारी (सी.ई.ओ.) को एक चिट्ठी लिखी थी। पत्र में दावा किया गया था कि उनके पास अल्टेयर 8800 पर चल सकनेवाला बेसिक इंटरप्रेटर है और वे एम.आई.टी.एस. के माध्यम से उस सॉफ्टवेयर की प्रतियाँ कंप्यूटर के उत्साही खरीदारों को बेचना चाहते हैं। जबकि हकीकत यह थी कि उनके पास कोई तैयार सॉफ्टवेयर नहीं था। लेकिन दोनों बखूबी जानते थे कि यदि एम.आई.टी.एस. रुचि लेगा तो वे उसे लिख देंगे।

दिसंबर 1974 के तीसरे सप्ताह में 'पॉपुलर इलेक्ट्रॉनिक्स' का आलेख पढ़ने के बाद एलन व गेट्स काफी उत्साहित थे और इस मौके को हाथ से नहीं जाने देना चाहते थे। लिहाजा उन्होंने टर्फ-ओ-डाटा के पत्र-शीर्ष पर ही एम.आई.टी.एस. का संस्थापक एवं मुख्य कार्यकारी अधिकारी को एक चिट्ठी लिखी थी।

जब दूसरी तरफ से कोई जवाब नहीं आया तो जनवरी 1975 की शुरुआत में एलन व गेट्स ने एम.आई.टी.एस. को फोन करने का मन बनाया था। गेट्स ने सुझाया कि एलन फोन करे, क्योंकि वह बड़ा है और उसकी आवाज गंभीर लगेगी। लेकिन एलन ने कहा था कि फोन गेट्स को ही करना चाहिए; क्योंकि इस तरह के काम करने में वह उससे बेहतर था। खैर, दोनों सहमत हुए कि गेट्स भारी आवाज में फोन पर बातचीत करेगा और खुद को पॉल एलन बताएगा। इसके पीछे भी एक कारण था कि एलन की दाढ़ी घनी थी और वह वयस्क लगता था। इसके विपरीत गेट्स अभी भी हाई स्कूल का छात्र ही लगता था। ऐसे में, यदि वे भाग्यशाली निकले और एम.आई.टी.एस. की ओर से बुलावा आया तो एलन ही एम.आई.

टी.एस. के मुख्यालय अल्बुकर्क की उड़ान भरेगा और गेट्स हार्वर्ड में दूसरे साल की परीक्षाएँ दे सकेगा।

खैर, कूरियर हाउस के फोन से गेट्स ने भारी आवाज में एड रॉबर्ट को फोन किया था कि वह बोस्टन से पॉल एलन बोल रहा है और उसके पास अल्टेयर के लिए बेसिक लगभग तैयार है और वह उसे दिखना चाहता है। इस पर दूसरी ओर से रॉबर्ट ने जवाब दिया था कि उसके पास इस तरह के कई फोन आ चुके हैं और जो भी सबसे पहले चालू बेसिक के साथ उसके अल्बुकर्क ऑफिस में आएगा, उसे ही अनुबंध मिलेगा। गेट्स को अपने कान पर भरोसा नहीं हो रहा था और उसने एलन को बताया था कि भगवान् की कृपा से उन्हें ही काम मिलने वाला है।

अब वक्त नहीं था। जल्द-से-जल्द सॉफ्टवेयर तैयार करना था। चूँकि उनके पास काम करने के लिए अल्टेयर नहीं था, इसलिए पॉल एलन ने हार्वर्ड को एकेन लैबोरेटरी में डी.ई.सी. पी.डी.पी.-10 के मेनडरेम के इस्तेमाल कर अल्टेयर की नकल बनाई थी। इसके लिए उन्होंने इंटेल-8080 माइक्रो प्रोसेसर की विवरणी (मैन्युअल) खरीदी थी। एलन ने एक सप्ताह के भीतर 'सिम्युलेटर' (नकल करनेवाला) और अन्य विकास उपकरणों के सॉफ्टवेयर तैयार कर लिये। इस बीच गेट्स पीले कानूनी पैड पर पागलों की तरह बेसिक का दुभाषिया कोड लिखे जा रहा था। ज्यों ही एलन का सिम्युलेटर कामयाब हुआ था, गेट्स ने डी.ई.सी. पी.डी.पी.-10 टर्मिनल पर आ गया और कोड की टाइपिंग शुरू कर दी थी। गेट्स के टाइप करने का भी अपना ही अंदाज था।

एक रात कूरियर हाउस में गेट्स और एलन अन्य 'मैथ-गीक्स' (गणित की विलक्षण प्रतिभावाले छात्र) के साथ मेज पर बैठे खाना खा रहे थे। उन्होंने गणित में 'फ्लोटिंग पॉइंट' को लिखने के कठिन कार्य में आनेवाली कठिनाइयों के बारे में शिकायत करना शुरू किया था। ('फ्लोटिंग पॉइंट' के वैज्ञानिक संकेतन के जरिए कंप्यूटर सॉफ्टवेयर प्रोग्राम में छोटी व बहुत बड़ी संख्याओं की गणनाओं को निपटाने की क्षमता विकसित की जाती है।) अमेरिका के विस्कॉन्सिन प्रांत के सबसे बड़े नगर मिलवॉकी से आया हुआ एक घुँघराले बालोंवाला लड़का टपक पड़ा था कि उसने उस तरह के गणित कार्य को किया था। यह हार्वर्ड में होने का फायदा था। गेट्स और एलन ने सवाल पूछ-पूछकर 'फ्लोटिंग पॉइंट' के कोड बनाने के बारे में उसकी क्षमता को परखना शुरू किया था। वह जो बोल रहा था उससे संतुष्ट होने के बाद वे उसे गेट्स के कमरे में ले आए थे और उसके काम

के लिए 400 डॉलर की सौदेबाजी की थी। वह टीम का तीसरा सदस्य बन गया था और अंततः बहुत ज्यादा कमाई करनेवाला था।

एलन अपनी आत्मकथा 'आइडिया मैन' में लिखते हैं—

''कुछ लोगों का कहना है कि हमारा अल्टेयर-बेसिक इसलिए अनोखा था' क्योंकि हमने एक अल्टेयर या यहाँ तक कि एक नमूना इंटेल 8080, जिस माइक्रो प्रोसेसर को उस पर चलाया जाना था, को कभी देखे बिना इसकी रचना की थी। हमने जो किया वह अभूतपूर्व था, लेकिन जो कम अच्छी तरह से समझा गया था कि हमारे पास कोई विकल्प नहीं था। अल्टेयर के अंदर एक चिप पर सी.पी.यू. के साथ नंगे हड्डियों के एक बक्से से थोड़ा अधिक था। इसमें 'हार्ड ड्राइव', 'फ्लॉपी डिस्क', कार्यक्रमों को संपादित करने या जमा करने के लिए कोई जगह नहीं थी।

हम ऑक्सफोर्ड स्ट्रीट पर हार्वर्ड के एकेन कंप्यूटेशन लैब, एक मंजिल के कंक्रीट भवन में कम उपयोग की गई टाइम-शेयरिंग सिस्टम के साथ गए थे। घड़ी शुरू से ही हमारे ऊपर टिक-टिक कर रही थी। बिल ने एड रॉबर्ट्स, एम.आई.टी.एस. के सह-संस्थापक व मुख्य कार्यकारी अधिकारी (सी.ई.ओ.) से कहा था कि हमारा बेसिक लगभग पूरा था और एड ने कहा था कि वह उसे एक महीने या उसके आस-पास देखना चाहेगा, जबकि वास्तव में हमारे पास एक 8080 (माइक्रो प्रोसेसर) की निर्देश विवरणी भी नहीं थी।

अपने देसी बेसिक के निर्माण में हमने अपने डिजाइन के विभिन्न प्रकार की छोटी चीजें एक लंबे समय की सॉफ्टवेयर परंपरा के पिछले संस्करणों से उधार ली थीं। भाषाएँ लगातार विकसित होती हैं, विचार आपस में घुलते-मिलते हैं। कंप्यूटर प्रौद्योगिकी के क्षेत्र में हम सब दूसरों के कंधों पर खड़े होते हैं। जैसे सप्ताह बीतते गए, हम मिशन में डूब गए थे—जहाँ तक हमें पता है, हम एक माइक्रो प्रोसेसर के लिए पहली देसी उच्च स्तरीय प्रोग्रामिंग भाषा का निर्माण कर रहे थे।

कभी-कभी हमें आश्चर्य होता था कि कहीं एम.आई.टी. (मैसाचुसेट्स इंस्टीट्यूट ऑफ टेक्नोलॉजी) या स्टैनफोर्ड यूनिवर्सिटी के कुछ समूह हमें हरा न दें, लेकिन हम जल्दी से ध्यान केंद्रित कर लेते थे। हम इसे (काम) जीत सकते थे? क्या हम इस काम को खत्म कर सकते थे और अल्बुकर्क में सौदा पटा लेते? हाँ, हम कर सकते थे। हमारे पास ऊर्जा थी और कौशल था और हम अवसर को पकड़ने के लिए तुले हुए थे।

हमने पूरे समय तक काम किया था—सप्ताहांत पर दो पालियों में। बिल

ने तो विभाग में जाना बिल्कुल ही छोड़ दिया था। हॉर्वड में प्रथम वर्ष में उच्च गणित का अध्ययन करनेवाला एक छात्र मोंटे डेविडॉफ, जो हमारे साथ शामिल हुआ था, अपने एक बजे के फ्रेंच सेक्शन के बाद तक सोता रह जाता था। मैंने हनीवेल में अपने काम को नजरअंदाज कर दिया था, दोपहर बाद दफ्तर में जाता था। मैं 5.30 बजे तक रुका करता और फिर वापस आकर ऐकेन में सुबह 3 बजे के आस-पास तक रहता था। अपनी फाइलों को सुरक्षित करता, पाँच-छह घंटे आराम करता और फिर से शुरू हो जाता था। हम 'हार्वर्ड हाउस ऑफ पिज्जा' में या फिर 'पु-पु प्लेटर' के लिए ट्रेडर विक'स के देसी संस्करण 'अकू-अकू' में रात के भोजन के लिए छुट्टी करते थे। 'एग रोल्स' और 'बटरफ्लाइड श्रिंप' मेरी कमजोरी थी।

['पु-पु प्लेटर' अमेरिकी-चीनी व्यंजनों की एक थाली है, जिसमें छोटे मांस के टुकड़ों की सजावट के साथ समुद्री मछलियाँ परोसी जाती हैं। ट्रेडर विक'स, एक लोकप्रिय रेस्तराँ शृंखला है, जिसका मुख्यालय एमरीविल (कैलिफोर्निया) में स्थित है। 'बटरफ्लाइड श्रिंप' झींगा मछली का और 'एग रोल्स' अंडे से बना एक व्यंजन है।]

अपनी देर रातों के दौरान मैं कभी-कभी बिल को ऊँघते हुए अपने टर्मिनल पर गिरने से रोका करता था। वह कोड की एक लाइन के बीच में होता था, फिर धीरे-धीरे तब तक झुकता चला जाता था जब तक उसकी नाक की-बोर्ड को छू नहीं जाती। एक या दो घंटे की झपकी के बाद वह अपनी आँखें खोलता, तिरछी नजरों से स्क्रीन को देखता, दो बार पलकें झपकाता और ठीक वहीं से फिर से शुरू कर देता, जहाँ उसने छोड़ा था—एकाग्रता का असाधारण करतब था।'

गेट्स और एलन के लिए 'अल्टेयर बेसिक' की कोडिंग करना बहुत मुश्किल काम नहीं था; लेकिन लक्ष्य था समूचे सॉफ्टवेयर को 4 के.बी. (किलो बाइट) में समेटने का, जो वास्तव में दिक्कतें पैदा कर रहा था। उस समय कंप्यूटर के याद करने की क्षमता कितनी कम थी, इसका अंदाजा इस तथ्य से लग सकता है कि आजकल के स्मार्ट फोन तक में 16 जी.बी. (गीगा बाइट) की जगह होती है, यानी उस समय के कंप्यूटर के मुकाबले 40 लाख गुना ज्यादा क्षमता। इसके लिए तीनों ने एक नायाब तरीका अख्तियार किया था। पॉल एलन अपनी आत्मकथा 'आइडिया मैन' में लिखते हैं—

"इतनी नजदीकी से एक साथ मिलकर काम करके हम तीनों में एक मजबूत दोस्ती पनपी। चूँकि हमारा प्रोग्राम 'टॉप्स 10' (टीओपीस-टोटल ऑपरेटिंग सिस्टम,

डी.ई.सी. का टाइम शेयरिंग पी.डी.पी.-10 मेनफ्रेम कंप्यूटर) बहु-उपयोगकर्ता परिचालन प्रणाली (मल्टी-यूजर ऑपरेटिंग सिस्टम) के शीर्ष पर चलता था, (इसलिए) हम सभी एक साथ काम कर सकते थे। हम 'सब-रुटीन'—एक प्रोग्राम के अंदर के कोड का एक छोटा हिस्सा, जो एक खास प्रकार का काम करता है—को कुछ निर्देशों में समेटने के लिए रात्रि प्रतियोगिताओं का मंचन करते थे, नोट-पैड लेकर कमरे के अलग कोनों में चले जाते और घसीटकर लिखते थे। तब किसी ने कहा होता, 'मैं नौ में यह कर सकता हूँ।' किसी और ने पुकारा होता, 'ठीक है, मैं पाँच में यह कर सकता हूँ।'

कुछ साल पहले, जब मैंने उन दिनों के बारे में मोंटे को याद दिलाया था, उसने उस प्रोग्रामिंग की तुलना एक उपन्यास लिखने से की थी। मैंने सोचा कि यह अल्टेयर-बेसिक के हमारे दृष्टिकोण के लिए एक अच्छा उपमान था। शुरुआत में हमने अपने विषय कोडिंग के वैचारिक चरण को रेखांकित किया था। फिर हमने बड़ी समस्या को लिया और सैकड़ों सब-रुटीन को उनके संबंधित डाटा-संरचनाओं के सभी भागों को वापस एक साथ रखने से पहले उसे उसके घटक अध्यायों के नक्शों में बदला था।

एम.आई.टी.एस. से पहली बार संपर्क किए जाने के करीब आठ सप्ताह बाद, यानी करीब एक माह देर से फरवरी के अंत में 'अल्टेयर बेसिक' दुभाषिया तैयार किया जा सका था। इसकी मात्र 3.2 के.बी. (3.2 किलो बाइट्स) की थी और कोडिंग की पंक्तियों की संख्या करीब 2,000 थी। यह हलकी थी, लेकिन मुकाबले में काफी तेज। गेट्स ने अंतिम बार त्रुटियों की जाँच की थी और ऐकेन लैब के पी.डी.पी.-10 को 'पंच टेप' बाहर उगलने के लिए निर्देश दिया था, जिसे लेकर एलन को अल्बुकर्क के लिए रवाना होना था। पॉल एलन अपनी आत्मकथा में आगे लिखते हैं—

'उस नन्हे से 'मेमोरी फुटप्रिंट' (या रैंडम एक्सेस मेमोरी—रैम, एक तरह का इंटीग्रेटेड सर्किट) में ठूँसकर भरी गई कार्यक्षमता व गति का कोई भी मुकाबला नहीं कर सका, जैसा कि बिल ने हाल में ही मुझसे कहा था, 'हमारे द्वारा कभी भी किए गए कामों का सर्वोत्तम नमूना।' और यह एक वास्तविक सहकार्यता थी। मैं अनुमान लगा सका था कि मेरे 'डेवलपमेंट टूल्स' को छोड़कर 45 फीसदी कोड बिल का था, 30 फीसदी मोंटे का और 25 फीसदी मेरा। कुल मिलाकर यह हमारी उम्र के तीन लोगों के लिए एक बड़ी उपलब्धि थी। यदि आप आज उस सॉफ्टवेयर की जाँच करें तो मुझे लगता है कि यह हमारे पुराने आकाओं

द्वारा लिखित किसी भी चीज के मुकाबले ढाल बन खड़ी हो जाएगी। बिल और मैं तगड़े प्रोग्रामर हो गए थे। और हम बस, शुरू हो रहे थे।''

एम.आई.टी.एस. से सॉफ्टवेयर समझौते का रास्ता साफ

जब एलन अल्बुकर्क के लिए रवाना होने को तैयार हुए थे तो गेट्स को एक बार फिर से चिंता होने लगी कि पता नहीं क्या होगा। कहीं कोई गलती न छूट गई हो। वह बार-बार एम.आई.टी.एस. के अल्टेयर में इस्तेमाल हो रहे इंटेल माइक्रो प्रोसेसर 8080 की निर्देश विवरणिका को उलट-पलटकर सुनिश्चित करना चाहता था कि उनका काम बिल्कुल सही था। असल में उनका बेसिक एलन द्वारा तैयार सिम्युलेटर पर पी.डी.पी.-10 में पूरी तरह कामयाब हो चुका था। लेकिन वह एक छोटी सी चूक असल माइक्रो प्रोसेसर पर सॉफ्टवेयर को नकार सकता था और पूरी मेहनत बेकार हो सकती थी। एलन के रवाना होने से पहले की रात में, जब एलन सो रहा था तो बिल सारी रात पंच-टेप को चेक करता रहा था। खैर, बिल को कोई गलती नहीं मिली थी और एलन ने लोगन हवाई अड्डे से अल्बुकर्क के लिए उड़ान भरी थी।

रास्ते भर तो सबकुछ ठीक रहा, लेकिन जब हवाई जहाज अपने गंतव्य पर पहुँचने वाला था तो एलन को अचानक याद आया कि वह 'बूटस्ट्रैप लोडर' लेना भूल गया था। यह एक छोटी सी निर्देश शृंखला थी, जो अल्टेयर को यह बताने वाली थी कि वह बेसिक को कैसे पढ़े और फिर उसकी मेमोरी में चिपक जाती। मतलब इसके बिना कुछ होना ही नहीं था। अब इसके बिना एलन के ब्रीफकेस में पड़ा पंच टेप का बड़ा सा रोल किसी काम का नहीं था। एलन अपनी आत्मकथा में इस घटना को कुछ इस प्रकार से याद करते हैं—

''मैं इसके बारे में ऐकेन लैब में नहीं सोच पाने के लिए एक बेवकूफ की तरह महसूस कर रहा था, जहाँ मैं बिना भाग-दौड़ किए, नकल किए व दोष रहित बनाए ही इसकी कोडिंग कर सकता था। अब समय कम था। लैंडिंग से मिनटों पहले मैंने एक स्टेनो पैड पकड़ा और मशीनी भाषा में लोडर कोड को घसीटना शुरू कर दिया—कोई लेबल नहीं, कोई प्रतीक नहीं, सिर्फ अष्टाधारी (आधार 8) में तीन अंकों की संख्या की एक शृंखला, इंटेल चिप्स के लिए बोलचाल की भाषा। प्रत्येक संख्या ने एक बाइट, 8080 के लिए एकल निर्देश का प्रतिनिधित्व किया। मैं उनमें से ज्यादातर को बखूबी जानता था। कम मात्रा में भी 'हैंड असेंबली' एक मशहूर मेहनतकश प्रक्रिया है। मैंने 21 बाइट्स में

प्रोग्राम को खत्म कर दिया—मेरा सबसे संक्षिप्त काम नहीं, लेकिन मैं भव्यता के प्रयास में काफी तेज भाग रहा था।

''अपने सबसे अच्छे पेशेवर लिबास—चमड़े के अल्ट्रास्वेड जैकेट व टाई में मैं पसीने से लथपथ टर्मिनल से बाहर आया था। एड रॉबर्ट्स मुझे लेने के लिए आने वाला था, इसलिए मैं किसी बिजनेस सूटवाले की तलाश में 10 मिनट तक वहाँ खड़ा रहा था। हवाई अड्डे के प्रवेश मार्ग से दूर नीचे नहीं, फीट ट्रक चढ़ आया था और एक बड़ा, हट्टा-कट्टा, जबड़ेवाला आदमी—छह फीट चार इंच, शायद 280 पाउंड—नीचे उतरा था। वह स्ट्रिंग टाई के साथ जींस तथा एक कम बाजू की कमीज में था। मैंने पश्चिम के बाहर का पहला आदमी देखा था। वह मेरे पास आया और एक तेजी से बढ़ता दक्षिणी लहजे में उसने पूछा, 'क्या तुम पॉल एलन हो?' उसके लहराते काले बाल सामने लटक आए थे।

''मैंने कहा, 'हाँ, क्या आप एड हो?''

''उसने कहा, 'चलो, ट्रक में चढ़ो।'

''जैसे ही हम शहर की धूप से पकी गलियों में उछले, मुझे आश्चर्य हुआ था कि इस सबका कैसा नतीजा होने वाला है। मैंने कुछ अत्याधुनिक उद्यमी फर्म, जैसे कि बोस्टन के आस-पास उच्च तकनीक राज्य मार्ग—रूट-128 के साथ समूहबद्ध होकर बसी थीं, से उच्च स्तरीय कार्यकारी की उम्मीद की थी। वास्तविकता पूरी तरह से अलग रास्ते पर थी। (अल्बुकर्क की बाद की यात्रा में मैं हवाई जहाज से नीचे आया और रन-वे के डामर पर उग आई झाड़ियों से सिर में चोट लगी थी। मैं अब और मैसाचुसेट्स में नहीं था।)''

खैर, एड रॉबर्ट ने सस्ते वाणिज्यिक इलाके से होते हुए राज्य मेला मैदान के साथ बने एक मंजिली 'स्ट्रिप मॉल' कैन-लीन बिल्डिंग के सामने अपने पिक अप ट्रक को रोका था। सन् 1975 बना यह मॉल अपनी स्थापना के समय में आधुनिक रहा होगा। रॉबर्ट के पीछे-पीछे एलन मॉल के अंदर एक साधारण औद्योगिक जगह में बसे एम.आई.टी.एस. के इंजीनियरिंग व उत्पादन विभाग में गया था। वहाँ असेंबली लाइन में करीब दर्जन भर मामूली से कामगार थे, जो किट-बॉक्स में कैपेसिटर व सर्किट बोर्ड लगा रहे थे। समूचे प्लांट में दो या तीन कंप्यूटर तैयार थे।

प्लांट से गुजरता हुआ रॉबर्ट एलन को एक वर्क-बेंच की ओर ले गया था जहाँ आसमानी नीले रंग के एक धातु के बक्से के चारकोलो-ग्रे के फ्रंट पैनल पर स्टैंसिल के जरिए 'अल्टेयर 8800' छपा हुआ था। महज 7 इंच ऊँचे एवं 18 इंच चौड़े बक्से में वैध सी.पी.यू. (सेंट्रल प्रोसेसिंग यूनिट) के साथ तैयार किया

गया आम उपयोग का अल्टेयर मिनी कंप्यूटर सचमुच जबरदस्त था। पॉल एलन अपनी आत्मकथा में आगे लिखते हैं—

''बिल गेट्स तारवाला चश्मा डाले एक भूरा, स्ट्रिंगबीन जैसा कम बोलने वाला आदमी—एड (रॉबर्ट) के ओलिवर हार्डी का स्टेन लॉरेल, कंप्यूटर पर मँडरा रहा था। (स्ट्रिंगबीन लोक गायन व बेंजो बजानेवाला अमेरिकी हास्य कलाकार था, जबकि 'लॉरेल एंड हार्डी' हॉलीवुड की सबसे मशहूर हास्य-कलाकार जोड़ी थी।) यह सुनिश्चित करने के लिए कि मशीन मेरे लिए तैयार हो सके, वह एक स्मृति-परीक्षण कर रहा था, ढक्कन को ऊपर उठा रखा था, ताकि मैं अंदर देख सकूँ। अल्टेयर बस पर प्लग किए स्लॉट्स—एड रॉबर्ट का नवाचार, जो कि उद्योग का आदर्श बनने वाला था, में 1-के.बी. के सात मेमोरी कार्ड लगाए गए थे। यह दुनिया का शायद एकमात्र माइक्रो प्रोसेसर था, जिसमें उतनी ज्यादा रैंडम एक्सेस मेमोरी (रैम) थी, मेरे डेमो की जरूरत से बहुत ज्यादा। मशीन को पेपर-टेप रीडरवाले टेलिटाइप से जोड़ा गया था। सभी कुछ क्रम में था।

''देर हो रही थी एड ने सुझाया था कि हमें बेसिक के परीक्षण को अगली सुबह तक के लिए मुल्तबी करना चाहिए। उसने कहा, 'डिनर कैसा रहेगा?' वह मुझे पैनचो'स नामक मेक्सिकन भोजनालय में 3 डॉलर के बुफे में ले गया था, जहाँ आपको वही मिलता था जिसके लिए आपने भुगतान किया था। बाद में, वापस ट्रक में एक पीले रंग की जैकेट ने उड़ान भरी और गरदन पर मुझे डंक मार दिया और मैंने सोचा था कि यह सब असल हकीकत है। एड ने कहा कि वह मुझे होटल छोड़ देगा, जो उसने मेरे लिए बुक किया था, जिसके बारे में मुझे लगा था कि वह मोटेल-6 (अमेरिका-कनाडा में सस्ते मोटेलों की लंबी श्रृंखला) जैसा कुछ होगा। मैं केवल 40 डॉलर लाया था। मेरे पास लंबे समय से कम नकदी होती थी और मुझे क्रेडिट कार्ड लेने में सालों लग गए थे। मेरे रंग उड़ गए थे, जब एड मुझे शहर में सबसे अच्छे होटल 'शेरेटन' में ले आया और मेरे साथ स्वागत मेज तक आया।

किरानी ने कहा, 'ठहरना है? 50 डॉलर लगेंगे।'

यह मेरे जीवन के ज्यादा शर्मनाक क्षणों में से एक था। 'एड, मैं इस बारे में माफी चाहता हूँ।' मैं हकला रहा था, 'लेकिन मेरे पास उतनी नकदी नहीं है।'

वह एक मिनट तक सिर्फ मुझे देखता रहा। मुझे लगता है कि शायद मैं वैसा नहीं था जैसा वह उम्मीद कर रहा था। तब उसने कहा, 'ठीक है, हम इसे अपने कार्ड पर डाल देंगे।'

> **पी.डी.पी.-8 की प्लास्टिक चाभी के उलट अल्टेयर में धातु के पतले स्विच लगाए गए थे, जो उँगलियों पर सख्त थे। इस काम में पाँच मिनट से ज्यादा हो चुके थे और एलन सोच रहा था कि यह काम नहीं कर रहा था।**

खैर, अगली सुबह जब पॉल एलन अल्टेयर कंसोल के सामने बैठा और फ्रंट पैनल के स्विचों में अपने बूटस्ट्रैप लोडर को बाइट के बाद बाइट कर टॉगल कर रहा था, एड रॉबर्ट व बिल गेट्स उसके कंधों पर झुका हुआ था। पी.डी.पी.-8 की प्लास्टिक चाभी के उलट अल्टेयर में धातु के पतले स्विच लगाए गए थे, जो उँगलियों पर सख्त थे। इस काम में पाँच मिनट से ज्यादा हो चुके थे और एलन सोच रहा था कि यह काम नहीं कर रहा था; लेकिन उन दोनों में से किसी को भी एलन की घबराहट का पता नहीं चला था।

[कंसोल मूल पाठ के प्रवेश व प्रदर्शन का उपकरण है, जिसके जरिए प्रणाली को प्रशासित करनेवाले संदेशों को कंप्यूटर में डाला जाता है। टॉगल स्विच एक प्रकार का बिजली स्विच है, जिसे यांत्रिक उत्तोलक (मेकैनिकल लीवर) से चलाया जाता है और इस क्रिया को स्विच 'टॉगल' करना कहते हैं। बूटस्ट्रेप लोडर एक प्रोग्राम है, जो रोम (रीड ओनली मेमोरी) पर, जैसे कि कॉम्पैक्ट डिस्क (सी.डी.) रोम पर, उस वक्त पेपर-टेप पर रखा जाता है। कंप्यूटर को स्विच ऑन करते ही माइक्रो प्रोसेसर उस प्रोग्राम को अपने आप पढ़ने लगता है।]

पॉल एलन अपनी आत्मकथा में लिखते हैं—

"मैंने अपना 21वाँ निर्देश डाला, शुरुआती संबोधनों को दुरुस्त किया और 'रन' स्विच को दबा दिया। ज्यों ही 8800 (माइक्रो प्रोसेसर) ने लोडर के गुणक-कदमों को कार्यान्वित करना शुरू किया, मशीन की बत्तियों ने लाल चमक बिखेरना चालू कर दिया—शुक्र है, उतना तो काम करता दिख रहा था। मैंने पेपर टेप रीडर को चालू किया था और टेलिटाइप खटखटाने लगी थी, जैसे ही उसने हमारे बेसिक दुभाषिया को खींचना शुरू किया था। प्रति सेकंड 10 अंक की दर से टेप को पढ़ने में सात मिनट लगे। (उन दिनों जब कंप्यूटर पेपर टेप को लोड करता था, लोग कॉफी ब्रेक्स टोहने लगते थे।) एम.आई.टी.एस. के लोग वहाँ चुपचाप खड़े थे। अंत में मैंने 'स्टॉप' को दबाया और संबोधन को '0' पर दुबारा नियोजित किया। एक बार फिर से मेरी तर्जनी 'रन' स्विच को अधिक देर तक दबाए रखने के लिए अग्रसर हुई थी।

उस बिंदु तक मैं किसी भी चीज के लिए निश्चित नहीं था। बिल के

दुबारा जाँच के बाद भी सिम्युलेटर या इंटरप्रेटर की हजारों चीजों में से कोई एक गलत हो गया या हो सकता था। मैंने 'रन' को दबाया था। इसके काम करने की कोई उम्मीद नहीं थी।

टेलिटाइप का प्रिंटर खटखटाकर जिंदा हो गया था। मैंने ऊपर की पंक्ति के अक्षरों को मूर्खों की तरह देखा था। मुझे उस पर भरोसा नहीं हो सका था।

लेकिन वहाँ था—मेमोरी साइज?

बिल गेट्स ने कहा, 'अरे, इसने कुछ छाप दिया!' यह पहली बार था कि वह या एड (रॉबर्ट) ने अल्टेयर को स्मृति-परीक्षण के अलावा कुछ और करते देखा था। वे हैरत में थे। मैं अवाक् था। हम सभी ने कुछ सेकंड के लिए आँखें भींचकर मशीन पर देखा था और तब मैंने सात मेमोरी काड्र्स के बाइट्स की कुल संख्या टाइप की थी—7,168।

'ओके', अल्टेयर ने उगला था। यहाँ तक हो जाने के बाद बिल ने मुझसे कहा था कि हमारे बेसिक का 5 फीसदी जरूर काम कर रहा था, लेकिन हम अब तक पूरी तरह से स्वतंत्र नहीं थे। अग्नि-परीक्षा तो एक आदर्श निर्देश से होने वाली थी, जिसका उपयोग हमने कैंब्रिज में सॉफ्टवेयर की मध्यावधि परीक्षा के रूप में किया था। यह बिल की 'कोर कोडिंग' और मोंटी के 'फ्लोटिंग पॉइंट' गणित और यहाँ तक कि मेरे 'क्रंच' कोड पर निर्भर था, जिसने खास शब्दों (जैसे 'प्रिंट') को एक अकेले वर्ण में समेटा था। यदि उसने काम किया तो हमारे बेसिक का बहुत बड़ा हिस्सा चलने के लायक था। यदि नहीं तो हम असफल हो जाएँगे।

मैंने निर्देश को टाइप किया—प्रिंट 2 + 2।

मशीन की तात्कालिक प्रतिक्रिया थी—4। यह एक जादुई क्षण था। एड (रॉबर्ट) चिल्लाया था, 'हे भगवान्, इसने '4' छापा। वह कर्ज में डूब गया था और पूर्ण चालित माइक्रो कंप्यूटर के लिए सबकुछ दाँव पर लगा रखा था और अब ऐसा दिख रहा था कि उसकी दृष्टि सच साबित हो जाएगी।'

अब एलन की भी जान में जान आई थी। फिर उसने लापरवाही भरे स्वर में कहा था, 'चलो, असली प्रोग्राम की कोशिश करते हैं।' लेकिन गेट्स 101 बेसिक कंप्यूटर खेल की एक पतली-सी किताब लेकर आ गया था, जिसे डी.ई.सी. (डिजिटल इक्विपमेंट कॉरपोरेशन) ने दिसंबर 1973 में निकाला था। यह एक पाठ आधारित 'लूनर लैंडर' वीडियो-गेम प्रोग्राम था। 'लूनर लैंडर' रोबोट आधारित लैंडर वाहनों (अपोलो शृंखला) को चंद्रमा पर भेजने का अंतरिक्ष मिशन

है और इन्हीं के नाम पर शुरुआती दौर में कई वीडियो गेम्स की रचना हुई थी, जो अब भी काफी लोकप्रिय हैं। लेकिन उस वक्त उन्हें चलाने के लिए कंप्यूटर में ग्राफिक्स क्षमता नहीं थी। खैर, वह प्रोग्राम सिर्फ 35 पंक्तियों का था और एड रॉबर्ट व बिल गेट्स का हौसला रखने के लिए एलन ने उन्हें अल्टेयर में टाइप किया था। गेट्स ने उस गेम को सफलतापूर्वक चलाया था। कुल मिलाकर गेट्स और एलन का बेसिक इंटरप्रेटर काम करने लग पड़ा था।

तब एड रॉबर्ट ने एलन को अपने दफ्तर में बुलाया था। कमजोर-से दिख रहे दरवाजे से होता हुआ एलन अंदर गया और रॉबर्ट की टेबल के सामने एक कुरसी पर बैठ गया। उस टेबल पर एक बहुत बड़ी शीशे की ऐश-ट्रे रखी थी। एलन के मुताबिक, उसने उससे पहले उतनी बड़ी ऐश-ट्रे पहले कभी नहीं देखी थी। एड रॉबर्ट एक चेन-स्मोकर था। दो-तीन कश लगाने के बाद वह ऐश-ट्रे में सिगरेट को मसल देता था और फिर से नई सिगरेट सुलगा लेता था। एलन कहते हैं कि उसने उस बातचीत के दौरान आधा पैकेट सिगरेट खत्म कर दी थी। खैर, बातचीत के दौरान रॉबर्ट ने कहा था, 'तुम ऐसे आदमी हो, जो यहाँ तक आए और हमें कुछ दिखाया। हम चाहते हैं कि तुम एक लाइसेंस तैयार करो, ताकि हम उसे अल्टेयर के साथ बेच सकें। हम शर्तें बाद में तय कर सकते हैं।' यह सुनने के लिए मानो एलन के कान इंतजार कर रहे थे। वह मुसकरा पड़ा था। वापस होटल पहुँचने के बाद उसने गेट्स को फोन किया था। जाहिर है कि उसकी खुशी का भी कोई ठिकाना न रहा था। अब दोनों सचमुच असल कारोबार में आ चुके था। एलन जल्द-से-जल्द गेट्स के पास पहुँचना चाहता था, मानो अब उसे बोस्टन की उड़ान की भी जरूरत नहीं थी। एलन अपने साथ कार्यरत अल्टेयर सिस्टम भी अपने साथ वापस लाया था, जिसे बिल गेट्स के हार्वर्ड स्थित कूरियर हाउस के कमरे में स्थापित किया गया। फिर एलन और गेट्स जश्न मनाने निकले थे।

रॉबर्ट्स ने एलन को एम.आई.टी.एस. में निदेशक, सॉफ्टवेयर के रूप में पूर्णकालिक नौकरी की पेशकश की थी और मार्च 1975 की शुरुआत में एलन अल्बुकर्क चला गया था। गेट्स ने फिलहाल हार्वर्ड में रहने का फैसला किया था। लेकिन हार्वर्ड के पाठ्यक्रम में ध्यान देने की बजाय गेट्स का पूरा ध्यान एलन के साथ सॉफ्टवेयर विकसित करने और कारोबार की ऊँचाइयाँ छूने की ओर लगा हुआ था। लिहाजा, किसी तरह दूसरा साल पूरा करने के बाद, वर्ष 1975 की गरमियों में हार्वर्ड की पढ़ाई छोड़कर गेट्स ने एलन के पास अल्बुकर्क

जाने का फैसला कर लिया था। गेट्स के माता-पिता भी अपने संभावनाशील बेटे की कारोबारी उड़ान को नहीं रोकना चाहते थे। वैसे, गेट्स के पास यह विकल्प तो था ही कि अगर कुछ उलटा पड़ा तो 'ब्रेक के बावजूद' हार्वर्ड फिर से उसे स्वीकार कर लेगा।

□

3

माइक्रोसॉफ्ट की स्थापना और शुरुआती संघर्ष

मार्च 1975 में पॉल एलन ने अब्लुकर्क (न्यू मेक्सिको प्रांत) स्थित एम.आई. टी.एस. के दफ्तर में उपाध्यक्ष व सॉफ्टवेयर विकास निदेशक के रूप में काम करना शुरू कर दिया था। एलन का सालाना वेतन 30 हजार डॉलर निर्धारित किया गया था। जल्द ही, एलन ने एम.आई.टी.एस. के संस्थापक एड रॉबर्ट्स का भरोसा जीत लिया और फैक्टरी के अन्य लोग भी उसे पसंद करने लगे थे। अल्टेयर-8800 को लेकर कंप्यूटर उत्साहियों के बीच चर्चाओं का माहौल गरम था। माँग-आदेश को जल्द-से-जल्द पूरा करने की तैयारियाँ चल रही थीं।

एम.आई.टी.एस. के साथ सॉफ्टवेयर समझौता

निजी स्वामित्ववाली कंपनी के रूप में माइक्रोसॉफ्ट इन्कॉरपोरेशन की विधिवत् स्थापना 25 जून, 1981 को गेट्स व एलन के गृह नगर सिएटल से महज 17 किलोमीटर दूर बेलेवुए (वॉशिंगटन, संयुक्त राज्य अमेरिका) में हुई थी। लेकिन एम.आई.टी.एस. से कारोबार करने के लिए गेट्स और एलन ने अपनी अनौपचारिक हिस्सेदारी फर्म का नाम 'माइक्रोसॉफ्ट' (माइक्रो कंप्यूटर व सॉफ्टवेयर का मेल) रखा था। पहले दोनों ने 'पॉल एंड गेट्स' नाम पर विचार किया था, लेकिन वह नाम किसी कानूनी फर्म जैसा लग रहा था। लिहाजा जब 'माइक्रोसॉफ्ट' का विचार आया तो दोनों ने उसे तत्काल 'ओके' कर दिया था। नाम सीधा व स्पष्ट था और उसमें काम के बारे में कुछ भी ज्यादा कहने की जरूरत नहीं थी।

वैसे तो माइक्रोसॉफ्ट की अनौपचारिक स्थापना 4 अप्रैल, 1975 को अब्लुकर्क (न्यू मेक्सिको, संयुक्त राज्य अमेरिका) में हुई थी; लेकिन पंजीकरण की प्रक्रिया पूरी होने में करीब डेढ़ साल का वक्त लग गया था। 26 नवंबर, 1976 को न्यू मेक्सिको राज्य सरकार सचिवालय ने माइक्रोसॉफ्ट को एक हिस्सेदारी का पंजीकरण प्रमाण-पत्र जारी किया था।

माइक्रोसॉफ्ट की अनौपचारिक स्थापना 4 अप्रैल, 1975 को अब्लुकर्क में हुई थी; लेकिन पंजीकरण की प्रक्रिया पूरी होने में करीब डेढ़ साल का वक्त लग गया था। 26 नवंबर, 1976 को न्यू मेक्सिको राज्य सरकार सचिवालय ने माइक्रोसॉफ्ट को एक हिस्सेदारी का पंजीकरण प्रमाण-पत्र जारी किया था।

इस बीच 7 अप्रैल, 1975 को एक नए इतिहास की शुरुआत हुई थी, जब एम.आई.टी.एस. ने अपने पहले आधिकारिक मासिक समाचार पत्रक 'कंप्यूटर नोट्स' को जारी कर घोषणा की थी कि अल्टेयर के लिए माइक्रोसॉफ्ट द्वारा तैयार बुनियादी सॉफ्टवेयर दुभाषिया 'अल्टेयर बेसिक' सक्रिय रूप से काम रहा है। पत्रक में सॉफ्टवेयर को भेजना शुरू करने की तारीख 23 जून, 1975 निर्धारित की गई थी। पत्रक के मुताबिक, सॉफ्टवेयर की कीमत 500 डॉलर थी, लेकिन अल्टेयर कंप्यूटर (8 के.बी. मेमोरी एवं एक सीरियल आई/ओ कार्ड सहित) की खरीद करनेवालों को छूट कीमत 75 डॉलर पर दी जानी थी।

22 जुलाई, 1975 को एम.आई.टी.एस. ने अल्टेयर-बेसिक के लिए बिल गेट्स और पॉल एलन के साथ अनुबंध पर हस्ताक्षर किए थे। इस अनुबंध के तहत दोनों को 3,000 डॉलर की हस्ताक्षर राशि (साइनिंग अमाउंट) दी गई थी और अल्टेयर-बेसिक की प्रत्येक प्रति पर स्वामित्व हिस्सेदारी/ रॉयल्टी—4 के.बी. संस्करण पर 30 डॉलर, 8 के.बी. संस्करण पर 35 डॉलर और अन्य विस्तारित संस्करणों पर—दिया जाना तय किया गया था। इस अनुबंध पर 1.80 हजार डॉलर की सीमा रखी गई थी और एम.आई.टी.एस. को अल्टेयर-बेसिक प्रोग्राम के उपयोग के लिए 10 वर्षों का विशिष्ट विश्वस्तरीय लाइसेंस जारी किया गया था। साथ ही, इस अनुबंध के तहत एम.आई.टी.एस. द्वारा अल्बुकर्क स्कूल जिला के स्वामित्ववाले पी.डी.पी.-10 मेनफ्रेम कंप्यूटर पर सॉफ्टवेयर विकास के लिए जरूरी कंप्यूटर समय का खर्च भी भरा जाना था।

इस अनुबंध की भाषा बाद के कानूनी विवाद में माइक्रोसॉफ्ट के पक्ष में

महत्त्वपूर्ण भूमिका अदा करनेवाली थी। इसमें कहा गया था कि माइक्रोसॉफ्ट के कारोबार को एम.आई.टी.एस. प्रोत्साहित करेगी और उसके लिए 'उत्तम कोशिश' करेगी। एम.आई.टी.एस. द्वारा अल्टेयर बेसिक के लिए दूसरी कंपनियों को उप-लाइसेंस जारी करने और उसकी आमदनी में आधा-आधा बँटवारे को भी अनुबंध में स्पष्ट किया गया था। इसके साथ ही, सॉफ्टवेयर की चोरी व नकल के अंदेशे के मद्देनजर अनुबंध में जोर देकर कहा गया था कि सॉफ्टवेयर बेचने से पहले एम.आई.टी.एस. अपने हरेक ग्राहक से गोपनीयता समझौते पर हस्ताक्षर कराएगी।

वर्ष 1975 की गरमियों में बिल गेट्स अस्थायी तौर पर अल्बुकर्क आया था। वह अपने साथ हार्वर्ड के मोंटे डेविड ऑफ और लेकसाइड स्कूल के अपने एक अन्य साथी चेरिस लार्सन को भी सहयोग के लिए ले आया था। शुरू में माइक्रोसॉफ्ट का दफ्तर एम.आई.टी.एस. के दफ्तर के पास ही एक साधारण से सनडाउनर मोटेल (6101, सेंट्रल एवेन्यू, नॉर्थ-ईस्ट अल्बुकर्क) में बनाया गया था। बाद में, माइक्रोसॉफ्ट का कार्यालय एलन व गेट्स के दो बेडरूमवाले अपार्टमेंट (1180 अल्वाराडो, साउथ-ईस्ट, प्त 114, अल्बुकर्क, न्यू मेक्सिको, 87108) से चलाया जाने लगा था। इस बीच, बिल गेट्स हार्वर्ड में रहते हुए ही सॉफ्टवेयर का विकास करते रहे और बीच-बीच में अल्बुकर्क आते-जाते थे। सन् 1976 में जरूरत के मुताबिक बारी-बारी से कुछ स्थायी कर्मचारियों की नियुक्तियाँ हुई थीं और कारोबार आगे बढ़ा था। साल के अंत में जब माइक्रोसॉफ्ट के कारोबार ने एक लाख डॉलर के राजस्व को पार किया, तब जाकर बिल गेट्स ने हार्वर्ड को छोड़ने का फैसला किया और जनवरी, 1977 में अल्बुकर्क में स्थायी तौर पर रहना शुरू किया था।

माइक्रोसॉफ्ट के नामकरण और अल्बुकर्क में अपने काम करने की आदतों के बारे में, 'फॉर्च्यून' पत्रिका को दिए एक इंटरव्यू (2 अक्तूबर, 1995 को प्रकाशित) में बिल गेट्स और पॉल एलन ने दिलचस्प वर्णन किया है—

गेट्स—जब हमने एम.आई.टी.एस. के साथ पहले अनुबंध पर हस्ताक्षर किए थे, हमने खुद का हवाला 'पॉल एलन और बिल गेट्स माइक्रोसॉफ्ट के रूप में कारोबार करते हैं' जैसा दिया था। मुझे याद नहीं है कि हमने इसका शब्द-विन्यास हाइफन व बड़े 'एस' के साथ क्यों किया था। हमने अपने उत्पाद के 'स्रोत संकेत लिपि' (सॉर्स कोड) की सनद रेखा (क्रेडिट लाइन) में लिखा था—'माइक्रोसॉफ्ट बेसिक—बिल गेट्स ने सामग्री का बहुत कुछ भाग लिखा; पॉल एलन ने कुछ अन्य सामग्री लिखी।' हम सन् 1981 से पहले कभी भी आधिकारिक तौर पर निगमित नहीं हुए थे।

एलन—हमने बोस्टन में अलग नामों के बारे में बहुत सी बातें की थीं और इस दौरान मैंने कहा था, 'ठीक है, पूरी तरह से स्पष्ट नाम माइक्रोसॉफ्ट होगा।'

गेट्स—हमने 'आउटकारपोरेटेड इन्कॉरपोरेशन' व 'अनलिमिटेड लिमिटेड' जैसे नामों का भी उल्लेख किया था लेकिन आप जानते हैं, हम घूमते-फिरते मजाक किया करते थे। हमें इस 'एलन × गेट्स' बुलाना चाहिए या नहीं, इस बारे में हमने बहुत बातें की थीं, लेकिन फैसला किया था कि वह अच्छा विचार नहीं था।

एलन—हाँ, चूँकि डी.ई.सी. व आई.बी.एम. जैसी कंपनियों को व्यक्ति विशेषों पर नामित नहीं किया गया था, इसलिए उनकी लंबी उम्र व पहचान संस्थापकों के तौर-तरीकों से परे होने वाली थी।

गेट्स—और 'एलन एंड गेट्स' पुकारने पर यह एक कानूनी फर्म या परामर्श कंपनी की तरह लग रहा था। तो हमारे पास नाम रखने के लिए कोई कंपनी होती, उससे पहले ही हमने 'माइक्रोसॉफ्ट' को चुन लिया।

एलन—हमने अल्बुकर्क में जिस भवन में पहले काम किया था, उसका बहुत कम किराया था।

गेट्स—अगले दरवाजे पर वैक्यूम क्लीनर की जगह थी तो उसके बाद मसाज पार्लर हमारे कार्यालय तक पहुँचने से आपको वैक्यूम क्लीनरवाले आदमी को पार करना पड़ता।

एलन—हमारी प्रबंधन-शैली शुरुआत में थोड़ी ढीली थी। हर फैसले में हम दोनों भाग लेते थे और यह याद रखना मुश्किल था कि किसने क्या किया। हमारी भूमिकाओं में यदि कोई अंतर था तो लगभग हमेशा मैं नई तकनीक व नए के मामले में थोड़ा जोर लगाता था और बिल वार्त्ताओं, अनुबंधों व व्यापार सौदों को करने में अधिक रुचि लेता था।

गेट्स—हम जैसे-जैसे आगे बढ़े, हमने बहुत कुछ सीखा। ठीक है, हमें लोगों की भरती करनी है; तो हम क्या करें ? ठीक है, हम किराए पर जगह लेने जा रहे हैं; हम वह कैसे करें ? ठीक है, अब हम लोगों के साथ अनुबंध करने के लिए जा रहे हैं; मुझे अपने पिता से सलाह ले लेनी चाहिए (सिएटल में एक प्रमुख वकील)। पॉल और मैं हर निर्णय के लिए बातचीत किया करते थे, कभी-कभी छह या आठ घंटे तक। हमारे बीच बहुत सी बड़ी असहमतियाँ नहीं थीं, लेकिन तनाव का एक छोटा स्रोत होता था—मैं हमेशा पॉल को सुबह यह कहने के लिए फोन करता था कि यह समय काम पर आने का है और इस सामग्री पर काम करना है। (लेकिन) वह देर तक सोया रहता था।

एलन—हम वास्तव में देर रात तक काम किया करते थे। तुम (बिल) अपनी मेज के नीचे सो जाया करते थे।

गेट्स—हाँ, हमारे लिए जीवन का उद्देश्य काम करना था और शायद हम फिल्म देखने चले जाते और उसके बाद कुछ और काम कर रहे होते थे। कभी-कभी ग्राहक आ जाते थे और हम इतने थके होते थे कि उनके सामने ही सो जाया करते थे। या आंतरिक बैठक में मैं फर्श पर लेट जाया करता था; क्योंकि मुझे दिमागी मंथन करने के लिए वह करना पसंद था और फिर मैं सो जाया करता था।

सॉफ्टवेयर चोरी के खिलाफ सख्त कदम

दुनिया के सबसे पहले कंप्यूटर की मार्केटिंग के लिए एम.आई.टी.एस. ने एक यात्री वैन खरीदकर उसे अपने सभी के उत्पादों से सजा दिया था, जिसका नाम रखा गया था—'एम.आई.टी.एस.-मोबाइल' यह वाहन एक तरह से 'शोरूम ऑन व्हील्स' था, जो संयुक्त राज्य अमेरिका के विभिन्न शहरों में भ्रमण कर रहा था। मार्केटिंग टीम के सदस्य होटल और अन्य स्थानों पर सेमिनार का आयोजन कर कंप्यूटर प्रमियों को अल्टेयर कंप्यूटर व अल्टेयर बेसिक के बारे में जानकारियाँ दे रहे थे। इस क्रम में 5-6 जून, 1975 को पॉलो आल्टो (कैलिफोर्निया) के रिक्कीज हयात हाउस में सबसे जबरदस्त सेमिनार हुआ था, जिसमें 150 से ज्यादा कंप्यूटर उत्साहियों ने हिस्सा लिया था। उनमें कई लोग पास के दूसरे शहर मेलनो पार्क के 'होमब्रेव कंप्यूटर क्लब' के सदस्य थे।

असल में, इस क्लब के एक सदस्य स्टीव डोंपिएर ने मार्च 1975 में एम.आई.टी.एस. की फैक्टरी का दौरा किया था और अपने साथ एक कंप्यूटर किट खरीदकर ले गया था। उस वक्त तक तैयार कंप्यूटर में सिर्फ 256 बाइट्स की मेमोरी थी। 16 अप्रैल, 1975 को आयोजित क्लब की मीटिंग में डोंपिएर ने कंप्यूटर पर गाना भी बजाया था और उसकी सुविधाओं के बारे में चर्चाएँ भी की थीं। इससे कंप्यूटर उत्साहियों के बीच अल्टेयर को लेकर काफी जिज्ञासा हुई थी। यही कारण था कि जून के सेमिनार में इतनी बड़ी संख्या में लोग पहुँचे थे।

उक्त सेमिनार में, अल्टेयर बेसिक का पूर्व प्रदर्शन संस्करण का पेपर टेप गायब हो गया था। यह पेपर टेप क्लब सदस्य स्टीव डोंपिएर को दिया गया था और उसने उसे एक अन्य सदस्य को पकड़ा दिया था, जिसके पास उसकी तेजी से कॉपी करने की व्यवस्था थी। लिहाजा जब क्लब की अगली बैठक हुई तो अल्टेयर-बेसिक की 50 से अधिक प्रतियाँ सदस्यों में बाँटने के लिए लाई गई थीं।

असल में, एम.आई.टी.एस. ने पूरा अल्टेयर कंप्यूटर सिस्टम (दो डायनेमिक रैम बोर्ड, एक आई/ओ सीरियल इंटरफेस बोर्ड व अल्टेयर बेसिक) 995 डॉलर में बेचना शुरू किया था। लेकिन 264 डॉलर कीमतवाले दो डायनेमिक रैम बोर्ड घटकों व डिजाइन से संबंधित समस्याओं के चलते विश्वसनीय नहीं थे। इसके विपरीत होमब्रेव कंप्यूटर क्लब के एक उद्यमी सदस्य रॉबर्ट मार्श, जो प्रोसेसर टेक्नोलॉजी कॉरपोरेशन की स्थापना की थी, अपना पहला उत्पाद 4-के.बी. का स्टेटिक रैम बोर्ड 255 डॉलर में बेच रहा था। मार्श का रैम बोर्ड न केवल 'एम.आई.टी.एस. अल्टेयर 8000' के अनुकूल था, बल्कि उसके साथ बेचे जा रहे रैम बोर्ड के मुकाबले ज्यादा तेज व विश्वसनीय था। लिहाजा अल्टेयर-8800 के अधिकांश ग्राहक संपूर्ण पैकेज की बजाय सिर्फ 439 डॉलर पर उपलब्ध किट ही खरीद रहे थे। वे रैम-बोर्ड बाजार से खरीद लेते और अल्टेयर-बेसिक की अना धिकारिक प्रति किसी से उधार ले लेते।

'चोर' और 'परजीवी'—कंप्यूटर शौकीनों द्वारा सॉफ्टवेयर की चोरी के चलते एम.आई.टी.एस. और माइक्रोसॉफ्ट के बीच तनाव बढ़ना शुरू हो गया था। दोनों के हित आपस में टकराने शुरू हो गए थे। सॉफ्टवेयर की बिक्री नहीं बढ़ने से बिल गेट्स और एलन स्वाभाविक रूप से परेशान हो रहे थे। दूसरी तरफ, सॉफ्टवेयर की बिक्री के लिए अपने कंप्यूटर की बिक्री को प्रभावित करना एम.आई.टी.एस. के लिए फायदेमंद नहीं था। फिर भी, एड रॉबर्ट्स ने इस तथ्य का व्यावहारिक हल ढूँढ़ने की कोशिश की थी।

एड रॉबर्ट्स ने अक्तूबर 1975 के समाचार पत्रक 'कंप्यूटर नोट्स' में डायनेमिक रैम बोर्ड की समस्याओं को स्वीकार किया। कीमत 264 डॉलर से घटाकर 195 कर दी गई और मौजूदा खरीदारों को 50 डॉलर की वापसी कर दी गई। 8 के.बी. अल्टेयर बेसिक की कीमत को घटाकर 200 डॉलर कर दिया गया था। उक्त पत्रक में एक ग्राहक के इस आग्रह को कि एम.आई.टी.एस. को बेसिक देना चाहिए, रॉबर्ट्स ने जवाब दिया था—

''गलत हमने अपने ग्राहकों को बेसिक उपलब्ध कराने के लिए माइक्रोसॉफ्ट को 1.80 हजार डॉलर के रॉयल्टी की प्रतिबद्धता की है। एम.आई.टी.एस. बेसिक पर अनिवार्य रूप से कोई लाभ नहीं कमाता। यह अपने ग्राहकों की सेवा के रूप में किया जा रहा है। जिस बेसिक की हम आपूर्ति कर रहे हैं, उसे हर जगह विलक्षण चीज न होने जैसा मान लिया गया था और वह अल्टेयर के ग्राहकों को उस जगह से वर्षों आगे ले जा रहा है, जहाँ वह इस सॉफ्टवेयर के बिना रह जाते।

"कुछ विचारों के विपरीत, मैं सहमत हूँ कि सॉफ्टवेयर विकास खर्चीले होते हैं और जो लोग उनका विकास करते हैं, उन्हें लगता है कि उनकी कोशिशों का भुगतान होना चाहिए। यह अप्रासंगिक है कि सॉफ्टवेयर बड़े आई.बी.एम. कंप्यूटर पर चलते हैं या फिर अल्टेयर पर, इसमें धन लगता है। बड़ी कंपनियों को इसी तरह के पैकेज में जितना मिलता, उसके मुकाबले हम बेसिक को 1/10 से 1/100 कीमत पर बेच रहे हैं।...कोई भी, जो एम.आई.टी.एस. बेसिक की चोरी की गई प्रति का इस्तेमाल कर रहे है, उन्हें खुद को 'चोर' की तरह पहचानना चाहिए।

"हाल में ही कुछ परजीवी कंपनियाँ सामने आई हैं। ये कंपनियाँ कठिन स्थित में हैं। उन्हें नए व्यापार में हम पर जरूर वार करना चाहिए; लेकिन उसी वक्त में, वे खुद को जीवित रखने के लिए हमारे उत्पादों पर निर्भर हैं। इसके चलते अच्छी-खासी ऊटपटाँग बयानबाजी व विज्ञापन हुए हैं। हमें विश्वास है कि हमारे अधिकांश ग्राहक इस बेतुकेपन को देख रहे हैं।"

एड रॉबट्र्स की उपर्युक्त बयानबाजी का बाजार पर कोई असर नहीं हुआ था और असल में एम.आई.टी.एस. ने व्यावहारिक तौर पर अपने ग्राहकों को बेसिक खरीदने के लिए कोई ठोस रणनीति नहीं बनाई थी। वैसे तो, माइक्रोसॉफ्ट ने एम.आई.टी.एस. द्वारा बेचे गए बेसिक की हरेक प्रति पर 30 से 60 डॉलर की रॉयल्टी प्राप्त की थी, लेकिन वर्ष 1975 के अंत में एम.आई.टी.एस. प्रति माह करीब 1,000 की दर से कंप्यूटर फैक्टरी से रवाना कर रहा था, जबकि बेसिक करीब 200 ही बिक रहे थे।

माइक्रोसॉफ्ट का खर्च बढ़ रहा था। बिल की चिंता लगातार बढ़ती जा रही थी कि यदि कंप्यूटर शौकीन इसी तरह अनधिकारिक बेसिक का उधार इस्तेमाल करते रहे तो माइक्रोसॉफ्ट का भविष्य खतरे में पड़ जाएगा। इसके साथ ही, वह एम.आई.टी.एस. पर भी दबाव बढ़ाना चाहता था कि वह बिना सॉफ्टवेयर के कोई कंप्यूटर फैक्टरी से रवाना न करे।

बिल गेट्स का खुला पत्र—एड रॉबट्र्स द्वारा 'चोर' व 'परजीवी' कहे जाने से पहले सितंबर 1975 के कंप्यूटर नोट्स में उसके संपादक डेविड बुनेल ने भी अपने आलेख में चिंता जाहिर की थी और आरोप लगाया था कि कुछ ग्राहक एम.आई.टी.एस. के सॉफ्टवेयर की चोरी कर रहे हैं। बुन्नेल ने भी विभिन्न तर्कों से उपभोक्ताओं को उनके कर्तव्यों के बारे में समझाने की कोशिश की थी। लेकिन बिल गेट्स अब आर-पार की लड़ाई के लिए तैयार हो रहा था। उसे लग रहा था कि निवेदन की भाषा में बात करने से चोरी नहीं रुकेगी, बल्कि चोरी करनेवालों

को कानूनी भाषा में यह बताना होगा कि वे जो कर रहे हैं, वह अपराध है, जिसके लिए उन्हें सजा हो सकती है।

लेकिन बिल ने यह बात सीधे तौर पर नहीं कही थी। 3 फरवरी, 1976 को, बिल गेट्स ने 'शौकीनों को खुला पत्र' लिखा था। यह पत्र एम.आई.टी.एस. के समाचार पत्रक में तो छपा ही था, इसके अलावा तमाम इलेक्ट्रॉनिक पत्रिकाओं के साथ-साथ खास तौर पर होमब्रेव कंप्यूटर क्लब को भी भेजा गया था। गेट्स की कारोबारी कुशलता व दूरदृष्टि की झलक देनेवाले उस पत्र का मजमून इस प्रकार है—

''मेरे लिए, शौक बाजार में फिलहाल सबसे महत्त्वपूर्ण बात यह है कि अच्छा सॉफ्टवेयर पाठ्यक्रम पुस्तकों व सॉफ्टवेयर की कमी है। अच्छे सॉफ्टवेयर व प्रोग्रामिंग को समझनेवाले मालिक के बिना शौकिया कंप्यूटर बेकार है। क्या शौक बाजार के लिए गुणवत्तापूर्ण सॉफ्टवेयर लिखा जाएगा?

लगभग एक साल पहले पॉल एलन और खुद मैंने शौक बाजार के विस्तार करने की उम्मीद में मोंटे डेविड ऑफ को काम पर रखा और अल्टेयर-बेसिक का विकास किया। हालाँकि प्रारंभिक काम में केवल दो महीने लगे, हममें से तीनों ने दस्तावेजीकरण में सुधार तथा बेसिक में विशेषताएँ जोड़ने के लिए पिछले साल का अधिकांश खर्च किया है। अब हम 4 के.बी., 8 के.बी., विस्तारित रोम व डिस्क बेसिक के विशेषज्ञ हैं। हमारे द्वारा इस्तेमाल कंप्यूटर समय की कीमत 40 हजार डॉलर से अधिक है। जो कहते हैं कि वे बेसिक का उपयोग कर रहे हैं, उन सैकड़ों लोगों से मिली सभी प्रतिसूचनाएँ सकारात्मक रही हैं। जबकि दो आश्चर्यजनक बातें साफ दिख रही हैं—1. इनमें से अधिकांश 'उपयोगकर्ताओं' ने कभी भी बेसिक को खरीदा नहीं है (सभी अल्टेयर मालिकों का 10 फीसदी से कम बेसिक खरीदा है), और 2. हमें शौकीनों को बिक्री से जो रॉयल्टी की राशि प्राप्त हुई है, वह अल्टेयर बेसिक पर खर्च किए गए समय को 2 डॉलर प्रति घंटा से भी कम मूल्य का बनाती है।

ऐसा क्यों है? जैसा कि शौकीनों के बहुमत को पता होना चाहिए, आप में से ज्यादातर अपना सॉफ्टवेयर चोरी करते हैं। हार्डवेयर के लिए भुगतान जरूर करना चाहिए। लेकिन सॉफ्टवेयर साझा करने जैसी कोई चीज है। उस पर काम करनेवाले लोगों को भुगतान मिला कि नहीं, कौन परवाह करता है!

क्या यह उचित है? सॉफ्टवेयर चोरी करके आप एक काम यह नहीं करते हैं कि आप अपनी जो कुछ समस्याएँ रही हों, उनके लिए एम.आई.टी.एस. में

नवंबर 1975 में एम.आई.टी. ने मोटोरोला 6800 माइक्रो प्रोसेसर पर आधारित नया कंप्यूटर अल्टेयर 680 की घोषणा की थी। मशीन को जनवरी 1976 में रवाना किया जाना था; लेकिन हार्डवेयर डिजाइन की समस्याओं के चलते यह काम मई में शुरू हो सका था।

वापस आएँ। एम.आई.टी.एस. सॉफ्टवेयर बेचकर धन नहीं कमाती है। रॉयल्टी का हमें भुगतान किया जाता है, विवरणिका, टेप व 'ओवरहेड' (कर्मचारियों पर एवं अन्य खर्च) उसे लाभ-हानि संतुलित परिचालन बनता है। आप अच्छे सॉफ्टवेयर को लिखे जाने से रोक रहे हैं। कौन पेशेवर काम को कुछ भी नहीं के लिए करने में समर्थ हो सकता है? कौन शौकीन प्रोग्रामिंग, सारी कमियाँ खोजने, अपने उत्पाद के दस्तावेजीकरण में तीन व्यक्तियों के वर्षों लगा सकता है और मुफ्त में बाँट सकता है? तथ्य यह है कि इतना सारा पैसा सॉफ्टवेयर-शौक में निवेश करनेवाला हमारे अलावा कोई नहीं है। हमने 6800 बेसिक लिखा है और 8080 ए.पी.एल. (एक प्रोग्रामिंग भाषा) और 6800 ए.पी.एल. लिख रहे हैं, लेकिन शौकीनों को यह सॉफ्टवेयर उपलब्ध कराने के लिए बहुत कम प्रोत्साहन है। बिल्कुल सीधे तौर पर, आप जो चीज कर रहे हैं वह चोरी है।

अल्टेयर बेसिक को फिर से बेचनेवाले लोगों के बारे में क्या कहेंगे? क्या वे शौक-सॉफ्टवेयर पर पैसे नहीं कमा रहे हैं? हाँ, लेकिन जिन्होंने हमें सूचित किया है कि वे अंत में खो सकते हैं। वे ऐसे लोग हैं, जो शौकीनों को एक बुरा नाम दे रहे हैं और वे किसी भी क्लब की बैठक में दिखें तो उन्हें बाहर निकाल दिया जाना चाहिए।

कोई भुगतान करना चाहता है या फिर सुझाव या टिप्पणी है, मैं किसी भी एक से पत्र की सराहना करूँगा। बस, मुझे (1180 अल्वाराडो एसई, प्त 114, अल्बुकर्क, न्यू मेक्सिको, 87108) पर लिखें। मुझे सबसे ज्यादा खुशी होगी कि मैं दस प्रोग्रामर की भरती कर सकूँ और बाजार में अच्छे सॉफ्टवेयर की झड़ी लगा सकूँ।

बिल गेट्स, सामान्य हिस्सेदार, माइक्रोसॉफ्ट

इस पत्र का असर हुआ था। अधिकांश का मानना था कि सॉफ्टवेयर को मशीन के साथ गठरी बनाकर बेचा जाना चाहिए और मौजूदा वितरण व्यवस्था माइक्रोसॉफ्ट की समस्या है। अन्य ने सॉफ्टवेयर के विकास की कीमत को लेकर सवाल खड़ा किया था।

इस बीच, नवंबर 1975 में एम.आई.टी. ने मोटोरोला 6800 माइक्रो प्रोसेसर पर आधारित नया कंप्यूटर अल्टेयर 680 की घोषणा की थी। मशीन को जनवरी 1976 में रवाना किया जाना था; लेकिन हार्डवेयर डिजाइन की समस्याओं के चलते यह काम मई में शुरू हो सका था। प्रत्येक प्रति पर रॉयल्टी के घाटे की समस्या को दूर करने के मद्देनजर माइक्रोसॉफ्ट ने 'गैर विशिष्ट' (नॉन-एक्सक्लूसिव) लाइसेंस के तहत 31,200 डॉलर की एकमुश्त राशि पर एम.आई.टी.एस. को नए कंप्यूटर के सॉफ्टवेयर 'बेसिक 6800' जारी किया था। बाद में, बेसिक की बिक्री के लिए माइक्रोसॉफ्ट ने कमोडोर पेट, एप्पल II, रेडियो शैक टीआरएस-80 और अन्य ग्राहकों के साथ इसी तरह एकमुश्त राशि पर अनुबंध किए थे।

बिल गेट्स के खुले पत्र का ही असर था कि वर्ष 1976 के शुरू में एप्पल कंप्यूटर कंपनी (अब एप्पल इन्कॉरपोरेशन) ने अपने 'एप्पल I' कंप्यूटर के विज्ञापन में 'एप्पल बेसिक मुफ्त में देने का दावा किया था। उक्त विज्ञापन में एप्पल ने कहा था कि 'हमारी मशीनों के लिए मुफ्त या कम-से-कम कीमत पर सॉफ्टवेयर प्रदान करना हमारा दर्शन है आपको लगातार इस बढ़ते सॉफ्टवेयर पुस्तकालय के उपयोग के लिए भुगतान नहीं करना होगा।'

दूसरी तरह, कंप्यूटर प्रेमियों के एक अन्य समूह 'माइक्रो-8 कंप्यूटर यूजर रूप' (लोमपोक, शांता बारबरा काउंटी, कैलिफोर्निया) के हैल सिंगर ने 28 मार्च 1976 को जारी अपने समूह के समाचार-पत्रक में 'एम.आई.टी.एस. के एड रॉबर्ट्स को खुला पत्र' प्रकाशित किया था। हैल ने हिदायत दी थी कि एम.आई.टी.एस. ने 395 डॉलर में एक कंप्यूटर का वादा किया था लेकिन एक काम करनेवाली प्रणाली की कीमत 1,000 डॉलर थी। उसने कहा था कि झूठे विज्ञापन के खिलाफ अदालती मुकदमा या संघीय व्यापार आयोग में शिकायत की जा सकती है। हैल ने उस पत्र में उस अफवाह का भी जिक्र किया था, जिसमें यह कहा जा रहा था कि बिल गेट्स ने हार्वर्ड यूनिवर्सिटी के कंप्यूटर पर बेसिक को विकसित किया था, जो संयुक्त राज्य सरकार द्वारा वित्त-पोषित था; उपभोक्ताओं को पहले से ही करदाता द्वारा भुगतान किए जा चुके सॉफ्टवेयर के लिए क्यों भुगतान करना चाहिए?

जैसा कि हम दूसरे अध्याय में पढ़ चुके हैं कि बिल गेट्स, पॉल एलन और मोंटे डेविडऑफ ने हार्वर्ड के ऐकेन कंप्यूटर प्रयोगशाला में पी.डी.पी.-10 सिस्टम का इस्तेमाल किया था। यह सिस्टम अमेरिकी सरकार के रक्षा मंत्रालय द्वारा 'डिफेंस एडवांस्ड रिसर्च प्रोजेक्ट्स एजेंसी' (DARPA) के जरिए वित्त-पोषित किया गया था। जीवनी लेखक वाल्टर इसाकसन (अध्यक्ष, ऐस्पन इंस्टीट्यूट, वॉशिंगटन) ने

हार्वर्ड मैगजीन, के एक आलेख (20 सितंबर, 2013) में इस घटना का जिक्र किया है। इसके मुताबिक, गेट्स का मामला तब सामने आया था, जब रक्षा विभाग के लेखा परीक्षकों ने हार्वर्ड एकेन प्रयोगशाला के वित्त-पोषित पी.डी.पी.-10 के उपयोग की जाँच करने का फैसला किया था। उन्होंने खोजा था कि द्वितीय वर्ष का एक छात्र डब्लू.एच. गेट्स अधिकांश समय का उपयोग कर रहा था। काफी झल्लाहटों के बाद गेट्स ने खुद के बचाव में कागज तैयार किया था और बताया था कि उसने कैसे एक सिम्युलेटर के रूप में पी.डी.पी.-10 का उपयोग कर बेसिक का एक संस्करण बनाया था। अंत में, मशीन के उपयोग के लिए तो बिल गेट्स को दोष मुक्त कर दिया गया था, लेकिन अपने पासवर्ड से एक गैर-छात्र एलन को लॉग-ऑन करने की अनुमति देने के लिए उसे बाकायदा चेतावनी दी गई थी। उसने उस मामूली फटकार को स्वीकार किया था और बेसिक इंटरप्रेटर के शुरुआती संस्करण (अल्टेयर बेसिक नहीं) को सार्वजनिक क्षेत्र में डालने के लिए सहमत हुआ था।

माइक्रोसॉफ्ट का कारोबार विस्तार

एम.आई.टी.एस. द्वारा मोटोरोला-6800 माइक्रो प्रोसेसर पर आधारित कंप्यूटर का नया संस्करण 'एम.आई.टी.एस. 680 बी' को जारी करने की तैयारियाँ चल रही थीं। इसके साथ 8-इंच फ्लॉपी डिस्क सिस्टम भी जारी होना था। नए कंप्यूटर के लिए अल्टेयर के इंटेल-8080 पर आधारित बेसिक को बदलकर मोटोरोला- 6800 माइक्रो प्रोसेसर के अनुकूल बनाना था। बाहर के अन्य ग्राहकों को भी आकर्षित करने की कोशिशें चल रही थीं। इस बाबत एम.आई.टी.एस. के जनवरी 1976 के समाचार-पत्रक कंप्यूटर नोट्स में 8080 बेसिक इंटरप्रेटर के लिए विज्ञापन प्रकाशित कर 'ओ.ई.एम.' (ओरिजिनल इक्विपमेंट मैन्युफैक्चरर) लाइसेंस के लिए पॉल एलन से संपर्क करने को कहा गया था।

फरवरी 1976 में बिल गेट्स ने, जब वे हार्वर्ड में ही था, डिस्क ड्राइव तकनीक का इस्तेमाल करनेवाले कंप्यूटर के लिए बेसिक का एक नया संस्करण लिखना शुरू किया था। दो-तीन सप्ताह के अंदर गेट्स ने न केवल उस सॉफ्टवेयर की रचना कर ली थी, बल्कि उसे सिस्टम पर चालू भी कर दिया था। इस सॉफ्टवेयर को नाम दिया गया था—डिस्क बेसिक।

अप्रैल 1976 में कंपनी ने अपने पहले स्थायी कर्मचारी मार्क मैकडोनॉल्ड, को प्रोग्रामर के रूप में रखा था। उसने नेशनल कैश रजिस्टर (एन.सी.आर.) के लिए एक सॉफ्टवेयर लिखना शुरू किया था, जिसे 'स्टैंड एलोन डिस्क बेसिक'

नाम दिया गया। मई 1976 में माइक्रोसॉफ्ट ने अपने दूसरे कर्मचारी रिचर्ड वेईलैंड को महाप्रबंधक (जनरल मैनेजर) के रूप में नियुक्त किया था। एलन का सहपाठी मित्र वेईलैंड 'लेकसाइड प्रोग्रामर्स रूप' का एक सक्रिय साथी था, जो वर्ष 1971 में लेकसाइड स्कूल में पढ़ाई पूरी होने के बाद स्टैंडफोर्ड यूनिवर्सिटी चला गया था।

उसके बाद बिल गेट्स ने ए.पी.एल. (ए प्रोग्रामिंग लैंग्वेज) सॉफ्टवेयर का लेखन शुरू किया था। तब अगस्त में माइक्रोसॉफ्ट ने तीसरा कर्मचारी प्रोग्रामर स्टीव वुड को रखा था, जिसने फोरट्रान सॉफ्टवेयर के विकास का काम शुरू किया। फोकल भाषा के विकास का भी काम शुरू हुआ। शुरू-शुरू में डी.ई.सी. ने फोकल भाषा वैज्ञानिक उपकरणों के नियंत्रण के लिए विकसित किया था। माइक्रोसॉफ्ट—फोकल ज्यादा सफल नहीं रहा और जल्द ही उसे बंद कर दिया गया था। माइक्रोसॉफ्ट ने अब अपने बेसिक इंटरप्रेटर के लिए कारपोरेट ग्राहकों को लाना शुरू कर दिया था और अल्बुकर्क में अपना पहला दफ्तर खोला था।

माइक्रोसॉफ्ट ने अब मोस तकनीक के माइक्रो प्रोसेसर के लिए 6502 बेसिक इंटरप्रेटर पर काम शुरू किया था। मार्क मैकडोनॉल्ड ने 6502 के लिए 6800 सिम्युलेटर को अपनाया था और रिचर्ड वेईलैंड ने 6502 बेसिक इंटरप्रेटर को विकसित किया था। इस इंटरप्रेटर के अंतर्गत एक 'एडिटर' को भी शामिल किया गया था, जिसके जरिए प्रोग्राम को बदला जा सकता था। एप्पल-II और अन्य कंप्यूटरों ने 6502 माइक्रो प्रोसेसर का इस्तेमाल किया था। अक्तूबर 1976 में कमोडोर ने मोस टेक्नोलॉजी खरीदी थी और अपने नए पेट कंप्यूटर के लिए माइक्रोसॉफ्ट 6502 बेसिक इंटरप्रेटर को चुना था। कमोडोर ने बेसिक प्रोग्राम को रोम में डाला था, जिसका नतीजा यह था कि हर पेट कंप्यूटर में माइक्रोसॉफ्ट बेसिक होता था।

माइक्रोसॉफ्ट ने अपना सिम्युलेटर, डीबगर और असेंबली डेवलपमेंट सॉफ्टवेयर—डेवलप 80, डेवलप 68 व डेवलप 65 को भी बेचने की कोशिश की थी, लेकिन उसमें ज्यादा सफलता नहीं मिली। अक्तूबर में जनरल इलेक्ट्रिक ने भी माइक्रोसॉफ्ट 8080 बेसिक इंटरप्रेटर खरीदा था।

माइक्रोसॉफ्ट के बढ़ते कारोबार के मद्देनजर, नवंबर 1976 में, पॉल एलन भी एम.आई.टी.एस. को छोड़कर पूर्णकालिक तौर पर माइक्रोसॉफ्ट में शामिल हो गया था। पहले साल में कंपनी का राजस्व एक लाख डॉलर हो गया था। इसके बाद जनवरी 1977 में बिल गेट्स ने हार्वर्ड छोड़ अल्बुकर्क में रहना शुरू कर दिया था।

एलन पर गेट्स की कानूनी बढ़त

बिल गेट्स भविष्य में कितना चालाक कारोबारी साबित होने वाला था, इसकी झलकियाँ माइक्रोसॉफ्ट की स्थापना के शुरुआती दौर में ही मिल चुकी थीं। 'माइक्रोसॉफ्ट' हिस्सेदारी फर्म में पॉल एलन की उम्मीद से उलट बिल गेट्स ने 10 फीसदी ज्यादा 60 फीसदी हिस्सेदारी की माँग की थी। उस वक्त एलन को अहसास नहीं था कि उससे उम्र में ढाई साल छोटा बिल गेट्स असल में वकील का बेटा था और उसकी यह माँग भी भविष्य में अपनी कानूनी पकड़ मजबूत करने के इरादे से ही की गई थी। बिल गेट्स शुरू से ही कितना चुस्त व चालाक था, इसका पता इसी तथ्य से चलता है कि उसने एलन को किस तरह से राजी किया था। एलन की 40 फीसदी हिस्सेदारी का प्रभावी मतलब सीधे 20 फीसदी ज्यादा कानूनी ताकत से था।

पॉल एलन ने अपनी आत्मकथा 'आइडिया मैन' में इस तथ्य को कुछ इस तरह से उजागर किया है—

"उस समय से, जब हम मैसाचुसेट्स (हार्वर्ड, कैंब्रिज) में एक साथ इस काम में संलग्न हुए थे, मैंने मान लिया था कि हमारी भागीदारी 50-50 प्रतिशत की होगी। लेकिन बिल का दूसरा दृष्टिकोण था। उसने कहा, 'यह सही नहीं है कि तुम आधा प्राप्त करो। तुमने एम.आई.टी.एस. में अपना वेतन लिया था, जब मैंने बोस्टन में रहते हुए बेसिक पर लगभग सबकुछ किया था। मुझे अधिक मिलना चाहिए। मुझे लगता है कि यह 60-40 होना चाहिए।'

"पहले तो मैं दंग रह गया था। लेकिन जब मैंने इस पर गंभीरता से सोच-विचार किया, बिल की स्थिति अनुचित प्रतीत नहीं हुई। मैं अपने खाली समय में जो कर सकता था, उतनी कोडिंग करता रहा था और खुद को कसूरवार महसूस कर रहा था कि मैं ज्यादा नहीं कर सका था, लेकिन बिल ने हमारी जानकारी के किसी भी अन्य बेसिक के मुकाबले मेमोरी में प्रति बाइट ज्यादा विशेषताएँ डालकर हमारे सॉफ्टवेयर को पूरा करने में महत्त्वपूर्ण भूमिका निभाता आ रहा था, जैसा कि मैंने 'कंप्यूटर नोट्स' में भी लिखा था। सबसे ऊपर, मैंने सोचा, यह 60-40 बँटवारा संभवत:—उचित होगा।'

वास्तव में, माइक्रोसॉफ्ट की स्थापना के करीब दो सालों बाद 3 फरवरी, 1977 को पॉल एलन और बिल गेट्स ने औपचारिक समझौते पर हस्ताक्षर किए थे। इस बीच, गेट्स ने एलन की हिस्सेदारी को और भी नीचे की ओर धकेलने में कामयाबी हासिल कर ली थी। अब गेट्स ने अपनी हिस्सेदारी को 4 फीसदी और बढ़ाकर 64 फीसदी कर लिया था और बेचारा भोला-भाला एलन 36 फीसदी में संतुष्ट हो गया था।

एलन अपनी आत्मकथा 'आइडिया मैन' में इस घटना का आगे इस तरह से उल्लेख करते हैं—

"थोड़े समय बाद हमने एन.सी.आर. (एन.सी.आर. कॉरपोरेशन, डुलुथ, जॉर्जिया, संयुक्त राज्य अमेरिका) को 1.75 लाख डॉलर में बेसिक का लाइसेंस जारी किया था। यहाँ तक कि आधी आय एड रॉबर्ट्स को जाने के बावजूद, एक शुल्क एक वर्ष के लिए पाँच या छह प्रोग्रामर का भुगतान कर रहा था।

"बिल की तीव्रता लगातार बनी हुई थी और जब एक दिन उसने मुझे सैर करते हुए बातचीत के लिए पूछा तो मैं जान गया था कि कोई बात है। जब हम एक ब्लाक तक गए होंगे, वह पीछे रुक गया और उसने कहा था, 'मैंने बेसिक पर सबसे अधिक काम किया है और मैंने हार्वर्ड छोड़कर बहुत कुछ दाँव पर लगाया। मैं 60 फीसदी से ज्यादा का हकदार हूँ।'

'कितना ज्यादा?'

'मैं 64-36 सोच रहा था।'

'फिर, मेरे लिए वह आश्चर्य का क्षण था। लेकिन मैं जिद्दी किस्म का तार्किक व्यक्ति हूँ और मैंने निष्पक्ष रूप से बिल की दलील पर विचार करने की कोशिश की थी। बेसिक के लिए उसकी बौद्धिक अश्वशक्ति नाजुक रही थी और वह हमारी सफलता को आगे बढ़ाने के केंद्र में रहने वाला था—इतना कुछ बहुत स्पष्ट था।

'लेकिन मेरे 'बड़े विचार' के मूल्य की गणना कैसे होगी—माइक्रो प्रोसेसर के साथ एक उच्चस्तरीय भाषा का समागम या इसे देखने के लिए बिल को लाने की मेरी जिद? क्या मेरे विकास के साधन साझेदारी की संपत्ति की हैसियत के थे? या हमारी उत्पाद शृंखला के प्रबंधाधिकारी की मेरी भूमिका या हमारे प्रोग्रामर के साथ मेरा रोजाना का बौद्धिक मंथन? मैं शायद तोल-मोल के लिए झंझट करता और बिल को 4 के बजाय दो अंक की पेशकश कर देता, लेकिन मेरे दिल ने ऐसा नहीं करने दिया था। तो मैं सहमत हो गया। मैंने सोचा था, कम-से-कम अब हम इसे सुलझा सकते हैं।'

इतना ही होता तो गनीमत थी, उस समझौते में बिल गेट्स ने अपने फायदे के लिए दो खास प्रावधान भी जुड़वा लिये थे। समझौते के अनुच्छेद-8 में 'एक हिस्सेदार, जो पूर्णकालिक छात्र है' के आधार पर बिल ने ऐसा प्रावधान जुड़वाया था कि उसे उसके कारोबारी कर्तव्यों से छूट मिल गई थी। इस तरह वह बिना कोई काम किए हिस्सेदारी में बना रह सकता था और डिग्री पूरा करने के लिए वापस

जा सकता था। समझौते का दूसरा खतरनाक प्रावधान अनुच्छेद-12 की एक धारा में किया गया था। उस प्रावधान के तहत 'समझौता न करने योग्य मतभेद' की स्थिति में बिल गेट्स पॉल एलन को हिस्सेदारी से बाहर जाने को कह सकता था।

यानी उक्त हिस्सेदारी समझौते में बिल गेट्स ने माइक्रोसॉफ्ट का सबकुछ वैधानिक तौर पर अपने नियंत्रण में ले लिया था। लेकिन, पॉल एलन को इस बात का एहसास बहुत बाद में हुआ। आनेवाले समय में कंपनी बहुत बड़ी हो चुकी थी और वर्ष 1982 में पॉल एलन अचानक एक गंभीर बीमारी की चपेट में आ गए थे। बिल गेट्स को लगा था कि अब पॉल एलन किसी खास काम के लायक नहीं बचा। फिर, जब एक दिन अचानक एलन दफ्तर पहुँचे थे तो उन्होंने अपने कानों से वह सबकुछ सुना था, जिससे उन्हें स्पष्ट हो गया था कि बिल गेट्स व स्टीव बामर कंपनी से उन्हें हटा देने की साजिश रच रहे थे। खैर, इस घटना का उल्लेख बाद में करेंगे, फिलहाल यह समझते हैं कि बिल गेट्स का अपनी हिस्सेदारी 64 प्रतिशत करा लेने के पीछे का राज क्या था? पॉल एलन अपनी आत्मकथा 'आइडिया मैन' में आगे लिखते हैं—

"बाद में, हमारे रिश्ते बदलने के बाद, मुझे आश्चर्य हुआ था कि बिल उस संख्या पर कैसे पहुँचा था, जो उसने उस दिन प्रस्ताव किया था। मैंने उसकी स्थिति में खुद को डालने की कोशिश की थी और उसकी सोच को फिर से संगठित किया था और मैंने निचोड़ निकाला था कि यह बिल्कुल सरल था। मैं सबसे अधिक क्या प्राप्त कर सकता था? मुझे लगता है कि बिल जानता था कि मैं दो-एक के बँटवारे पर बिदक जाऊँगा और वह उस 64 फीसदी तक अधिक-से-अधिक जा सकता था। वह बहस कर सकता है कि संख्याओं ने हमारे योगदान को प्रतिबिंबित किया था; लेकिन उन संख्याओं ने पुस्तकालय अध्यक्ष के बेटे और वकील के बेटे के अंतरों को भी उजागर कर दिया था। मुझे पढ़ाया जाता रहा था कि सौदा तो सौदा है और तुम्हारी जुबान ही तुम्हारा अनुबंध है। बिल ज्यादा लचीला था। वह समझौतों की दोबारा सौदेबाजी में तब तक आजाद महसूस करता था, जब तक कि वे हस्ताक्षरित व मुहरबंद न हो जाएँ। किसी भी व्यापार-निपटान में लचीलेपन का स्तर होता है, एक सीमा जो उचित प्रतीत हो सकती है और उस सीमा के भीतर वह जितना सख्त तथा जितना दूर जा सकता, बिल धकेलता था।"

कानूनी जीत और तीव्र विकास

वर्ष 1976 के अंत में एम.आई.टी.एस. के कर्मचारियों की संख्या बढ़कर 230 हो चुकी थी और बिक्री 60 लाख डॉलर पर पहुँच गई थी। लेकिन रॉबर्ट्स

कारोबार के तनाव को झेल पाने की स्थिति में नहीं था। कंप्यूटर प्रमियों द्वारा सॉफ्टवेयर की चोरी और माइक्रोसॉफ्ट द्वारा उसे रोकने के लिए बढ़ते दबाव के अलावा घरेलू कंप्यूटर बाजार में प्रतिस्पर्धा तेज होती जा रही थी। अब तक के जीवन में रॉबर्ट्स ने संघर्ष-ही-संघर्ष देखा था। वह एक वैज्ञानिक व आविष्कारक था। उसमें लगातार बढ़ते कारोबार की परेशानियों को चालाकी से निपटाने का कौशल नहीं था। लिहाजा अब तक वह ऊब चुका था और शांत जीवन जीने के रास्ते ढूँढ़ रहा था।

परटेक कंप्यूटर कॉरपोरेशन ने एम.आई.टी.एस. इन्कॉरपोरेशन को 60 लाख डॉलर में खरीदने के लिए सहमति के समझौते पर हस्ताक्षर किए थे। रॉबर्ट को 20 लाख डॉलर मिले थे और बाकी अन्य राशि 500 अन्य हिस्सेदारों में बाँटी गई थी।

इन परिस्थितियों में 3 दिसंबर, 1976 को परटेक कंप्यूटर कॉरपोरेशन ने एम.आई.टी.एस. इन्कॉरपोरेशन को 60 लाख डॉलर में खरीदने के लिए सहमति के समझौते पर हस्ताक्षर किए थे। रॉबर्ट को 20 लाख डॉलर मिले थे और बाकी अन्य राशि 500 अन्य हिस्सेदारों (अल्टेयर के सह-डिजाइनर विलियम येट्स सहित) में बाँटी गई थी। कंपनी के हस्तांतरण की प्रक्रिया मई 1977 में पूरी हुई थी; लेकिन परटेक ने कंपनी की कमान वर्ष के शुरू में ही अपने हाथों में ले ली थी। रॉबर्ट्स और येट्स खास परियोजनाओं का काम देख रहे थे। परटेक 26 अल्टेयर कंप्यूटर स्टोर्स के जरिए छोटे कारोबारियों में अपनी बिक्री बढ़ाने के लिए व्याकुल था। शौकिया या घरेलू उपभोक्ताओं के बीच विपणन में कटौती कर दी गई थी।

[वर्ष 1977 के अंत में रॉबर्ट ने जॉर्जिया प्रांत के बहुत छोटे शहर कोचरण में खेती-बाड़ी शुरू की थी। बाद में 1986 में रॉबर्ट ने मास्टर ऑफ मेडिसिन (एम.डी.) भी किया और 2010 में अपनी मृत्यु से पहले तक डॉक्टरी भी करते रहे थे।]

दूसरी ओर, नवंबर में पॉल एलन के छोड़ने के बाद से एम.आई.टी.एस. और माइक्रोसॉफ्ट के बीच तनाव बढ़ता जा रहा था। बिल गेट्स पहले से एड रॉबर्ट्स से नाराज चल रहा था, लेकिन कारोबार की जरूरतों के मद्देनजर ऊपर-ऊपर से दोस्ती कायम रखने की कोशिशें चल रही थीं। जब तक मामला रॉबर्ट्स के हाथों में था तो गेट्स व एलन इस कारण भी मामलों को नजरअंदाज करते आ रहे थे कि उसने उन लोगों को पहला मौका दिया था। लेकिन अब वह भावना भी नहीं बची थी। माइक्रोसॉफ्ट का अपना कारोबार भी काफी फैल चुका था और एम.आई.टी.एस. पर उसकी निर्भरता भी खत्म हो चुकी थी। अब हर हाल में माइक्रोसॉफ्ट को अपने

कारोबार को बचाना और लगातार आगे बढ़ाना था। जैसा कि हम पढ़ चुके हैं कि कारोबारी सौदेबाजी के मामले में बिल गेट्स निष्ठुर था। अब उसने एम.आई.टी.एस. के नए प्रबंधन से दो-दो हाथ करने का मन बना लिया था और कानूनी बहाना ढूँढ़ रहा था।

नए प्रबंधन का ध्यान हर हाल में ज्यादा-से-ज्यादा कंप्यूटर बेचने में था, न कि सॉफ्टवेयर बेचने में और परटेक के प्रबंधकों ने एम.आई.टी.एस. व माइक्रोसॉफ्ट के समझौते की भाषा पर गौर फरमाने की जहमत नहीं उठाई थी। परटेक के लोगों को लग रहा था कि 'अल्टेयर-बेसिक' के लिए उनके पास विशिष्ट लाइसेंस है और माइक्रोसॉफ्ट का उस पर कोई हक नहीं बनता। इतना ही नहीं, परटेक के लोगों को माइक्रोसॉफ्ट एक मामूली व छोटी सी कंपनी दिख रही थी। लिहाजा उन्होंने एक तरह से जान-बूझकर माइक्रोसॉफ्ट के हितों को नजरअंदाज करना शुरू कर दिया था।

वर्ष 1977 के शुरुआती महीनों में माइक्रोसॉफ्ट के पास एम.आई.टी.एस. के जरिए अल्टेयर-बेसिक के उप-लाइसेंस के लिए कई संभावी ग्राहक थे। लेकिन एम.आई.टी.एस. अपने समझौते के मुताबिक माइक्रोसॉफ्ट के कारोबार को प्रोत्साहित नहीं कर रहा था और उसके लिए 'उत्तम कोशिश' का इस्तेमाल नहीं कर रहा था। इस आरोप के तहत अप्रैल 1977 में माइक्रोसॉफ्ट ने एम.आई.टी.एस. को इत्तला की थी कि वह उसके साथ समझौते को समाप्त करने जा रहा है। मामले को आपस में सुलझाने की बजाय उसे लंबे समय तक लटकाने के लिए परटेक के लोगों ने अदालत का रास्ता चुना था। इसलिए मई 1977 में एम.आई.टी.एस. ने माइक्रोसॉफ्ट को अल्टेयर बेसिक के विपणन को रोकने के लिए स्थानीय न्यायालय में निरोधक आदेश दाखिल किया था और मध्यस्थता के जरिए समझौते का निवेदन क्रिया था। फैसले में देरी जरूर हुई, लेकिन 'उत्तम कोशिश' की धारा की बदौलत अदालत ने सितंबर 1977 में माइक्रोसॉफ्ट के पक्ष में फैसला दे दिया था। हालाँकि एम.आई.टी.एस./परटेक अल्टेयर बेसिक का इस्तेमाल कर सकते थे, लेकिन विशिष्ट लाइसेंस का वह अधिकार खत्म हो गया था, जिसके तहत वह उप-लाइसेंस जारी कर सकता था और उसकी कमाई में आधे का हकदार हो सकता था।

चूँकि बिल गेट्स के पिता सिएटल के जाने-माने वकील थे और इस कानूनी लड़ाई को उनकी कानूनी कंपनी ही सँभाल रही थी, इसलिए माइक्रोसॉफ्ट को उस पर हुए खर्च का डर नहीं था। अदालत की इस लंबी लड़ाई का माइक्रोसॉफ्ट को कई तरह का फायदा हुआ था। अब कंप्यूटर प्रेमी या कोई अन्य अनधिकारिक माइक्रोसॉफ्ट सॉफ्टवेयर के इस्तेमाल से बचने की कोशिश कर रहा था। यह भी

साबित हो चुका था कि माइक्रोसॉफ्ट छात्रों की बचकानी कंपनी नहीं है। उसके पीछे प्रतिष्ठित व धनी परिवार ही नहीं बल्कि एक ताकतवर कानूनी कंपनी भी है। इससे भी बड़ी बात यह हुई थी कि माइक्रोसॉफ्ट का जबरदस्त प्रचार हुआ था और नए कारोबार की झड़ी लगनी शुरू हो गई थी, वह भी बेहतर कीमतों पर।

कानूनी लड़ाई के बीच, माइक्रोसॉफ्ट ने अब बेसिक इंटरप्रेटर से आगे बढ़कर अन्य प्रोग्रामिंग भाषाओं—कोबोल, फोरट्रान व पास्कल में सॉफ्टवेयर विकास का तेजी से विस्तार करना शुरू किया था। जुलाई 1977 में इस शृंखला की पहली भाषा 'फोरट्रान 80' को 500 डॉलर की कीमत पर जारी किया गया था।

एप्पल सॉफ्ट—अगस्त 1977 में एप्पल कंप्यूटर ने 21 हजार डॉलर के एकमुश्त शुल्क पर सात वर्षों के लिए माइक्रोसॉफ्ट के 6502 बेसिक इंटरप्रेटर (मोस तकनीक पर आधारित) का लाइसेंस खरीदा था। असल में यह सॉफ्टवेयर माइक्रोसॉफ्ट ने एक साल पहले मार्क मैकडोनल्ड व रिचर्ड वेईलैंड के जरिए लिखवाया था। उस वक्त, जब एप्पल के संस्थापक स्टीव जॉब्स से इसकी पेशकश की गई तो उन्होंने इसे यह कहकर टाल दिया था कि उनके पास खुद का बेसिक है।

अप्रैल 1977 में वेस्ट कोस्ट कंजूमर इलेक्ट्रॉनिक्स एक्सपो (सैन फ्रांसिस्को, कैलिफोर्निया) में एप्पल कंप्यूटर का अनावरण हुआ था और जून से उसकी बिक्री शुरू हुई थी। लेकिन एप्पल कंप्यूटर को अधिकांश ग्राहकों से फ्लोटिंग पॉइंट संबंधी समस्याओं की शिकायत आई थी। एप्पल बेसिक को कंपनी के सह-संस्थापक स्टीव वोज्निअक ने तैयार किया था और उन्होंने इस समस्या को तवज्जो नहीं दी थी और गेम्स के सॉफ्टवेयर लिखने में मशगूल थे। लिहाजा अब एप्पल कंप्यूटर को माइक्रोसॉफ्ट की सहायता की जरूरत महसूस हुई थी।

लाइसेंस प्राप्त करने के बाद एप्पल कंप्यूटर के रैंडी विगिनटन (मैक संबंधी कई सॉफ्टवेयर के रचनाकार) ने माइक्रोसॉफ्ट के 6502 बेसिक इंटरप्रेटर में कई अन्य विशिष्टताओं को शामिल किया था और उस बेसिक सॉफ्टवेयर को एप्पल सॉफ्ट नाम दिया गया था।

टी.आई. बेसिक—माइक्रोसॉफ्ट को एक बड़ा काम सेमीकंडक्टर बनानेवाली कंपनी—टेक्सास इंस्ट्रूमेंट्स (टी.आई.) इन्कॉरपोरेशन (डलास, टेक्सास, संयुक्त राज्य अमेरिका) मिला था, जिसके तहत उसके आगामी घरेलू कंप्यूटर शृंखला 'टी.आई.-99/4ए' के लिए बेसिक का विकास किया जाना था। यह कंप्यूटर शृंखला टेक्सास इंस्ट्रूमेंट द्वारा ही विकसित नई माइक्रो प्रोसेसर शृंखला टी.आई.-990 पर

आधारित थी और जिसमें अमेरिकन नेशनल स्टैंडर्स इंस्टीट्यूट (ए.एन.एस.आई.) के नए बेसिक मानकों का पालन किया जाना था।

बेसिक के विकास के पहले एक बार फिर से पॉल एलन ने इसके लिए भी नए सिम्युलेटर का विकास किया था। टी.आई. बेसिक के विकास के लिए बिल गेट्स ने अपने परिचित हार्वर्ड अध्यापक बॉब ग्रीनबर्ग को अनुबंधित किया था। बाद में, वर्ष 1978 में माइक्रोसॉफ्ट के नौवें स्थायी कर्मचारी के रूप में आए प्रोग्रामर बॉब वालास ने भी टी.आई. के विकास में महत्त्वपूर्ण भूमिका अदा की थी। अन्य बेसिक के मुकाबले टी.आई. बेसिक आम कंप्यूटर उपयोगकर्ताओं के लिए ज्यादा आसान था, और उसमें कई नई विशेषताएँ जोड़ी गई थीं।

एन.सी.आर. टर्मिनल बेसिक—माइक्रोसॉफ्ट को एन.सी.आर. कॉरपोरेशन (डुलुथ, जॉर्जिया, संयुक्त राज्य अमेरिका) से एक और बड़े काम का अनुबंध मिला था, जिसके तहत एन.सी.आर. के 8200-टर्मिनल के लिए बेसिक का डिस्क संस्करण विकसित करना था। यह काम मार्क मैकडोनॉल्ड को सौंपा गया था, जिसने फैट (FAT) (फाइल एलोकेशन टेबल) के जरिए डिस्क फॉर्मेट की नई अवधारणा का विकास किया था। एन.सी.आर. कॉरपोरेशन उपभोक्ता लेन-देन प्रौद्योगिकी (कंजूमर ट्रांजेक्सन टेक्नोलॉजी) की सिरमौर कंपनी है, जिसका प्रमुख उत्पाद ए.टी.एम. (ऑटोमैटिक टेलर मशीन) है।

कमोडोर बेसिक—माइक्रोसॉफ्ट ने कमोडोर इंटरनेशनल (टोरंटो, ओंटारियो, कनाडा) के 8-बिट घरेलू कंप्यूटर शृंखला 'पेट' (PET—पर्सनल इलेक्ट्रॉनिक ट्रांजेक्टर), जो अक्तूबर 1977 में बाजार में उतारा गया था, के लिए बेसिक सोर्स कोड का विकास किया था। यह 6502 माइक्रोसॉफ्ट बेसिक और एप्पल सॉफ्ट से मिलता-जुलता बेसिक था। बिल गेट्स ने कमोडोर को 3 डॉलर प्रति इकाई का प्रस्ताव दिया था, लेकिन कंपनी के संस्थापक जैक ट्रामिएल ने 25 हजार डॉलर की एकमुश्त राशि पर सात वर्षों के लिए यह सौदा किया था। कमोडोर ने उक्त सोर्स कोड के जरिए अपने स्तर पर कमोडोर बेसिक का विकास किया था।

टीआरएस-80 लेवल II बेसिक—माइक्रोसॉफ्ट को अगला बड़ा अनुबंध ट्रेंडी कॉरपोरेशन/रेडियो शैक कॉरपोरेशन से मिला था। ट्रेंडी कॉरपोरेशन ने नवंबर 1977 में जिलोग जेड-80 माइक्रो प्रोसेसर पर आधारित अपनी कंप्यूटर शृंखला-टीआरएस-80 का लेवल-I बाजार में उतारा था। इसे अमेरिकी इलेक्ट्रॉनिक्स रिटेल स्टोर शृंखला रेडियो शैक के जरिए वितरित किया गया था और जल्द ही वह एप्पल व कमोडोर घरेलू कंप्यूटरों की प्रतिस्पर्धा में आ गया था। ट्रेंडी ने इसके लिए अपने स्तर पर बेसिक तैयार किया। लेकिन इस शृंखला के लेवल II के लिए

उसने माइक्रोसॉफ्ट से लाइसेंस लिया था और अपने बेसिक के उसे मिलाकर विशेष सुविधाओंवाले टीआरएस-80 लेवल II बेसिक का विकास किया था। इस बेसिक इंटरप्रेटर को लिखने के लिए माइक्रोसॉफ्ट ने बॉब ओरियर को नियुक्त किया था।

बेलेवुए स्थानांतरित होने का फैसला—इस बीच, एम.आई.टी.एस. के मुकदमा माइक्रोसॉफ्ट ने रिचर्ड वेईलैंड के कंपनी छोड़ने के बाद सितंबर 1977 में स्टीव वुड को महाप्रबंधक नियुक्त किया था। वर्ष 1978 की शुरुआत में, घरेलू कंप्यूटर का बाजार-समीकरण पूरी तरह बदल गया था। भविष्य में एम.आई.टी.एस./परटेक से माइक्रोसॉफ्ट को ज्यादा राजस्व मिलने की संभावना कमजोर पड़ती जा रही थी, क्योंकि उसके कंप्यूटर बाजार की प्रतिस्पर्धा का मुकाबला नहीं कर पा रहे थे। चूँकि माइक्रोसॉफ्ट के अन्य सभी ग्राहकों को अल्बुकर्क से कोई लेना-देना नहीं था, इसलिए वहाँ बने रहने का कोई मतलब नहीं रह गया था। इसीलए, मार्च 1978 में, माइक्रोसॉफ्ट ने अपना मुख्यालय स्थानांतरित करने का फैसला किया था। पहले सिलिकॉन वैली के आस-पास जाने पर विचार हुआ था। लेकिन गेट्स और एलन ने अपने गृहनगर सिएटल के पास बेलेवुए जाने पर मुहर लगाई थी।

अब इंटेल व नेशनल सेमीकंडक्टर ने भी माइक्रोसॉफ्ट के उत्पाद खरीदने शुरू कर दिए थे। जनवरी में रिचर्ड वेईलैंड वापस फिर से कंपनी में आ गया था और कोबोल पर काम शुरू किया था। डिजिटल रिसर्च इन्कॉरपोरेशन के ऑपरेटिंग सिस्टम सीपी/एम (कंट्रोल प्रोग्राम फॉर माइक्रो कंप्यूटर) के लिए कोबोल-80—को अप्रैल 1978 में 750 डॉलर प्रति इकाई की दर पर बाजार में उतारा गया था।

माइक्रोसॉफ्ट जापान की स्थापना—जून 1978 में बिल गेट्स ने एशियाई बाजार में माइक्रोसॉफ्ट के उत्पादों की बिक्री के लिए जापानी उद्यमी कजुहिको निशि और उसके ए.एस.सी.आई.आई. कॉरपोरेशन के साथ एक समझौता कर ए.एस.सी.आई.आई.-माइक्रोसॉफ्ट का गठन किया था, जो बाद में माइक्रोसॉफ्ट जापान में बदल गया था। इसके तहत, निशि को पूर्व एशियाई बाजार का विशिष्ट अभिकर्ता नियुक्त किया गया था और उसे कुल बिक्री पर 30 फीसदी आढ़त दिया जाना तय हुआ था। नवंबर 1978 में माइक्रोसॉफ्ट ने ए.एस.सी.आई.आई.-माइक्रोसॉफ्ट के लिए जापान में अपना पहला अंतरराष्ट्रीय दफ्तर खोला था।

अल्बुकर्क से बेलुवुए स्थानांतरित होने से पहले दिसंबर 1978 में माइक्रोसॉफ्ट का बिक्री राजस्व 10 लाख डॉलर को पार कर चुका था और कर्मचारियों की संख्या 12 हो चुकी थी।

□

4

जोरदार विस्तार और एप्पल में घुसपैठ

माइक्रोसॉफ्ट का नया दफ्तर 1 जनवरी, 1979 से, बेलेवुए (वॉशिंगटन) में शुरू हो गया था। यह जगह पॉल एलन व गेट्स के गृह नगर सिएटल के दक्षिण-पूर्व में ताजे पानी की झील 'लेक वॉशिंगटन' के पार महज 17 किलोमीटर की दूरी पर एक अर्ध-शहरी इलाका है। बेलेवुए फ्रेंच शब्द है, जिसका अर्थ होता 'सुंदर दृश्य' अपने नाम के मुताबिक इसका मौसम अनुकूल है और यहाँ से ओलंपिक व कास्केड पहाड़ शृंखलाओं का मनोरम दृश्य दिखता है। इसके पश्चिम में रिबन की तरह लंबा व बड़ा लेक वॉशिंगटन है तो पूर्व में छोटा लेक सम्मामिश। बाद में, माइक्रोसॉफ्ट का मुख्यालय बेलेवुए के उत्तर-पूर्व में महज 16 किलोमीटर दूर रेडमोंड में बनाया गया था।

अल्बुकर्क चिहुआहुआन मुरुभूमि के उत्तरी छोड़ पर बसा एक अर्द्ध शुष्क जलवायु वाला नगर है, जबकि बेल्लुवुए पहाड़ियों, झरनों व हरियालियों के बीच बसा अर्ध-शहरी इलाका। दोनों के शहरी माहौल में तब भी बहुत अंतर था। लेकिन माइक्रोसॉफ्ट का बेलेवुए दफ्तर, अल्बुकर्क के मुकाबले थोड़ा ही बेहतर था। यह बेलेवुए के डाउन-टाउन में स्थित ओल्ड नेशनल बैंक की दस मंजिली इमारत की आठवीं मंजिल पर बनाया गया था।

अब कंपनी ने अपना डी.ई.सी. सिस्टम-2020 खरीद लिया था। मार्च तक, कंपनी के पास बेसिक्र, फोरट्रान-80 व कोबोल-80 के सौ से अधिक ओ.ई.एम. (ओरिजिनल इक्विप्मेंट मैन्युफैक्चरर) ग्राहक हो गए थे। कंपनी ने स्टीव स्मिथ को विपणन निदेशक (मार्केटिंग डायरेक्टर) नियुक्त किया था।

जापानी एजेंट का जबरदस्त कारोबार

माइक्रोसॉफ्ट का नया दफ्तर 1 जनवरी, 1979 से, बेलेवुए में शुरू हो गया था। यह जगह पॉल एलन व गेट्स के गृह नगर सिएटल के दक्षिण-पूर्व में ताजे पानी की झील 'लेक वॉशिंगटन' के पार महज 17 किलोमीटर की दूरी पर एक अर्ध-शहरी इलाका है।

जापान स्थित पूर्वी एशियाई देशों का एजेंट कजुहिको (के) निशि अच्छा कारोबार ला रहा था। निशि कई रंगीन कंप्यूटर पत्रिकाएँ निकलता था। पहली मुलाकात में वह बिल गेट्स के दोस्त जैसा बन गया था। पत्रिका कारोबार के संपर्कों की बदौलत इलेक्ट्रॉनिक्स कंपनियों में उसकी अच्छी पकड़ थी और माइक्रोसॉफ्ट के उत्पादों को बेचना उसके लिए अब एक बड़ा कारोबार साबित हो रहा था।

दो बड़ी जापानी कंपनियों एन.ई.सी. (निप्पोन इलेक्ट्रिकल कंपनी) और रिको कंपनी ने माइक्रोसॉफ्ट सॉफ्टवेयर के लिए इतने बड़ी राशियों के अनुबंध प्रस्तावित किए थे, जो उस वक्त गेट्स व एलन के अनुमानों से बहुत बड़े थे। इससे पहले टेक्सास इंस्ट्रूमेंट्स के अनुबंध की बड़ी राशि भी उनके लिए एक आश्चर्यजनक आँकड़ा था। इतना ही नहीं, उस वक्त जितना काम था, वे उसके मुताबिक भरती भी नहीं कर रहे थे और अकसर काम के निपटान में देरी होती थी।

इस तरह के अनुबंधों व काम के बारे में उस वक्त वे क्या महसूस कर रहे थे, यह गेट्स व एलन ने 'फॉर्च्यून' पत्रिका से बातचीत (2 अक्तूबर, 1995 को प्रकाशित) में जाहिर किया था—

गेट्स—हमारी मूल व्यापार रणनीति माइक्रो-कंप्यूटर निर्माताओं को उतनी कम कीमत लगाने की थी कि उससे सस्ते में वे आंतरिक रूप से सॉफ्टवेयर नहीं बना सकें। शुरुआती बड़े अनुबंधों में एक था टेक्सास इंस्ट्रूमेंट्स का, जहाँ हमने उनकी योजना के घरेलू कंप्यूटर की प्रोग्रामिंग भाषा उपलब्ध कराने के लिए 99 हजार डॉलर का दाम बताया था। हमने यह कीमत इसलिए चुनी थी कि हम छह आँकड़ों की बोली लगाने में संकोच कर रहे थे। बाद में हमने महसूस किया था कि वे बहुत अधिक भुगतान करते होंगे और हमें लगा था, 'मेरा अंदाजा है कि यह वही जो बड़े लोग करते हैं—वे बड़ी संख्या में बोली लगाते हैं।'

एलन—हम प्रतिस्पर्धा करने के लिए लगभग हमेशा प्रतिस्पर्धियों की क्षमता का अधिक अनुमान लगाते थे।

गेट्स—या हम मान लेते थे कि वे (काम को) योग्यतापूर्वक कार्यान्वित करने जा रहे थे।

एलन—ऐसा कई बार हुआ; जब मुझे प्रतिस्पर्धी उत्पाद के बारे में लेख मिल जाता और हम तीन दिन तक उदास रहते थे। तब हमें पता चलता था कि यह हमारे जितना अच्छा नहीं था।

गेट्स—हम इस तरह के परतदार व्यापार में थे। हमारी सबसे बड़ी समस्या यह थी कि हम इतने सारे अलग-अलग विचारों पर चर्चा करते थे, लेकिन हमने वास्तव में कभी भी उतने लोगों को नहीं जोड़ा, जिनकी हमें जरूरत थी। जब हमने जापानी कंपनियों को बेचना शुरू कर किया तब हमने इतने अधिक वायदे कर लिये थे, जो हास्यास्पद हो गया था। रिको ने हमारी हर भाषा का लाइसेंस लिया था और 1.80 लाख डॉलर का अग्रिम भुगतान किया था, जो कि अविश्वसनीय था। और फिर वे कुछ महीने बाद वापस आए और कहा, 'ठीक है, हमारे पास इस साल एक और बजट है, इसलिए हम कुछ अधिक खरीद करना चाहते हैं।' ठीक है, हमने पहले ही उन्हें सबकुछ बेच रखा था, जो हमारे पास था। तो हमने पूछा, 'हम आप के लिए क्या विकसित कर सकते हैं?' हम अपना पहला डाटाबेस—एक वर्ड प्रोसेसर और कुछ अन्य चीजें करने के लिए सहमत हुए। फिर हम पता लगाते थे कि हम कैसे उनको (कार्यों को) सौंपने जा रहे हैं और उनमें से कुछ किसी और से खरीदने के लिए जाते थे।

एलन—हमें इतनी देर हो गई थी कि रिको ने अंतत: एक आदमी को हवाई जहाज से भेज दिया था, जिसका सारा काम हमारे कार्यालय में दिन-रात बैठे रहना भर था, जब तक कि हमने काम सौंप नहीं दिया था। वह बिल्कुल भी मदद नहीं कर सकता था। वह हमारे पास सिर्फ बैठने के लिए तथा यह समझाने के लिए था कि यदि हमने यह काम जल्द नहीं किया तो उसकी आजीविका खत्म होने वाली है। मैं नहीं जानता हूँ कि वास्तव में यह सच था या नहीं।

जापानी कारोबारियों से जुड़ी एक दिलचस्प घटना है। पॉल एलन व बिल गेट्स पहली बार नेशनल कंप्यूटर कॉन्फ्रेंस (4-7 जून, 1979; मोंटवाले, न्यू जर्सी) में हिस्सा लेने गए थे। वे मशहूर लक्जरी होटल—प्लाजा होटल (मैनहट्टन, न्यूयॉर्क सिटी) की सबसे ऊपरी 20वीं मंजिल के दो बेडरूमवाले सुइट में रुके थे, जो दोनों के लिए सामने के सेंट्रल पार्क के ऊपर बोतल रॉकेट उड़ाने के लिए सही जगह थी।

पूर्व एशिया एजेंट कजुहिको निशि का अचानक फोन आया था कि उसके साथ कुछ दोस्त हैं, जिनके पास ठहरने की कोई जगह नहीं थी और उसने उन्हें

एलन-गेट्स के साथ रुकवाने का निवेदन किया था। वह कुल आधे दर्जन जापानी कारोबारियों के साथ सुइट में आ गया था। बैठकखाने में छह अतिरिक्त बिस्तर लगवाए गए थे, जहाँ उन्होंने रात बिताई थी। वे लोग फुजित्सू, तोशिबा व एन.ई.सी. जैसी बड़ी कंपनियों से थे।

पॉल एलन अपनी आत्मकथा 'आइडिया मैन' में इसका जिक्र कुछ इस प्रकार से करते हैं—''बिस्तरों ने बैठकखाने को उतना भर दिया था कि पार करने के लिए एक इंच की जगह बची थी। अगली सुबह मुझे जुराबों के जंगल से जूझना पड़ा था, जिन्हें जापानियों ने सूखने के लिए बाथरूम में छोड़ दिया था। लेकिन हमारी खातिरदारी का प्रतिदान मिला था। हमारे मेहमानों में से एक ने अमेरिकी डॉलर की गड्डियों से भरा अपना ब्रीफकेस खटाक से खोला था। वह हमारा बेसिक इंटरप्रेटर खरीदने के लिए इतना उतावला था कि वह लाइसेंस तत्काल अदायगी के लिए, 10 हजार डॉलर से अधिक नकदी ले आया था। बिल ने अपने बिजनेस कार्ड पर 'प्राप्ति' लिखा था।''

जापान से धुआँधार कारोबार को और आगे बढ़ने के लिए अगस्त 1979 में पॉल एलन व बिल गेट्स जापान के दौरे पर गए थे। उत्तरी अमेरिका से बाहर यह पॉल एलन का पहला दौरा था। उनका पहला पड़ाव जापान के पाँचवें सबसे बड़े शहर कोबे में था, जो कजुहिको (के) निशि का जन्म-स्थान (10 जून, 1956) था। निशि के पिता लड़कियों का एक स्कूल चलाते थे। वे बुलेट ट्रेन पर कोबे से टोक्यो गए थे और जापान के तकनीकी विकास को देखकर हैरान थे कि तब 'कंप्यूटर सुपर स्टोर' के रूप में जाना जानेवाला संयुक्त राज्य अमेरिका उसके विकास की चाल को पकड़ पाने के कितना पीछे था।

वे टोक्यो के मशहूर होटल 'होटल ओकुरा' में ठहरे थे। निशि एक असाधारण पाश्चात्य शैलीवाला जापानी कारोबारी था—आला दर्जे का घुमक्कड़ किस्म का, जो कारोबारी बैठकों के लिए खुद अपने हेलीकॉप्टर पर उड़ान भरा करता था। वह बड़ा खर्चीला था और इसी कारण बाद में भारी कर्ज में फँस गया था। उसके कारोबार करने की शैली जापान के पारंपरिक रूढ़िवादी तौर-तरीकों से बिल्कुल अलग थी फिर भी वह माइक्रोसॉफ्ट के लिए बड़ी कंपनियों के गुप्त दरवाजे को खोलने तथा अप्रत्याशित सौदे कराने सफल रहा था। उस जापान दौरे में निशि उन्हें एक बड़ी कंपनी तथा मात्सुशिता इलेक्ट्रिक (अब पैनासोनिक) में ले गया था। उस कंपनी का कारोबार व्यवहार कितना गोपनीय व विचित्र था, पॉल एलन इसका उल्लेख अपनी आत्मकथा 'आइडिया मैन' में ऐसे करते हैं—

''हमें सबसे ऊपरी मंजिल पर लिवा ले जाने के लिए, जहाँ मुख्य तकनीकी अधिकारी हमारा इंतजार कर रहा था, एक कनिष्ठ अधिकारी स्वागत-क्षेत्र में मिला था। लिफ्ट ज्यों ही ऊपर की ओर बढ़ी, हमें रास्ता दिखानेवाला परेशान हो चला था। मैंने कहा, 'क्या तुम इससे पहले कभी सबसे ऊपरी मंजिल पर गए हो?'

'अरे नहीं, कभी भी नहीं।, उसने कहा था।

'क्या तुम कभी श्रीमान से पहले मिले हो?'

'अरे नहीं, कभी भी नहीं।' वह बेचारा पसीने से तर-बतर हो रहा था।

बैठक कक्ष में एक-दूसरे के आमने-सामने छह फीट की दूरी पर दो बड़ी मेजें थीं। मात्सुशिता की ओर एक दर्जन लोग थे; प्रमुख ने बीच की कुरसी ले रखी थी। अन्य हैसियत के हिसाब से घटते क्रम में उसे घेरे बैठे थे। वे चिमनियों की तरह धुआँ छोड़ रहे थे और रॉकेट ईंधन की तरह कॉफी गटक रहे थे। बिल और मैं दूसरी मेज की तरफ 'के' (निशि) के साथ बैठे थे, जो बाद में जापानियों के बीच किसी दूसरी कारवाई में हमारी कमी पूरी करेगा।

प्रमुख ने कहा, 'तो श्रीमान गेट्स, हमें कैसे पता चलेगा कि आप समय पर काम पूरा करके दोगे?' वे चार घंटों तक हमसे कड़ी पूछताछ करते रहे जापान में काम करने का एक मानक तौर-तरीका। वे सुनिश्चित होना चाहते थे कि हम अपने वायदों पर खरे उतर सकें। बिल आत्मविश्वास से भरा और दबंग था। वह अपनी दृढ शैली में कहने लगा, 'ठीक यही, हमने यह एप्पल के साथ किया है और यह टेंडी के साथ किया।' किसी को परवाह नहीं थी कि वह 23 साल की उम्र का था। ज्यादा तकनीकी व अटकलबाजियों वाले सवाल मुझसे किए गए थे, 'तो बताइए श्रीमान एलन, आप व्यक्तिगत कंप्यूटर उद्योग के भविष्य के बारे में क्या देखते हैं?'

वे लोग 5 बजे तक प्लान में घूमते रहे थे कि अचानक वातानुकूलन बंद हो गया था और साउंड सिस्टम पर कंपनी गीत बजने लगा था। निशि ने गेट्स व एलन को अपने तिथियों के साथ पंक्तिबद्ध कर खड़ा किया था, जो पूरी आवाज में वह गीत दोहरा थे। बाद में उन्हें पता चला था कि वे इसके बाद 8 बजे रात तक काम करने के बाद साथ-साथ रात का भोजन करने जाने वाले थे, जहाँ देर तक गुफ्तगू जारी रहने वाली थी और फिर वे अगली सुबह जल्दी दफ्तर में पहुँचकर उसी जोशो-खरोश से काम करनेवाले थे। यह उन लोगों की दिनचर्या थी। यह जानकर एलन को आश्चर्य हुआ था और उसने अपनी आत्मकथा में आगे लिखा है—

''मैं सोच रहा था, ये लोग एक औसत अमेरिकी से बहुत ज्यादा कठिन काम कर रहे थे। आखिर हम कैसे ऊपर हो सकेंगे? और बहुत हद तक हम ऐसा नहीं

कर सके थे। संयुक्त राज्य अमेरिका से उपभोक्ता इलेक्ट्रॉनिक्स का उत्पादन पहले ही विस्थापित होना शुरू हो गया था।'

"हर रात हमें जापानी अधिकारियों द्वारा व्यय-खाते में बाहर ले जाया जाता। वे तब तक यूरोपीय रेस्तराँओं का चुनाव करते रहे थे, जो उनके लिए एक बड़ी दावत होती थी, जब तक कि हमने जापानी खाने का आग्रह नहीं किया था। हमारे ठहरने के अंतिम में एक अधिकारी ने कहा था, 'वह एक जबरदस्त बैठक थी। मैं आप को कुछ खास—एक 'गेईशा हाउस' (जहाँ विशेष प्रशिक्षण प्राप्त पारंपरिक जापानी महिला कलाकार मेहमानों का खास अंदाज में आवभगत करती हैं) या जबरदस्त रात्रि-भोज के लिए आमंत्रित करना चाहूँगा।' बिल ने मेरी तरफ देखा था और बिना कहे मैं जानता था कि वह गेईशा में ही अपना मत देगा। मैंने कहा, 'एक अच्छा रात्रि-भोज, सुनने में जबरदस्त लग रहा है।' उस व्यक्ति ने हम चारों के लिए शीर्ष स्थानों में एक में निजी कमरा बुक किया था। वहाँ शानदार साशिमी एवं पकाए गए व्यंजन के अंतहीन भोजन-क्रम थे और सेवा उत्कृष्ट थी। जैसे ही हमारे आतिथेय ने चेक निकला, 'के' (निशि) एकदम शांत पड़ गया था और सिर हिलाने लगा था। मैंने भाँप लिया था कि अभी-अभी कुछ असाधारण हुआ था। ज्यों ही हम रेस्तराँ से बाहर निकले, मैंने पूछा, 'के, रात्रिभोज कितने का पड़ा?'

उसने एक सेकंड के लिए सोचा और कहा, '6,000 डॉलर।'

'चार लोगों के लिए 6,000 डॉलर? यह कैसे संभव है?'

'सबसे बढ़िया मछली, बड़ा कमरा।' 'के' ने कहा। कोई टोक्यो के विशाल मछली बाजार गया था और उच्च नमूनों का चुनाव किया था। टोक्यो में गुणवत्ता व निजता एक अधि-शुल्क पर आई थी।

उस जापान-यात्रा के दौरान एलन और गेट्स ने पहली बार खुद महसूस किया था कि वहाँ सॉफ्टवेयर भाषा कंपनी के लिए सचमुच कितनी बड़ी संभावना थी। चीन का बाजार पूरी तरह नियंत्रित था और कोरिया अभी खेल में नहीं आया था, तो एशिया में जापान का ही सिक्का चल रहा था।

रॉस पीरॉट का माइक्रोसॉफ्ट खरीद प्रस्ताव

4 अप्रैल 1979 को माइक्रोसॉफ्ट को आई.सी.पी मिलियन डॉलर अवार्ड, से नवाजा गया था। वर्ष 1970 से यह सालाना पुरस्कार कंप्यूटर सॉफ्टवेयर उत्पाद सूची-पत्र (कैटेलॉग) बनानेवाली कंपनी इंटरनेशनल कंप्यूटर प्रोग्राम (आई.सी.पी) डायरेक्टरी द्वारा उस सॉफ्टवेयर के लिए दिया जाता रहा था, जिसकी बिक्री 10

माइक्रोसॉफ्ट को खरीदने का प्रस्ताव वर्ष 1978 की गरमियों में ही एक ऐसी घटना हुई थी, जो अब दुनिया के सबसे खराब कारोबारी फैसले के रूप में जाना जाता है। जी हाँ, तत्कालीन अमेरिकी अरबपति हेनरी रॉस पीरॉट द्वारा माइक्रोसॉफ्ट को खरीदने का प्रस्ताव, जिसे वे महँगा समझकर खुद ही पीछे हट गए थे।

लाख डॉलर से ऊपर चली जाती थी। अब तक यह पुरस्कार मेन-फ्रेम कंप्यूटर के सॉफ्टवेयर को दिया जाता रहा था। यह पहली बार था, जब घरेलू कंप्यूटर के सॉफ्टवेयर को यह पुरस्कार मिला था। अब तक माइक्रोसॉफ्ट का बेसिक इंटरप्रेटर अमेरिका व दुनिया के अन्य देशों में लाख से अधिक मशीनों पर स्थापित किया जा चुका था और बिक्री 10 लाख डॉलर से ऊपर चली गई थी। यह पहला अकेला सॉफ्टवेयर था, जो तब तक इतनी ज्यादा मशीनों पर स्थापित हुआ था।

लेकिन इतनी बड़ी उपलब्धि के बावजूद माइक्रोसॉफ्ट के दफ्तर में कोई जश्न नहीं मनाया गया था, प्रोग्रामिंग विभाग की मेजों पर कंप्यूटरों, उनके प्रोटोटाइपों का जमघट लगा हुआ था, जिन पर बेसिक को स्थापित करने का काम चल रहा था। इसके अलावा, यह भी जाँच की जाती थी कि कहीं कोई कंपनी बेसिक की नकल तो नहीं कर रही या फिर कोई और सॉफ्टवेयर तो इस्तेमाल नहीं कर रही। पॉल एलन अपनी आत्मकथा 'आइडिया मैन' में इसका उल्लेख इस प्रकार से करते हैं—'यदि कोई हार्डवेयर कंपनी बेसिक का उपयोग करता, जो हमारा नहीं होता तो हम उसे यह देखने के लिए अलग-अलग करते थे कि कहीं उन्होंने हमारे कॉपीराइट करवाए गए कोड की 'प्रतिलोम अभियांत्रिकी' (रिवर्स इंजीनियरिंग) तो नहीं की है। यदि हमारी आशंका सही निकलती तो आमतौर पर एक या दो पत्र लिख दिए जाते। यदि कोड दूसरी कंपनियों से आया होता तो हम यह दबाव बनाते कि हमारा बेसिक कई प्रकाश वर्ष से बेहतर है। और यह वैसा ही था, क्योंकि हमने उसमें विशिष्टताएँ जोड़ने तथा सुधार करने की कोशिशों को कभी भी रोका नहीं था।''

माइक्रोसॉफ्ट को खरीदने का प्रस्ताव वर्ष 1978 की गरमियों में ही एक ऐसी घटना हुई थी, जो अब दुनिया के सबसे खराब कारोबारी फैसले के रूप में जाना जाता है। जी हाँ, तत्कालीन अमेरिकी अरबपति हेनरी रॉस पीरॉट द्वारा माइक्रोसॉफ्ट को खरीदने का प्रस्ताव, जिसे वे महँगा समझकर खुद ही पीछे हट गए थे।

[27 जून 1930 को, टेक्सास प्रांत के टेक्सारकाना (बोवेई काउंटी) के छोटे शहर में एक फ्रेंच-कनाडा मूल के परिवार में रॉस पीरॉट का जन्म हुआ था।

सन् 1957 में नौ सेना में लेफ्टिनेंट (जूनियर ग्रेड) की नौकरी छोड़ने के बाद पीरॉट ने आई.बी.एम. में सेल्समैन की नौकरी शुरू की थी और जल्द ही ऊँचे ओहदे पर चले गए थे। लेकिन अपनी बात अनसुनी किए जाने के चलते उन्होंने सन् 1962 में आई.बी.एम. की नौकरी छोड़ दी और टेक्सास प्रांत के तीसरे सबसे बड़े शहर डलास में इलेक्ट्रॉनिक डाटा सिस्टम (ई.डी.एस.) की स्थापना की थी। कहा जाता है कि 77 बार मना करने के बाद अमेरिकी सरकार ने ई.डी.एस. को चिकित्सा रिकॉर्ड की डाटा प्रोसेसिंग का पहला अनुबंध किया था। जब सन् 1968 में आई. डी.एस. शेयर बाजार में सूची-बद्ध हुई तो कुछ ही दिनों में उसका शेयर 16 डॉलर से 160 डॉलर के स्तर पर चला गया था और तब 'फॉर्च्यून' पत्रिका ने रॉस पीरॉट को 'टेक्सास के सबसे तेज व सबसे अमीर' शख्सियत के रूप में अपनी आवरण-कथा बनाया था। उन्होंने सन् 1984 में ई.डी.एस. को 2.4 अरब डॉलर में फोर्ड मोटर्स को बेचने के बाद 1988 में 'पीरॉट सिस्टम' की स्थापना की, जिसे वर्ष 2009 में डेल इन्कॉरपोरेशन ने 3.9 अरब डॉलर में खरीदा था। वर्ष 2012 में उनकी संपत्ति का शुद्ध मूल्य 3.5 अरब डॉलर आँका गया था।]

सितंबर 1992 में 'गेट्स—हाउ माइक्रोसॉफ्ट मुगल रिइनवेंटेड एन इंडस्ट्री एंड मेड हिमसेल्फ द रिचेस्ट मैन इन अमेरिका' (जनवरी 1994, टचस्टोन) के लेखकों पॉल एंड्रूज व स्टीफन को दिए एक साक्षात्कार में पहली बार रॉस पीरॉट ने उक्त घटना को अपने जीवन का सबसे खराब कारोबारी फैसला करार दिया था। तब पीरॉट पहली बार जॉर्ज डब्ल्यू. बुश और बिल क्लिंटन के खिलाफ स्वतंत्र उम्मीदवार के रूप अमेरिकी राष्ट्रपति का चुनाव लड़ रहे थे। उस वक्त माइक्रोसॉफ्ट कॉरपोरेशन के शेयरों का कुल बाजार मूल्य 21 अरब डॉलर हो चुका बिल गेट्स संयुक्त राज्य अमेरिका के सबसे धनी व्यक्ति बन चुके थे और उनके माइक्रोसॉफ्ट के कुल शेयरों की कीमत 7 अरब डॉलर हो चुकी थी—रॉस पीरॉट की संपत्ति के अनुमानित शुद्ध मूल्य (नेट वर्थ) के दोगुना से भी ज्यादा हो चुका था।

वर्ष 1979 की गरमियों में, जब रॉस पीरॉट द्वारा माइक्रोसॉफ्ट को खरीदने का प्रस्ताव आया था तो कंपनी को बेलेवुए (सिएटल) आए करीब छह महीने ही हुए थे। 1978 का कारोबार 13 लाख डॉलर के थोड़ा ऊपर रहा था जापानी एजेंट कजुहिको (के) निशि की बदौलत जापान से ताबड़तोड़ काम मिल रहे थे, एलन व गेट्स आत्मविश्वास से लबालब थे और उनका अनुमान था कि वर्ष 1979 में कंपनी का कुल बिक्री राजस्व 20 लाख डॉलर से ऊपर चला जाएगा। जी हाँ, उनका अनुमान बिल्कुल सही निकला था गेट्स व बिल ने बढ़ते कारोबार को सँभालने

के लिए कुल 15 नए प्रोग्रामरों की बहाली की थी और 1979 में माइक्रोसॉफ्ट के कुल कर्मचारियों की संख्या 28 तथा कुल कारोबार 23,90,145 डॉलर हो गया था।

खैर, रॉस पीरॉट से मिलने के लिए बिल गेट्स को डलास जाना था। उस वक्त, ई.डी.एस. अमेरिकी सरकार में जबरदस्त दबदबा रखनेवाली कंपनी बन चुकी थी और अमेरिका के नव-धनवानों व निवेशकों के बीच रॉस पीरॉट की छवि एक ऐसे चमत्कारी पारस पत्थरवाले कारोबारी की बन चुकी थी, जिसके छूते ही मानो लोहा सोना बन जाता था। जाहिर है कि शुरुआती सफलता के बावजूद एलन व गेट्स के मन भी एक उम्मीद भर आई थी कि रॉस पीरॉट जैसा निवेशक माइक्रोसॉफ्ट की कमान सँभालेगा तो उन्हें न सिर्फ व्यक्तिगत फायदा मिलेगा, बल्कि कंपनी को जबरदस्त सरकारी कारोबार भी मिलेगा। इतना ही नहीं, एलन के ही नहीं, गेट्स के परिवारवालों को भी लगता था कि उनके प्रतिभाशाली बच्चे पता नहीं कैसे जोखिमवाले कारोबार में चले गए हैं, जहाँ उनका जीवन तो अस्त-व्यस्त था ही, भविष्य का भी कुछ पता नहीं था। लिहाजा दोनों परिवारों की दिली इच्छा यही थी कि वे रॉस पीरॉट को कारोबार बेचकर वापस विश्वविद्यालय जाएँ और अपनी-अपनी पढ़ाई पूरी करें।

लेकिन एलन व गेट्स के परिवारवाले ही नहीं, रॉस पीरॉट जैसा चालाक कारोबारी भी माइक्रोसॉफ्ट के दूरदर्शी व्यापार की संभावनाओं का सही आकलन करने में असफल हुए थे। लिहाजा जब बिल गेट्स बन-ठनकर डलास स्थित ई.डी.एस. के सात मंजिले भवन की सबसे ऊपरी मंजिल पर रॉस पीरॉट के भव्य दफ्तर में सौदेबाजी के लिए पहुँचा तो पीरॉट व उनकी टीम ने उसे एक अनुभवहीन उत्साही युवा से ज्यादा कुछ नहीं समझा था। बिल गेट्स उस वक्त महज 23 साल के थे और वैसे भी उनकी शक्ल-सूरत बचकाना ही थी। ऐसे में पीरॉट व उनकी टीम को धोखा हुआ तो वह अस्वाभाविक नहीं था। पीरॉट ने न केवल उम्मीद से कम दाम लगाया था, बल्कि माइक्रोसॉफ्ट के काम की संभावनाएँ के बारे में गेट्स के दावे को अनसुना कर दिया। लेकिन, बिल गेट्स को पता था कि माइक्रोसॉफ्ट क्या कर रहा है, क्या करनेवाला है और उसके कारोबार की कितनी संभावनाएँ हैं, इसलिए वह उन लोगों को विनम्रतापूर्वक इनकार कर वापस लौट आया था।

उपर्युक्त साक्षात्कार में रॉस पीरॉट ने कहा था, ''उसने मुझे पहली कतार की एक कुरसी खरीदने का अवसर दे दिया था। इस बारे में उसने मुझे कभी फुसलाया नहीं। लेकिन मुझे लगता है कि जूते दूसरों के पैरों में होते तो शायद मैं उसे सूई चुभोता। मुझे इतना भर कहना चाहिए था, 'अब बिल, तुम कीमत लगाओ और

उसे मैं स्वीकार करूँगा।' मुझे इतना भर कहना चाहिए था, 'बिल, तुम जितना भी सोचते हो, वह उचित है'।''

लेकिन तब रॉस पीरॉट ने वैसा नहीं किया था। बिल गेट्स ने 4 से 6 करोड़ डॉलर के बीच का दाम माँगा था, लेकिन उसे 60 लाख से 1.5 करोड़ डॉलर बीच की पेशकश हुई थी और उसने बेचने में रुचि नहीं ली थी।

बिल गेट्स ने उपर्युक्त लेखकों को दिए साक्षात्कार में उस घटना को याद किया था, ''मैं उन लोगों के आकार एवं हर चीज से बुरी तरह घेर लिया गया था, लेकिन जब हमने उत्पाद-दृष्टि के बारे में बात की तो वह विचित्र था—वे वास्तव में उसके बारे में सोच नहीं रहे थे।''

दोनों के लिए यह वार्त्ता निर्णायक समय में शुरू हुई थी और हरेक के पास दूसरे को पेशकश करने को कुछ था। पीरॉट एप्पल जैसे नौसिखिए छोटे कंप्यूटर निर्माताओं में निवेश पर विचार कर रहा था और वह उनके लिए गेट्स को सॉफ्टवेयर आपूर्तिकर्ता के रूप में देख रहा था। उस वक्त ई.डी.एस. बैंक, सरकार व बड़ी कंपनियों को उनके अभिलेखों (रिकॉड्र्स) के कंप्यूटरीकरण के लिए हार्डवेयर-सॉफ्टवेयर प्रणालियों की आपूर्ति कर रहा था। ऐसे में उसे एप्पल जैसे कंप्यूटर हार्डवेयर निर्माताओं की जरूरत थी तो सॉफ्टवेयर के लिए माइक्रोसॉफ्ट की। दोनों ई.डी.एस. के पास होता तो व्यापार का जबरदस्त समीकरण बनता था। दूसरी ओर, माइक्रोसॉफ्ट के लिए, ई.डी.एस. एक विशाल कारपोरेट बाजार में प्रवेश का ताकतवर प्रतिनिधि बन सकता था।

गेट्स ने याद किया था, ''हमने सोचा था, सुनो, ये लोग बहुत छोटी (कंपनी) को बड़ा निगम बनने में मदद कर सकते हैं। असल मुद्दा इन लोगों को बहुत छोटे आधारवाले विचार को विस्तार देने के लिए लाना था।''

पीरॉट बिल गेट्स की कारोबारी सोच और वह खुद की तरह बिल की नेतृत्व क्षमता से भी खुश था। उसने कहा था, ''गेट्स जो भी कर रहा था, पूरी तरह सही पटरी पर था और वह जिन लोगों के साथ काम कर रहा था, लोगों को काम पर अपने साथ रखने, उनसे उनकी कार्यक्षमता की बाहरी सीमा तक काम करवाने की उसकी योग्यता से हम वास्तव में प्रभावित थे।''

फिर क्या हुआ, जो बात नहीं बनी? पीरॉट के दफ्तर की भव्यता और उसकी राष्ट्रवादी सजावट से बिल गेट्स काफी प्रभावित हुआ था। उस दफ्तर में अमेरिका का राष्ट्र-ध्वज लगा हुआ था और ऐतिहासिक पेंटिंग्स टँगी हुई थी और 'सफेद सिर वाला अमेरिकी चील' का राष्ट्रीय प्रतीक चिह्न, पीरॉट की नियुक्ति-दर्शन 'चील

> **माइक्रोसॉफ्ट के असल तकनीकी विचारक, जो अब 'आइडिया मैन' के रूप में जाने जाते हैं, पॉल एलन की नजर बाजार में आनेवाले 16 बिट का माइक्रो प्रोसेसर-8086 पर आधारित कंप्यूटर पर लगी हुई थी। इस बीच 'वी.सी. कैल्क' नामक दुनिया का सबसे पहला लेखांकन सॉफ्टवेयर अनुप्रयोग बाजार में आ गया था।**

झुंड में नहीं होते तो आपको उन्हें एक बार में एक ही खोजना होगा' को प्रदर्शित करता था। खुद 5 फीट 6 इंच के पीरॉट के बारे में गेट्स को कुछ हद तक लिफ्ट से उभरते 'इस नन्हे से छोटे आदमी' पर आश्चर्य हुआ था। हे पीरॉट ने उससे पूछा था, "ठीक है, यदि मैं इसे खरीदता हूँ, क्या मैं पैसा बनाऊँगा?" गेट्स अवसर के बारे में बेपरवाह था, "आप क्यों बेचोगे?"

इस मुलाकात के बाद, बेलेवुए लौटकर बिल ने पीरॉट को एक पत्र भेज दिया था।

ई.डी.एस. के तत्कालीन अध्यक्ष और हाल में ही 'पीरॉट सिस्टम्स' के प्रमुख बने, मोर्ट मेयरसन ने उस घटना को याद करते हुए कहा था, "मुझे लगता है कि बिल खेल के उस दौर में बहुत अधिक उम्मीद करता था और मुझे लगता है कि हमारे पास अमूर्त पर भरोसा करने की क्षमता नहीं थी।"

बिल से मनाही के बाद रॉस पीरॉट ने सन् 1984 में ई.डी.एस. को बेचा, फिर सन् 1985 में एप्पल से अपदस्थ किए गए स्टीव जॉब्स को उसकी कंपनी 'नेक्स्ट कंप्यूटर' को वित्त पोषित किया था और सन् 1991 में उसमें से बाहर आ चुके थे और अब राष्ट्रपति का चुनाव लड़ रहे थे। वह लगातार बिल गेट्स के संपर्क में रहे थे। उन्होंने तब माना था, "मैं इसे अपनी सबसे बड़ी व्यापार गलतियों में से एक मानता हूँ। मेरी संतुष्टि उस सारे धन में नहीं होती, जो मैंने बनाया होता। यह बिल और माइक्रोसॉफ्ट के लोगों के साथ रोजाना के संपर्क में उन्हें उसे करते हुए देखने में होती।"

सॉफ्ट-कार्ड से एप्पल-कारोबार में घुसपैठ

खैर, रॉस पीरॉट के सौदे के टूट जाने से माइक्रोसॉफ्ट के कामकाज पर कोई फर्क नहीं पड़ा था। सब अच्छे भविष्य की संभावनाओं को समेटे कंप्यूटर सॉफ्टवेयर के इतिहास में एक ऐसा संगठन बनाने जा रहे थे, जो निकट भविष्य में कइयों को न केवल करोड़पति बनाने जा रहा था, बल्कि दुनिया भर के घरेलू कंप्यूटर पर राज करने वाला था। माइक्रोसॉफ्ट के असल तकनीकी विचारक, जो अब 'आइडिया

मैन' के रूप में जाने जाते हैं, पॉल एलन की नजर बाजार में आनेवाले 16 बिट का माइक्रो प्रोसेसर-8086 पर आधारित कंप्यूटर पर लगी हुई थी। इस बीच 'वी.सी. कैल्क' नामक दुनिया का सबसे पहला लेखांकन सॉफ्टवेयर अनुप्रयोग (एकाउंटिंग सॉफ्टवेयर एप्लीकेशन) बाजार में आ गया था। उससे एप्पल II का कारोबार काफी तेजी से बढ़ा था। उस अवसर का लाभ उठाने के लिए पॉल एलन ने 'जेड-90 सॉफ्ट कार्ड' का विकास कर एप्पल के कारोबार में घुसपैठ की थी।

जैसा कि आप पढ़ चुके हैं कि जब अप्रैल 1974 में इंटेल कॉरपोरेशन ने अपना 8-बिट का 8080 माइक्रो प्रोसेसर बाजार में उतारा था तो पॉल एलन को बखूबी अंदाजा लग गया था कि अब इसके आधार पर आम उपयोग के कंप्यूटरों का जमाना आने वाला है। बाजार में इसके मुकाबले में 8 बिट के कई और बेहतर माइक्रो प्रोसेसर, जैसे मोटोरोला 6800 (1974), जनरल इंस्ट्रूमेंट पी.आई.सी. 16 एक्स (1975), मॉस टेक्नोलॉजी 6502 (1975), जिलोग जेड 80 (1976) एवं मोटोरोला 6809 (1978) आ चुके थे। फिर जब जुलाई 1978 में जब इंटेल कॉरपोरेशन ने 16 बिट का माइक्रो प्रोसेसर-8086 बाजार में उतारा था तो एलन को यह एहसास हो गया था कि इसी माइक्रो प्रोसेसर पर आधारित कंप्यूटर बाजार में धूम मचाएँगे।

इस नए माइक्रो प्रोसेसर पर आधारित कंप्यूटर बाजार में आता, उससे पहले ही एलन ने बॉब-ओ-रियर के साथ 8086 बेसिक इंटरप्रेटर पर काम शुरू कर दिया था। बॉब सातवें कर्मचारी के रूप में सन् 1977 में माइक्रोसॉफ्ट में शामिल हो चुके थे और एलन के काफी प्रिय हो चुके थे। इसी दौरान मई 1979 में एलन को सिएटल कंप्यूटर प्रोडक्ट्स (एस.सी.पी.) के युवा डिजाइनर व इंजीनियर टिम पटेरसन का फोन आया था। उसने इंटेल 8086 पर आधारित सी.पी.यू. बोर्ड का डिजाइन किया था। उसने उस सी.पी.यू. बोर्ड के परीक्षण के लिए प्रोटोटाइप कंप्यूटर भी तैयार कर लिया था और अब उसे एक ऐसे सॉफ्टवेयर की तलाश थी, जो उसके अनुकूल हो। एलन ने पटेरसन को उसके प्रोटोटाइप कंप्यूटर के साथ तत्काल अपने दफ्तर में बुलाया था और फिर एक सप्ताह की कोशिशों के बाद उस पर माइक्रोसॉफ्ट 808 6 बेसिक इंटरप्रेटर को चलाने में कामयाबी मिल गई थी।

18 जून 1979 को, माइक्रोसॉफ्ट 8086 को बाजार में उतारा गया था। पटेरसन के साथ मिलकर किए गए सॉफ्टवेयर विकास की इस कोशिश के निकट भविष्य में दो बड़े नतीजे आनेवाले थे—जेड-80 सॉफ्ट कार्ड और एमएस-डॉस डिस्क ऑपरेटिव सिस्टम का विकास।

सॉफ्ट कार्ड के जरिए एप्पल के कारोबार में घुसपैठ इस बीच पॉल एलन व बिल गेट्स ने पहली बार नेशनल कंप्यूटर कॉन्फ्रेंस (4–7 जून, 1979; मोंटवाले, न्यू जर्सी) में हिस्सा लेने गए थे। इस वार्षिक समारोह में आई.बी.एम. और डिजिटल इक्विपमेंट कॉरपोरेशन जैसी कंपनियों के मेनफ्रेम कंप्यूटर व मिनी कंप्यूटर का बोलबाला था। घरेलू कंप्यूटर निर्माताओं के साथ बच्चों जैसा व्यवहार किया जा रहा था और उन्हें एक कोने में जगह दी गई थी। पॉल एलन व बिल गेट्स ने भी अपने माइक्रोसॉफ्ट 8086 बेसिक इंटरप्रेटर का प्रदर्शन किया था और इस काम में उनके सहयोग से टिम पटेरसन भी अपने प्रोटोटाइप कंप्यूटर के साथ मौजूद था। किसी के पास ऐसा उत्पाद नहीं था और खास तौर पर पॉल एलन खुश थे कि वे अपने क्षेत्र में सबसे आगे चल रहे हैं।

लेकिन एलन की खुशी तब गायब हो गई, जब वह मैसाचुसेट्स की कंपनी पर्सनल कंप्यूटर के बूथ पर रुका था। वे लोग एप्पल II पर एक नायाब सॉफ्टवेयर एप्लीकेशन 'वीसी कैल्क, को चला रहे थे। वह दुनिया का सबसे पहला 'इंटरेक्टिव एकाउंटिंग स्प्रेडशीट' (संवाद करनेवाला लेखांकन कार्य-पत्रक) था। हालाँकि वह बूथ ज्यादा लोगों को अपनी तरफ आकर्षित कर पा रहा था, लेकिन उस पर एक इलेक्ट्रॉनिक्स विश्लेषक बेन रोजेन की नजर पड़ी थी। बेन रोजेन बाद में कॉम्पैक कंप्यूटर को खड़ा करनेवाले उद्यम पूँजीपति (वेंचर कैपिटलिस्ट) साबित हुए थे। उन्होंने भाँप लिया था कि यह एक प्रकार का क्रांतिकारी कंप्यूटर सॉफ्टवेयर अनुप्रयोग (कंप्यूटर सॉफ्टवेयर एप्लीकेशन/एप्प) था, जो अपनी श्रेणी में पर्सनल कंप्यूटर पर दबदबा कायम करनेवाला था। रोजेन ने अगले महीने के 'मोर्गेन स्टैनले इलेक्ट्रॉनिक्स लेटर' के आलेख में उसे 'किलर एप्लीकेशन' कहा था। रोजेन ने एक लेखांकन प्रक्रिया लाभांश छूट मूल्यांकन का हवाला देते हुए कहा था कि बेसिक पर उसका मॉडल प्रोग्राम तैयार करने में उसे 20 घंटों से अधिक का समय लगा था, जबकि वही काम 'वीसी कैल्क' पर सिर्फ 15 मिनटों में हो गया था। रोजेन ने कंप्यूटर को कुत्ता और 'वीसी कैल्क' की उसकी पूँछ से तुलना की थी और बिल्कुल सही अनुमान लगाया था कि 'पूँछ' की बदौलत 'कुत्ता' की बिक्री प्रभावित होने वाली थी।

सचमुच, वीसी कैल्क की बदौलत वर्ष 1979 में 35,000, 1981 में 2.10 लाख एप्पल II की बिक्री हुई थी। अपनी ईजाद के बाद के अगले छह सालों में इस सॉफ्टवेयर एप्लीकेशन की कुल बिक्री 7 लाख से ऊपर चली गई थी, जब दूसरे समानांतर उत्पादों ने उसे पूरी तरह से दबोच दिया था। इस बीच 12 दिसंबर, 1980

को अपनी बढ़ती लोकप्रियता को भुनाते हुए एप्पल 'प्रारंभिक सार्वजनिक प्रस्ताव' (आई.पी.ओ., इनीशियल पब्लिक ओफेरिंग) के साथ शेयर बाजार में आया था। सन् 1956 में फोर्ड मोटर कंपनी के बाद यह सबसे बड़ा आई.पी.ओ., जिसकी बदौलत करीब 300 लोग तत्काल करोड़पति हो गए, जो एक ऐतिहासिक रिकॉर्ड है।

खैर, वीसी कैल्क को चलता देखकर पॉल एलन भी चौंक पड़ा था। उसने इससे पहले इस तरह का कोई सॉफ्टवेयर नहीं देखा था। रोजेन की तरह उसका दर्शन भी यही था कि 'हार्डवेयर' की तुलना में 'सॉफ्टवेयर' ही ज्यादा मूल्यवान् होता है और माइक्रोसॉफ्ट इसी दार्शनिक आधार पर तो आगे बढ़ रहा था। लेकिन अब तक की सफलता में बौरा गए, यूँ कहें कि कुछ हद तक अति-आत्मविश्वासी हो गए, पॉल एलन को यह कहीं गुमान नहीं था कि कोई उन्हें भी बिल्कुल एक नए तरीके से घेर सकता था। उस समय तक इस तरह के विशिष्ट बिजनेस प्रोग्राम सिर्फ उच्च कीमतोंवाले मिनी कंप्यूटरों, जैसे कि टेंडी कॉरपोरेशन का टीआरएस-80 मॉडल II, के लिए ही लिखे जा रहे थे। ये मशीनें उन छोटे व्यापारियों-उद्यमियों को बेची जाती थीं, जो खुद अपनी डाटा प्रोसेसिंग करते थे। अब तक एप्पल कंप्यूटर विभिन्न प्रकार के शैक्षणिक-प्रोग्रामों व गेम्स की बदौलत एक खिलौना से ज्यादा कुछ नहीं समझा जा रहा थे। लेकिन ज्यों ही 'वीसी कैल्क' से लैस एप्पल II ने प्रोग्रामिंग नहीं जाननेवालों को भी वित्तीय मॉडल को खुद ही तैयार करने के लिए सक्षम बना दिया था और वह घरेलू कंप्यूटर के समूचे परिदृश्य को बदल देने वाला साबित होनेवाला था।

'वीसी कैल्क' एक कंप्यूटर एप्लीकेशन सॉफ्टवेयर था और यह बिल्कुल एक अलग क्षेत्र था, जिसमें जाने से अब तक माइक्रोसॉफ्ट कतरा रहा था। वैसे तो माइक्रोसॉफ्ट का बड़ा लक्ष्य घरेलू कंप्यूटर से संबंधित संपूर्ण सॉफ्टवेयर कारोबार में अपना दबदबा कायम करना था; लेकिन एक साथ ऐसा कर पाना संभव नहीं था। उसे कंप्यूटर प्रोग्रामिंग लैंग्वेज (कंप्यूटर कार्यक्रम भाषा) के विकास में सफलता मिली थी और वह उस क्षेत्र में बादशाहत कायम करने की दिशा में सधे कदमों से आगे बढ़ता जा रहा था। बेसिक में तो वह साफ तौर पर सबसे आगे निकल चुका था और अन्य प्रचलित भाषाओं (कोबोल, डॉस, पास्कल आदि) में अच्छी दखल हो गई थी। इन भाषाओं के बिना किसी कंप्यूटर के चल पाने की कल्पना नहीं की जा सकती थी। लेकिन इस बढ़त को कायम रख पाना भी बेहद पेचीदा काम था और माइक्रोसॉफ्ट का सारा ध्यान उसी में लगा हुआ था। लेकिन अब उस दिशा में कदम बढ़ाने की जरूरत आ गई थी, वरना बाजार में दबदबा कायम रखना मुश्किल होता।

माइक्रोसॉफ्ट की अब तक की बाजार रणनीति के बारे में पॉल एलन अपनी आत्मकथा में लिखते हैं—

'अनुप्रयोगों के सॉफ्टवेयर क्षेत्र में जाने को टालने के लिए माइक्रोसॉफ्ट में हमारे पास अच्छे बहाने थे। क्षेत्र प्रतिस्पर्धा काफी बिखरी हुई थी और बिल व मैंने तय किया हुआ था कि हम किसी बाजार में तब तक प्रवेश नहीं करेंगे जब तक हमें पता न चल जाए कि हम उसमें नंबर-1 हो सकेंगे। और चूँकि हमारे प्रोग्रामर भाषा अनुबंधों को पूरा करने में तनाव में थे, ऐसे में यह देखना कठिन था कि हम एक बिल्कुल ही नए क्षेत्र में कैसे गोता लगाएँगे। फिर भी, जब मैं 'वर्ड मास्टर' को 'वर्ड स्टार' के रूप में उत्क्रमित होते देखा करता था, जो व्यापक रूप से स्वीकार किया गया अपनी तरह का पहला अनुप्रयोग था, तो मुझे पीड़ा होती थी। मैं जानता था कि शब्द-प्रसंस्करण एक प्रमुख राजस्व स्रोत बन जाएगा। क्या हमारी नाव छूट रही थी? 'वीसी कैल्क' उठ खड़े होने की एक अलग पुकार थी।''

लेकिन माइक्रोसॉफ्ट की मुश्किल यह थी कि एप्पल II की बिक्री लगातार बढ़ती जा रही थी। घरेलू कंप्यूटर बाजार में आए इस जबरदस्त उछाल के अवसर में माइक्रोसॉफ्ट को न तो कोई सीधी दखल दिख रही थी और न ही उससे किसी प्रकार के लाभ की उम्मीद की जा सकती थी। एप्पल II की बुनियादी प्रोग्रामिंग भाषा 'एप्पल सॉफ्ट' थी, जिसे एप्पल ने माइक्रोसॉफ्ट से बेसिक इंटरप्रेटर सोर्सकोड का लाइसेंस एकमुश्त राशि में खरीदकर विकसित किया था। इतना ही नहीं, माइक्रोसॉफ्ट के पास मौजूद अन्य भाषाएँ इस काम में किसी प्रकार से सहयोग कर सकने लायक भी थीं, क्योंकि उनका विकास विशिष्ट रूप से सीपी/एम (कंप्यूटर प्रोग्राम फॉर माइक्रो कंप्यूटर) परिचालन प्रणाली (ऑपरेटिव सिस्टम) के लिए किया गया था। लेकिन एप्पल II में मॉस टेक्नोलॉजी 6502 माइक्रो प्रोसेसर का इस्तेमाल हुआ था और उसके लिए सीपी/एम अनुकूल नहीं था।

सैद्धांतिक रूप से एक रास्ता था कि माइक्रोसॉफ्ट अन्य भाषाओं फोरट्रॉन, कोबोल, पास्कल व अन्य—में एप्पल II के लिए कोई 'कंपाइलर' (एक कंप्यूटर भाषा को लक्षित भाषा में बदलने का प्रोग्राम) विकसित करे। लेकिन इसकी कोडिंग में कई प्रोग्रामरों को लगाने के बावजूद कई साल लग सकते थे। जाहिर है कि इस काम में काफी लागत भी आने वाली थी। जब तक यह तैयार हो पाता तब तक बाजार का समीकरण ही बदल गया होता और तब इतने बड़े जोखिम को उठा पाने की माइक्रोसॉफ्ट की क्षमता नहीं थी। ऐसे में, माइक्रोसॉफ्ट के तकनीकी नेता होने के नाते पॉल एलन के सामने यह जबरदस्त चुनौती थी कि वह कंपनी के मौजूदा

संसाधनों का उपयोग कर कम-से-कम समय कोई कारगर व मौलिक आविष्कार करे, जो बाजार में कंपनी की न सिर्फ वैज्ञानिक धमक बनाए बल्कि राजस्व का स्रोत भी बन सके।

लेकिन यह काम आसान नहीं था एलन को इस बारे में सोचते हुए कुछ महीने निकल चुके थे। वह अब नया सॉफ्टवेयर लिखने की भीषण परियोजना को दिमाग से निकाल चुके थे और एप्पल II की बनावट का फायदा उठाने के लिए किसी प्रकार के हस्तक्षेप व 'बाहरी जुगाड़' के बारे में सोचने लगे थे। अचानक एक विचार कौंधा था—क्यों न एप्पल II को एक अनुकूल प्रणाली में तब्दील कर दिया जाए? लेकिन कैसे? यदि एप्पल में एक 8080-सर्किट बोर्ड लगा दिया जाए तो मशीन फ्लॉपी डिस्क के जरिए सीपी/एम को चालू कर देगी और उसके ऊपर माइक्रोसॉफ्ट की कोई भी भाषा चल सकती थी। यह 'जुगाड़' बाजार से कोई भी सीपी/एम अनुकूल माइक्रो प्रोसेसर खरीदकर काफी कम समय में तैयार किया जा सकता था।

असल में, पॉल एलन ने प्रभावी तौर पर एक सॉफ्टवेयर समस्या को हार्डवेयर समस्या में तब्दील कर दिया था। यह अमेरिकी फुटबॉल में हार रही टीम की ओर से घबराहट में लगाए जानेवाले हैल मैरी पास की तरह का लंबा फॉरवर्ड पास था, जिसके सफल होने की उम्मीद काफी होती है। जब यह विचार एलन ने गेट्स के सामने रखा तो उसे आश्चर्य हुआ था कि कहीं यह एलन की व्याकुलता तो नहीं थी। लेकिन वह सहमत हो गया था कि यह माइक्रोसॉफ्ट की हार्डवेयर कोशिश होगी, जो संकट के मुकाबले के काबिल हो सकती थी।

लेकिन किसी भी आविष्कार के दो पहलू होते हैं। पहला, प्रेरणा का वह क्षण होता, जब वह दिमाग में कौंधता है, जो बड़ा ही जोशीला व खुशफहमीवाला होता था। दूसरा, कार्यान्वयन की समस्याएँ होती हैं, जिसमें जोश कम और चुनौती ज्यादा होती है। अब तक एलन को यह पता नहीं था कि ऐसा कुछ 8080 सर्किट बोर्ड डिजाइन किया जा सकता है कि नहीं, क्योंकि उसने उसके बारे में पढ़ा तो था लेकिन व्यावहारिक रूप से उस तरह के काम को कभी भी अंजाम तक नहीं पहुँचाया था। अब क्या करें? तभी अचानक एलन को इस तरह के डिजाइन ढाँचे के जानकार टिम पटेरसन की याद आई थी और उसने इस बारे में उससे पूछा था। पटेरसन का जवाब था, ''मुझे लगता है, यह संभव है।'' अब एलन की खुशी का ठिकाना न था।

पटेरसन उस काम पर जुट गया था और कुछ दिनों बाद वह एलन के पास

एक सर्किट बोर्ड लेकर आया था। उस सर्किट बोर्ड में इंटेल 8080 का सस्ता विकल्प जेड-80 माइक्रो प्रोसेसर चिप का इस्तेमाल किया गया था। इस कार्ड को एप्पल II के प्लास्टिक ढक्कन को उठाकर सी.पी.यू. से जुड़े उसके विस्तार-खाँचा (एक्सपेंसन स्लॉट) में आसानी से घुसाया जा सकता था। उस कार्ड के एप्पल II मशीन में घुसाने के बाद, उसमें पहले से ही मौजूद 'मॉस टेक्नोलॉजी 6502 माइक्रो प्रोसेसर' बाहरी उपकरणों (डिस्प्ले, की-बोर्ड, प्रिंटर) को चालू रखता था, अन्यथा निलंबित सजीवता (सस्पेंडेड एनीमेशन) की स्थित में चला जाता था। यानी माइक्रोसॉफ्ट के पास एप्पल II को लगभग पूरी तरह सीपी/एम कंप्यूटर में तब्दील कर देने का उपकरण तैयार हो गया था। उसके कंप्यूटर में इस प्रकार से हृदय-प्रत्यारोपण (हार्ट-ट्रांसप्लांट) जैसा इंतजाम भी किया जा सकता था, एप्पल संस्थापक स्टीव जॉब्स ने कभी भी सोचा न होगा।

इस कार्ड को 'जेड 80 सॉफ्ट कार्ड' का व्यापारिक नाम दिया गया था। यह कार्ड का सामान्य डिजाइन एप्पल II में इस्तेमाल हुए मॉस टेक्नोलॉजी 6502 माइक्रो प्रोसेसर की जगह लेने के लिए न केवल पूरी तरह सक्षम था, बल्कि बेहतर भी था। लेकिन इस कार्ड का खतरनाक पहलू यह था कि एप्पल II में लगाए जाने के बाद कुछ समय तक तो सबकुछ ठीक रहता था, लेकिन बाद में कंप्यूटर अपने माइक्रो प्रोसेसर को पूरी तरह से ध्वस्त कर देता था और खुद उसकी जगह ले लेता था। मार्च 1980 में सैन फ्रांसिस्को में आयोजित 'वेस्ट कॉस्ट कंप्यूटर फेयरी' में 'जेड 80 सॉफ्ट कार्ड' प्रोटोटाइप को इस झल्लाहट के साथ उतारा गया था कि यह बेमौत मारा जाएगा।

इसके बारे में पॉल एलन अपनी आत्मकथा 'आइडिया मैन' में लिखते हैं— ''मैं टेढ़ी नजर के साथ बगल से गुजरते हुए स्टीव जॉब्स को याद कर सकता हूँ। उसे तो चिढ़ना ही था कि हम उसके दीवारों वाले एप्पल II बगीचे में घुस आए थे और समूचे सीपी/एम सॉफ्टवेयर समुदाय के लिए दरवाजे को खोलकर छोड़ दिया था। सॉफ्ट कार्ड की दुष्टात्मा को पूरी खत्म करने के लिए मैं डॉन बुर्टिस नामक एक एप्पल-प्रेमी इंजीनियर को लाया था और पूरी तरह से दुबारा डिजाइन के लिए 8,000 डॉलर का भुगतान किया था। उसने बहुत जल्द हार्डवेयर स्थापत्य के दोष ढूँढ़ लिये थे।'

फिर 2 अप्रैल, 1980 को पॉल एलन ने एक प्रेस विज्ञप्ति जारी की, जिसमें दावा किया गया था कि 'जेड 80 सॉफ्ट कार्ड' को 75 हजार एप्पल कंप्यूटर मालिकों के लिए एक तरह का 'कोर्नु कोपिया' (शुभ-सींग, यूनानी पौराणिक कथाओं में

समृद्धि व पोषण का प्रतीक) है और उसके जरिए वे बिजनेस पैकेज सहित बहुत से नए सॉफ्टवेयर का इस्तेमाल कर सकेंगे।

एप्पल II मालिकों के लिए सॉफ्ट कार्ड एक कंप्यूटर में दो की क्षमता हासिल करने का जरिया बन गया था और उनके लिए अपने कंप्यूटर के साथ मिले सीमित सॉफ्टवेयर समूह के अलावा बेसिक/फॉरट्रान/कोबोल आदि भाषाओं में लिखे गए सीपी/एम अनुकूल हजारों सॉफ्टवेयर अनुप्रयोगों को इस्तेमाल कर सकने की सुविधा मिल गई थी।

बात बिल्कुल सही थी। माइक्रोसॉफ्ट ने 'जेड 80 सॉफ्ट कार्ड' के साथ सीपी/एम ऑपरेटिंग सिस्टम व बेसिक इंटरप्रेटर का पूरा पैकेज सिर्फ 349 डॉलर में पेश किया था। इन तमाम सॉफ्टवेयर की अलग-अलग कीमत प्रति कंप्यूटर करीब 5,000 डॉलर से ऊपर बैठती थी और इस तथ्य को कंपनी ने प्रचारित भी किया था। ज्यों-ज्यों ग्राहकों में जागरूकता बढ़ी, इस सॉफ्ट-कार्ड की माँग भी बढ़ी। सन् 1981 में माइक्रोसॉफ्ट ने कुल 80 लाख डॉलर मूल्य के 25 हजार सॉफ्ट कार्ड बेचे। बिक्री की तेज रफ्तार अगले दो सालों तक बनी रही थी। फिर दूसरे नकली सॉफ्ट कार्ड बाजार में आने लगे थे और असल सॉफ्ट कार्ड की बिक्री की रफ्तार सामान्य हो गई थी।

असल में, एप्पल II मालिकों के लिए सॉफ्ट कार्ड एक कंप्यूटर में दो की क्षमता हासिल करने का जरिया बन गया था और उनके लिए अपने कंप्यूटर के साथ मिले सीमित सॉफ्टवेयर समूह के अलावा बेसिक/फॉरट्रान/कोबोल आदि भाषाओं में लिखे गए सीपी/एम अनुकूल हजारों सॉफ्टवेयर अनुप्रयोगों को इस्तेमाल कर सकने की सुविधा मिल गई थी। इस सॉफ्ट कार्ड ने सीपी/एम की रचनाकार कंपनी डिजिटल रिसर्च और पीचट्री-एकाउंटिंग की रचनाकार कंपनी पीचट्री सॉफ्टवेयर को अनायास ही बड़ा बाजार दे दिया था। इस दोनों कंपनियों ने सबसे अधिक एप्पल II के ग्राहकों से कमाई की थी। पॉल एलन अपनी आत्मकथा 'आइडिया मैन' में लिखते हैं—

''सॉफ्ट कार्ड ने माइक्रोसॉफ्ट के लिए एप्पल के माहौल में प्रवेश की जगह बनाई था। इसने हमें डिस्क-बेसिक एवं अन्य भाषाओं के लिए नया व पर्याप्त ग्राहक-आधार दिया था। इसके अलावा, सॉफ्ट कार्ड ने कंप्यूटर कीमत की रणनीति को बदलकर खुद के सिर पर ले लिया था। पुराने जमाने में, आई.बी.एम. से एम.आई.टी.एस. तक हरेक ने सॉफ्टवेयर को मशीन के साथ फेंकने जैसी गठरी

बनाया था। अब हम बेसिक व अन्य महँगे सॉफ्टवेयर सूट की बिक्री में मदद के लिए सस्ते में बने हार्डवेयर-टुकड़े की गठरी बना रहे थे। सॉफ्ट-कार्ड 'रेजर' था और हमारी भाषाएँ 'ब्लेड्स' थीं।

"सॉफ्ट कार्ड ने माइक्रोसॉफ्ट को भयंकर मंदी के वर्ष में जरूरी राजस्व-बढ़त का उधार दिया था। शायद सबसे महत्त्वपूर्ण यह था कि इसने हमें 8-बिट विकास संसार को छोड़ने और अपनी ऊर्जाओं को 8086 चिप के सॉफ्टवेयर की ओर मोड़ने का आराम दिया था; एक पारी, जो हमें आई.बी.एम. जैसे बड़े अनुबंध को धरातल पर लाने में अहम साबित होने वाली थी।"

बिल गेट्स ने पॉल एलन द्वारा किए गए इस ईजाद के महत्त्व को बहुत बाद में खुलकर स्वीकार किया था। लेकिन उस वक्त गेट्स का रुख कुछ और ही था। एलन को लगा था कि यह सही मौका था, जब वह गेट्स पर 64-36 हिस्सेदारी को बदलकर खुद के लिए ज्यादा की माँग कर सकता था; जैसा कि गेट्स ने अल्टेयर-बेसिक में अपने विशेष योगदान के तर्क के आधार पर अपनी ज्यादा हिस्सेदारी के लिए एलन को समझा लिया था। हिस्सेदारी-अनुपात में थोड़े से अंतर से बात बन सकती थी और गेट्स पर एलन का भरोसा पुख्ता होता। लेकिन गेट्स ने अपने रूखे जवाब से एलन के मन को एक घाव दे दिया था, जिसकी टीस आगे खतरनाक रूप धारण करने वाली थी।

इस बारे में पॉल एलन अपनी आत्मकथा 'आइडिया मैन' में लिखते हैं—"···जब मैंने अपना मसला उठाया, बिल को कोई फर्क नहीं पड़ा था। उसने कहा, 'मैं फिर कभी भी इसके बारे में दुबारा बात नहीं करना चाहता। इसे मत उठाओ।' उस क्षण मेरे अंदर कुछ मर गया था। मुझे लगा कि हमारी हिस्सेदारी निष्पक्षता पर आधारित थी। लेकिन अब मैंने देखा कि बिल की खुदगर्जी दूसरे विचारों को पार कर गई थी। मेरा हिस्सेदार जितना हो सकता था उतना हिस्सा झपट लिया था और उसे पकड़कर बैठा हुआ था और वह वैसा कुछ था, जो मुझे स्वीकार नहीं था। उस वक्त मैंने बिल से यह जाहिर नहीं किया था। मैं उसे निगल गया और सोचा, 'ठीक है, लेकिन एक दिन मैं यहाँ से बाहर हो जाऊँगा।'

इस बीच, नवंबर 1979 में माइक्रोसॉफ्ट ने वेक्टर इंटरनेशनल (हासरोडे, बेल्जियम) के साथ मिलकर यूरोपीय देशों की एजेंट कंपनी 'वेक्टर माइक्रोसॉफ्ट' का गठन किया, जिसकी बदौलत रॉयल फिलिप्स (एम्सटर्डम, नीदरलैंड्स), इंटरनेशनल कंप्यूटर लिमिटेड (अब फुजित्सु सर्विसेज, लंदन, यू.के.), आर-2-ई (पेरिस, फ्रांस) जैसे बड़े ओ.इ.एम. के अलावा कई अन्य ग्राहक भी मिले थे।

स्टीव बामर बिजनेस मैनेजर बने

सॉफ्ट कार्ड के आने के बाद सीपी/एम आधारित 8-बिट कंप्यूटर बाजार के प्रोग्रामिंग लैंग्वेज सॉफ्टवेयर कारोबार पर माइक्रोसॉफ्ट का नियंत्रण हो गया था और उभरते घरेलू कंप्यूटर बाजार में एक सुरक्षित मोर्चा मिल गया था। लेकिन कारोबार विस्तार के साथ माइक्रोसॉफ्ट की लगातार बढ़ती सामान्य जरूरतों को सँभालनेवाले कुशल प्रबंधक की भी जरूरत आन पड़ी थी। न तो गेट्स और न ही एलन को प्रबंधन का कोई अनुभव था। स्टीव वुड ने महाप्रबंधक की भूमिका को बखूबी सँभाल रखा था; लेकिन उसकी पृष्ठभूमि भी प्रोग्रामर की ही थी।

बिल गेट्स को लग रहा था कि जिस तरह पॉल एलन ने तकनीकी पहलुओं को सँभाल रखा था, उसी तरह कोई होना चाहिए, जो व्यापारिक गतिविधियों से संबंधित रोजाना के कामकाज को सँभाल ले, ताकि उसे बड़े रणनीतिक फैसलों पर ध्यान केंद्रित करने का समय मिल सके। गेट्स ने इस भूमिका के लिए अपने हार्वर्ड के सहपाठी स्टीव बामर को लाने का मन बनाया था। बामर की हृष्ट-पुष्ट शारीरिक बनावट एवं कड़क स्वभाववाले व्यक्तित्व और शैक्षणिक योग्यता से एलन भी प्रभावित था। लेकिन उसे माइक्रोसॉफ्ट में लाने के बारे में गेट्स ने अकेले ही फैसला कर लिया था और उसकी खूबियाँ गिनाकर उसने एलन को सहमत करने की कोशिश भर की थी।

24 मार्च, 1956 को स्टीवन एंथनी स्टीव बामर का जन्म डेट्रॉइट महानगर (मिशिगन प्रांत, संयुक्त राज्य अमेरिका) के उत्तर-पश्चिम में स्थित संभ्रांत अर्ध-शहरी इलाका फार्मिंगटन हिल्स में हुआ था। उसके स्विस आप्रवासी पिता फ्रेडरिक हेनरी बामर फोर्ड मोटर कंपनी में प्रबंधक थे और माता बीट्राइस डॉर्किन यहूदी-अमेरिकी थीं, जिसका मूल परिवार ईरान से विस्थापित हुआ था। सन् 1973 में, जाने-माने निजी स्कूल डेट्रॉइट कंट्री डे स्कूल से बारहवीं कक्षा पास करने के बाद बामर ने 'सैट' (SAT–स्कॉलैस्टिक एप्टीट्यूड टेस्ट) में गणित में पूरे 800 अंक लाकर हार्वर्ड में अपनी जगह सुरक्षित की थी। हार्वर्ड के कूरियर हाउस में रहते हुए बामर की बिल गेट्स की दोस्ती हुई थी।

वर्ष 1977 में बामर ने हार्वर्ड से स्नातक कला (अनुप्रयुक्त गणित व अर्थशास्त्र) की डिग्री प्राप्त की थी। उसके बाद अगले दो वर्षों तक बामर ने प्रॉक्टर एंड गैम्बल के मार्केटिंग विभाग में सहायक उत्पाद प्रबंधक में काम किया। फिर बामर ने स्टेनफोर्ड ग्रेजुएट स्कूल ऑफ बिजनेस (स्टेनफोर्ड जी.एस.बी., स्टेनफोर्ड, कैलिफोर्निया) में एम.बी.ए. (मास्टर ऑफ बिजनेस एडमिनिस्ट्रेशन) में दाखिला

करवाया ही था कि गेट्स ने उस पर माइक्रोसॉफ्ट में शामिल होने का दबाव बनाना शुरू कर दिया।

बिल को लगा था कि बिना हिस्सेदारी के प्रस्ताव के बामर को स्टेनफोर्ड से पढ़ाई छुड़वाकर माइक्रोसॉफ्ट में शामिल करना मुश्किल था। लिहाजा, गेट्स ने उसे कंपनी में 5 प्रतिशत हिस्सेदारी देने के लिए एलन को राजी किया था। अप्रैल 1980 में जब यह तय हुआ था, तब एलन कारोबारी दौरे पर जाने की जल्दी में थे। कुछ दिनों बाद जब वह वापस आया तो उसे दफ्तर के लोगों से पता चला था कि गेट्स ने बामर को 7.5 प्रतिशत हिस्सेदारी का प्रस्ताव कर दिया था। खास तौर पर प्रोग्रामिंग विभाग के कई वरिष्ठ लोग नाराज थे कि एक गैर-तकनीकी आदमी को सॉफ्टवेयर कंपनी का हिस्सा दिया जा रहा था और वह भी उतना बड़ा। एलन को भी यह खबर बुरी लगी थी और उसने अपनी आत्मकथा 'आइडिया मैन' में इसका इजहार भी किया है—

''यह बहुत बुरा था कि हिस्सेदारी जैसे मसले, जिस पर विशेष रूप से विचार-विमर्श हो चुका था, पर बिल ने मेरी अवहेलना करने का चुनाव किया था। सबसे घटिया यह था कि पत्र भेजने के लिए उसने मेरे बाहर जाने तक का इंतजार किया था। मुझे जो पता चला था, उसे ठीक करने के लिए मैंने उसे लिखा और अंत में कहा था—'इन तथ्यों की जानकारी मिलने के बाद श्रीमान बामर को बहाल करने के बारे में मेरी कोई रुचि नहीं रह गई है और मैं उपर्युक्त बिंदुओं को तुम्हारी तरफ से भरोसे का उल्लंघन मानता हूँ।'

''बिल जानता था कि वह पकड़ा जा चुका था और धमकी के जरिए अपना रास्ता नहीं निकाल सकता था। मुझसे नजरें मिलाने में नाकाबिल उसने कहा, 'देखो, हमें स्टीव को लाना ही होगा। मैं अपने हिस्से से अतिरिक्त अंकों को पूरा करूँगा।'' मैंने हामी भर दी थी और उसने वैसा ही किया था।'

खैर, 11 जून, 1980 को, स्टीव बामर को बिजनेस मैनेजर के रूप में माइक्रोसॉफ्ट में बहाल किया गया था और वह कंपनी के 30वें स्थायी कर्मचारी थे। □

5

आई.बी.एम. समझौता और एलन की जुदाई

वर्ष 1980 तक माइक्रोसॉफ्ट अपनी बेसिक की करीब 5 लाख प्रतियाँ बेच चुका था और कंप्यूटर भाषा बाजार में उसकी बढ़त को मान्यता मिलनी शुरू हो गई थी। लेकिन एक संपूर्ण सॉफ्टवेयर निर्माता बनने के लिए माइक्रोसॉफ्ट को अभी लंबा रास्ता तय करना था। अगला पड़ाव था—कंप्यूटर परिचालन प्रणाली (ऑपरेटिंग सिस्टम) सॉफ्टवेयर का विकास और आई.बी.एम. के कंधे पर सवार होकर माइक्रोसॉफ्ट ने इस क्षेत्र में अपनी बढ़त बना ली। अगले कुछ वर्षों में कंपनी ने ऐतिहासिक यात्रा की और फिर माइक्रोसॉफ्ट व्यक्तिगत कंप्यूटर निर्माताओं के लिए 'पसंद' नहीं बल्कि मजबूरी बन गया। कंपनी का अगला मोर्चा था—अनुप्रयोग सॉफ्टवेयर समूह के विकास और उसकी जबरदस्त तैयारी चल रही थी। माइक्रोसॉफ्ट मुखिया होने के नाते बिल गेट्स अंतरराष्ट्रीय संचार-माध्यमों के चहेते के रूप में उभरने लगा; लेकिन कंपनी का असल आइडिया व सह-संस्थापक पॉल एलन हाशिए पर चला गया और अंतत: उसे कंपनी छोड़नी पड़ी।

आई.बी.एम. के कंधों पर एमएस-डॉस की सफलता

दुनिया के सबसे बड़े कंप्यूटर निर्माता इंटरनेशनल बिजनेस मशीन (आई.बी.एम.) की नजर माइक्रोसॉफ्ट बेसिक पर पड़ी थी, जिसने घरेलू कंप्यूटर बाजार में आने का फैसला किया था। आई.बी.एम. का मेनफ्रेम कंप्यूटर बाजार पर एकाधिकार-सा था। लेकिन अमेरिकी न्याय विभाग के एंटीट्रस्ट (विश्वासघात)

आई.बी.एम. की परंपरा से पूरी तरह उलट इस कंप्यूटर के तमाम उपकरण और सॉफ्टवेयर बाजार से खरीदे जाने थे। बाजार में गोपनीयता बनाए रखने के लिए इस परियोजना का नाम 'प्रोजेक्ट चेस' रखा गया था। इस परियोजना का नेतृत्व फिलिप डोनाल्ड इंस्ट्रीज कर रहे थे, जिन्हें 'आई.बी.एम. पी.सी. का जनक' कहा जाता है।

मुकदमा (1969-82) के चलते 1970 के दशक के पूर्वार्द्ध में मिनी कंप्यूटर और पूर्वार्द्ध में घरेलू कंप्यूटर क्रांति में आई.बी.एम. काफी पीछे छूट गई थी। घरेलू कंप्यूटर बाजार में कमोडोर पी.ई.टी., अटारी 8-बिट फैमिली, एप्पल II, टेंडी कॉरपोरेशन के टीआरएस-80 और सीपी/एम आधारित तमाम कंप्यूटर धूम मचा रहे थे।

आई.बी.एम. की सबसे बड़ी समस्या उसकी मदमस्त हाथी-चाल थी, जिसमें उसे किसी भी नए उत्पाद के विकास में चार-पाँच साल का वक्त लगता था। लेकिन कंपनी जल्द-से-जल्द इस उच्च संभावनावाले बाजार में आना चाहती थी। इसके लिए आई.बी.एम. के बोका रटन (फ्लोरिडा) स्थित अनुसंधान सुविधा के अंतर्गत 13 सदस्योंवाली एक स्वतंत्र व्यापार इकाई का गठन किया था। आई.बी.एम. की परंपरा से पूरी तरह उलट इस कंप्यूटर के तमाम उपकरण और सॉफ्टवेयर बाजार से खरीदे जाने थे। बाजार में गोपनीयता बनाए रखने के लिए इस परियोजना का नाम 'प्रोजेक्ट चेस' रखा गया था। इस परियोजना का नेतृत्व फिलिप डोनाल्ड इंस्ट्रीज कर रहे थे, जिन्हें 'आई.बी.एम. पी.सी. का जनक' कहा जाता है।

अगस्त 1980 में जैक सैम्स की अगुवाई में 'प्रोजेक्ट चेस' का एक दल माइक्रोसॉफ्ट मुख्यालय पहुँचा था। उन्होंने 16-बिट माइक्रो प्रोसेसर पर आधारित सभी प्रोग्रामिंग भाषाओं—बेसिक, फॉरट्रान, कोबोल व पास्कल की माँग की थी। यहाँ यह बताना जरूरी है कि उस वक्त तक सभी घरेलू कंप्यूटर 8-बिट माइक्रो प्रोसेसर का इस्तेमाल कर रहे थे। जैसा कि पहले बताया जा चुका है कि पॉल एलन ने भविष्य की जरूरतों के मद्देनजर 16-बिट इंटेल 8086 माइक्रो प्रोसेसर के लिए बेसिक इंटरप्रेटर के विकास का काम काफी पहले शुरू कर दिया था, जो जल्द ही पूरा होने वाला था। लेकिन 16-बिट प्लेटफॉर्म पर अन्य भाषाओं के बारे में सोचा भी नहीं था। लिहाजा, आई.बी.एम. की तंग समय-सारणी में इन सभी भाषाओं के सॉफ्टवेयर का विकास कर पाना लगभग नामुमकिन जैसा था।

सितंबर के अंत में जैक सैम्स ने माइक्रोसॉफ्ट से 16-बिट ऑपरेटिंग सिस्टम

(ओएस) प्रदान करने के बारे में पूछा था। ओएस सॉफ्टवेयर एक अलग ही प्रकार का काम था, जिसके विकास का माइक्रोसॉफ्ट को कोई अनुभव नहीं था। इस काम के लिए एलन व गेट्स ने जैक सैम्स को डिजिटल रिसर्च (सीपी/एम ओएस की रचनाकार कंपनी) का नाम सुझाया था। बिल गेट्स ने इस बाबत डिजिटल रिसर्च के संस्थापक गैरी किल्डाल को फोन किया और जोर देकर कहा था कि वह 'कुछ लोगों' को उसके पास भेज रहा है। वह उनके साथ अच्छा व्यवहार करे, क्योंकि उस सौदे से दोनों को अच्छी कमाई होने वाली थी।

चूँकि आई.बी.एम. का नाम गोपनीय रखना था, इसलिए माइक्रोसॉफ्ट के साथ-साथ डिजिटल रिसर्च को भी 'गैर-प्रकटीकरण समझौते' (नॉन-डिसक्लोजर एग्रीमेंट) पर हस्ताक्षर करना था। जब प्रोजेक्ट चेस का दल डिजिटल रिसर्च के दफ्तर में पहुँचा तो गेट्स के ठोस संकेत के बावजूद किल्डाल ने उन्हें गंभीरता से नहीं लिया था। उसकी हिस्सेदार पत्नी ने समझौते पर हस्ताक्षर करने की बजाय डिजिटल रिसर्च का दस्तावेज उन लोगों के सामने रख दिया था। जैक सैम्स ने वापस लौटने के बाद, गेट्स व एलन को स्पष्ट बता दिया था कि डिजिटल रिसर्च के साथ प्रोजेक्ट चेस का काम कर पाना मुश्किल था। जैक ने किसी और का नाम सुझाने या फिर इस काम को खुद माइक्रोसॉफ्ट को ही कर लेने का आग्रह किया था।

किल्डाल की बेरुखी से खास तौर पर बिल गेट्स को बेहद तकलीफ हुई थी और वह गुस्से में था। उसे भरोसा नहीं हो रहा था कि किल्डाल ने एक सुनहरे अवसर को ठुकराकर सौदे को खतरनाक स्थिति में डाल दिया था। पॉल एलन अपनी आत्मकथा 'आइडिया मैन' में लिखते हैं—

''बिल ने मेरे और के निशि के साथ एक आपातकालीन बैठक बुलाई थी। सौदे को पुनर्जीवित करने के लिए हम क्या कर सकते थे? कुछ क्षणों के लिए चुप्पी थी और तब मैंने कहा, 'एक दूसरा ऑपरेटिंग सिस्टम है, जो शायद काम कर जाए। मैं नहीं जानता कि वह कितना अच्छा है; लेकिन मुझे लगता है कि मैं उसे वाजिब दाम पर खरीद सकता हूँ।' मैंने उन्हें टिम पटेरसन और सिएटल कंप्यूटर प्रोडक्ट्स की कहानी बताई, जिसने साल भर पहले 8080 मशीन को भेजना शुरू तो किया था, लेकिन मामूली वाणिज्यिक दिलचस्प पाया था। ऑपरेटिंग सिस्टम लापता कड़ी थी। किल्डाल ने साल से पहले सीपी/एम 86 का वायदा किया था, लेकिन उसने नहीं दिया था। उसकी कंपनी में शुरू हुई कंपनियों जैसी हड़बड़ी नहीं थी। किसी को पता नहीं था कि उसका 16-बिट सॉफ्टवेयर बाजार में आएगा।

''इंतजार करते हुए टिम पटेरसन निराश हो चुका था। हमारा बेसिक-86

प्रोग्राम लिखने के लिए तो अच्छा था, लेकिन उसके ग्राहक वर्ड-प्रोसेसर व अन्य अनुप्रयोगों (एप्लीकेशंस) को उसके ऊपर नहीं चला सकते थे। इसलिए टिम ने जब तक किल्डाल तक आता, एक अनंतिम 16-बिट ऑपरेटिंग सिस्टम को आपस में पैबंद लगाकर अपनी कंपनी को कुछ कंप्यूटर बेचने में सहायता की थी। [जैसा कि टिम ने बाद में कहा था, 'हम पूरी तरह खुश थे कि कोई और ऑपरेटिंग सिस्टम का काम करे। यदि (डिजिटल रिसर्च) ने दिसंबर 1979 में तैयार कर दे दिया होता तो आज दुनिया में और कुछ नहीं, सिर्फ सीपी/एम ही होता।] उसने प्रोग्राम को 'क्विक एंड डर्टी ऑपरेटिंग सिस्टम' के लिए 'क्यूडॉस' कहा, जिसे वह 8 कोड में ठूँसकर भरने में कामयाब हुआ था। जब वह लगभग पूरा हो गया, उसने नाम बदलकर '86-डॉस' कर दिया।''

इसे कहते हैं ऐतिहासिक संयोग यदि डिजिटल रिसर्च के किल्डाल ने बिल गेट्स द्वारा भेजे गए प्रोजेक्ट-चेस का प्रस्ताव मान लिया होता या फिर उसकी देरी की वजह से टिम पटेरसन ने वैकल्पिक ऑपरेटिंग '86-डॉस' की रचना न की होती तो माइक्रोसॉफ्ट को घरेलू सॉफ्टवेयर बाजार पर एकाधिकार बनाने का अवसर नहीं मिलता। यह भी एक संयोग ही था कि टिम पटेरसन ने पॉल एलन के साथ सॉफ्ट कार्ड परियोजना में काम किया था और एलन उसकी प्रतिभा, लगन व मेहनत का कायल था। इसलिए एलन ने एक ऐसा रास्ता सुझाया था, जिसे उसने परखा तो नहीं था, लेकिन उसे पूरा भरोसा था कि टिम का बनाया सॉफ्टवेयर काम कर जाएगा।

यहाँ दिलचस्प तथ्य यह भी है कि यदि उस आपात बैठक में के निशि जैसा जोखिम उठानेवाला शख्स मौजूद नहीं होता तो भी मामला खटाई में पड़ सकता था। के निशि ने जापान में इतना बड़ा काम किया था कि वह गेट्स का खासमखास हो गया था। ऐसे में ज्यों ही एलन ने अपनी बात खत्म की थी, के निशि खुशी में चिल्लाने लगा था। वह जानता था कि सॉफ्टवेयर बाजार पर बादशाहत करने के लिए माइक्रोसॉफ्ट के पास अपना ऑपरेटिंग सिस्टम होना जरूरी था। सबसे बड़ा संयोग तो यह था कि यह मौका कंप्यूटर तकनीक की सबसे बड़ी निर्माता कंपनी की तरफ से बाकायदा सुनहरी थाली में परोसकर दिया जा रहा था। अल्टेयर-बेसिक के समय से ही खास तौर पर पॉल एलन का एक दार्शनिक सपना था कि माइक्रोसॉफ्ट घरेलू कंप्यूटर सॉफ्टवेयर का 'आदर्श' स्थापित करे। अब उस सपने के पूरा होने का वक्त आ गया था, वह भी आई.बी.एम. जैसी बादशाह कंपनी की खुली तिजोरी और बाजार-विस्तार की अकूत ताकत के साथ।

लेकिन पॉल एलन और के निशि जितने खुश हुए थे, उसके उलट बिल गेट्स

गंभीर हो गया था। वह टिम पटेरसन को नहीं जानता था और उसे लग रहा था कि दोनों एक अनिश्चित सॉफ्टवेयर को लेकर अति-उत्साह में हैं। गेट्स की चिंता स्वाभाविक थी कि मामला आई.बी.एम. से जुड़ा था। छोटी सी गलती माइक्रोसॉफ्ट का भविष्य उलट भी सकती थी। लेकिन वह इतने बड़े मौके को अपने हाथ से जाने देने को कतई तैयार नहीं था। उसके पास कोई रास्ता ही नहीं था और वह एलन के आत्मविश्वास एवं निशि के जोश को कम नहीं करना चाहता था। लिहाजा इस दिशा में एकमत से तीनों ने भाग्य आजमाने का फैसला कर लिया था। जल्द-से-जल्द कुछ-न-कुछ ठोस प्रोजेक्ट-चेस के दल के सामने लाना था।

फिर पॉल एलन ने सिएटल कंप्यूटर प्रोडक्ट्स के मालिक रोड ब्रोक, जिसके लिए टिम पटेरसन ने '86-डॉस' की रचना की थी, को लाइसेंस-समझौता के लिए बुलाया था। वे लोग 10 हजार डॉलर और लाइसेंस देनेवाली हरेक कंपनी के लिए 15 हजार की रॉयल्टी, यानी उस वक्त एक ही ग्राहक था तो कुल 25 हजार डॉलर पर समझौते के लिए तैयार हो गए थे। अगले ही दिन माइक्रोसॉफ्ट का शिष्टमंडल (बिल गेट्स, स्टीव बामर व बॉब ओ'रियर) बोका-रटन (फ्लोरिडा प्रांत) स्थित आई.बी.एम. के प्रोजेक्ट-चेस के दफ्तर में पहुँच गया था और यह प्रस्ताव रखा था कि आई.बी.एम.-पी.सी. के समूचे सॉफ्टवेयर-विकास के काम को माइक्रोसॉफ्ट समायोजित करेगा। उसके पाँच सप्ताह बाद 6 नवंबर 1980 को माइक्रोसॉफ्ट और आई.बी.एम. के बीच अनुबंध पर हस्ताक्षर हुए थे। आई.बी.एम. द्वारा माइक्रोसॉफ्ट को कुल 4.30 लाख डॉलर का भुगतान किया जाना था—75 हजार डॉलर रूपांतर, परीक्षण व परामर्श के लिए 45 हजार डॉलर डिस्क ऑपरेटिंग सिस्टम (डॉस) के लिए; और 3.10 लाख डॉलर 16-बिट प्लेटफॉर्म पर विभिन्न भाषाओं के दुभाषियों (लैंग्वेज इंटरप्रेटर) व उनके संकलकों (कंपाइलर) की एक व्यूह-रचना तैयार करने के लिए। इसके बाद 15 दिसंबर, 1980 को माइक्रोसॉफ्ट ने सिएटल कंप्यूटर प्रोडक्ट्स के साथ 86-डॉस के लिए उपर्युक्त लाइसेंसिंग समझौता किया। ताकि आई.बी.एम. पी.सी. के लिए डॉस का संस्करण—आई.बी.एम. पी.सी. डॉस का विकास शुरू हो सके।

सॉफ्टवेयर परीक्षण के लिए आई.बी.एम. ने प्रस्तावित कंप्यूटर प्रोटोटाइप नवंबर के अंतिम सप्ताह में ही माइक्रोसॉफ्ट को भेज दिया था। उसे एक बंद कमरे में रखा गया था, जिसकी चाबी कुछ लोगों के पास होती थी। माइक्रोसॉफ्ट का हर तीसरा प्रोग्रामर आई.बी.एम. पी.सी. के लिए कोई-न-कोई प्रोग्राम लिख रहा था, लेकिन किसी को इसके बारे में कुछ भी पता नहीं था। ग्राहक का नाम 'एच.ए.एल.'

(आई.बी.एम. के तीन अक्षर के पहले के अक्षरों को मिलाकर) रखा गया था। लेकिन सॉफ्टवेयर संयोजन का काम पॉल एलन की निगरानी में उसी बंद कमरे में होता था। बेसिक-86 का काम खुद एलन देख रहा था और डॉस का काम अपने विश्वस्त बॉब ओ'रियर को सौंप रखा था।

मध्य जनवरी में डॉस व बेसिक देने का समय कब का बीत चुका था। अप्रैल के अंतिम दिनों में डॉस लगभग तैयार हो चुका था लेकिन आई.बी.एम. द्वारा भेजे गए प्रिंटर पर काम नहीं कर रहा था। फिर एलन टिम पटेरसन से 1 मई, 1981 को माइक्रोसॉफ्ट ले आया था और उसने उस समस्या का हल निकाल लिया था। उसी समय के आस-पास बिल गेट्स और के निशि ने एक सप्ताह की जापान-यात्रा की थी और जापानी ग्राहकों ने 16-बिट माइक्रो प्रोसेसर प्लेटफॉर्म पर आधारित सॉफ्टवेयर, खास तौर पर ऑपरेटिंग सिस्टम, की जबरदस्त माँग की थी। अब तक पॉल एलन और के निशि के साथ बिल गेट्स भी आश्वस्त हो चुके थी कि असल संभावना आई.बी.एम. के लिए तैयार हो रहे 'आई.बी.एम. पी.सी. डॉस' की बजाय माइक्रोसॉफ्ट द्वारा बाद में तैयार होने वाली 'एमएस डॉस' में थी, जो अमेरिका सहित समूचे अंतरराष्ट्रीय बाजार में धूम मचाने वाली थी।

इसीलिए, जब तक इस संभावना के बारे में बाजार में खुर-फुसर शुरू हो, डॉस पर पूरा स्वामित्व हासिल करना बहुत जरूरी था। जून में पॉल एलन ने सिएटल कंप्यूटर प्रोडक्ट्स के मालिक रॉड ब्रोक को इस बाबत संपर्क किया था और 30 हजार डॉलर की एकमुश्त राशि में भविष्य की सभी लाइसेंसिंग खरीदने का प्रस्ताव रखा था। लेकिन ब्रोक ने विशिष्ट लाइसेंस के लिए 1.50 लाख डॉलर की माँग की। लेकिन एलन ने 50 हजार डॉलर में डॉस की संपूर्ण खरीद का प्रस्ताव रख दिया। इसके साथ ही, एलन ने ब्रोक को माइक्रोसॉफ्ट की भाषाओं के भविष्य के अपग्रेड पर रियायत का लालच पेश कर दिया। ब्रोक कड़की में था और वह बिना किसी दबाव के एलन की बात मान गया और 27 जुलाई, 1981 को '86-डॉस' को पूरी तरह से माइक्रोसॉफ्ट के हवाले करने के अनुबंध पर हस्ताक्षर कर दिए।

रॉड ब्रोक को कतई अनुमान नहीं था कि माइक्रोसॉफ्ट '86-डॉस' का क्या करने वाला था और न ही आई.बी.एम. को इस बात का कतई गुमान था कि उसने जो माइक्रोसॉफ्ट के साथ समझौता किया था वह उसे नहीं बल्कि माइक्रोसॉफ्ट को घरेलू कंप्यूटर बाजार का बादशाह बनाने वाला है। आमतौर पर माना जाता है कि आई.बी.एम. के समझौते में माइक्रोसॉफ्ट ने बड़ी चालाकी से एक धारा जुड़वा ली थी कि वह बाजार की अन्य कंपनियों को 'एमएस डॉस' नाम से ऑपरेटिंग सिस्टम

को लाइसेंस पर बेच सकता है। लेकिन तथ्यों का विश्लेषण करें तो गेट्स व एलन ने एक तरह का सौदा किया था। वे लोग अल्टेयर-बेसिक की तरह रॉयल्टी वाली और एप्पल-सॉफ्ट एकमुश्त राशिवाली 'विशिष्ट' (एक्सक्लूसिव) लाइसेंसवाली गलतियों को कतई दोहराना नहीं चाहते थे।

आई.बी.एम. ने प्रति सॉफ्टवेयर रॉयल्टीवाले सौदे की बजाय एकमुश्त राशि का प्रस्ताव किया था। माइक्रोसॉफ्ट के लिए अपनी शर्तें मनवाना भी आसान नहीं था। इसलिए गेट्स व एलन ने आई.बी.एम. के अति-आत्मविश्वास वाले रवैए और एंटी-ट्रस्ट मुकदमे के प्रति उसकी ताजा दर का फायदा उठाया। बिना कोई ना-नुकुर के आई.बी.एम. ने जो एकमुश्त राशि की पेशकश की, उसे कृतज्ञतापूर्वक स्वीकार कर लिया। लेकिन इसके बदले लाइसेंस को विशिष्ट (एक्सक्लूसिव) करने की बजाय अविशिष्ट (नॉन-एक्सक्लूसिव) करवा लिया।

प्रोजेक्ट चेस के लोग अपनी परियोजना की तकनीकी विशिष्टता और आई.बी.एम. की आर्थिक बादशाहत के नशे में इतने आत्मविश्वस्त थे कि उन्होंने इस बारे में सोचा ही नहीं कि बाजार में आई.बी.एम. पी.सी. के मुकाबले में कोई आ सकेगा। लिहाजा उन्होंने 'विशिष्ट' लाइसेंस की कोई जरूरत महसूस ही नहीं की। दूसरी ओर, कंपनी का उच्च प्रबंधन लंबे समय से चले आ रहे एंटी-ट्रस्ट मुकदमे के जल्द निपट जाने का अनुमान लगा रहे थे। ऐसे में विशिष्ट लाइसेंस को लेकर उनकी कोई जिद नहीं थी कंपनी किसी भी स्थिति में एकाधिकारवादी सोचवाली कोई हरकत दोहराने का जोखिम नहीं उठाना चाहती थी।

खैर, जो होना था हो चुका था। प्रोजेक्ट चेस इतनी गोपनीयता से कार्यान्वित किया गया था कि बाजार के अंदर की खबर रखनेवालों को भी अंदाजा नहीं चल सका था कि माइक्रोसॉफ्ट आई.बी.एम. के लिए इतना बड़ा काम कर रहा था। 12 अगस्त, 1981 को आई.बी.एम. पर्सनल कंप्यूटर (पी.सी.) की घोषणा हुई थी। योजना के मुताबिक, समय से पहले नवंबर में सारे कंप्यूटर भेजे जा चुके थे। सभी को अनुमान था कि आई.बी.एम. पी.सी. अच्छा प्रदर्शन करनेवाला है; लेकिन तब खुद आई.बी.एम. के लिए यह अनुमान लगाना मुश्किल था कि सिर्फ दो साल में, 1983 के अंत में, वह एप्पल को पीछे छोड़ सबसे अधिक बिकनेवाला पी.सी. हो जाएगा। इस बीच महज दर्जन लोगों से शुरू हुई 'स्वतंत्र बिजनेस इकाई' (आई.बी.यू.—इंडिपेंडेंट बिजनेस यूनिट) में कर्मचारियों की संख्या बढ़कर 4,000 हो चुकी थी और बोका रटन में इसके लिए 'एंट्री सिस्टम्स डिवीजन' बनानी पड़ी थी। माँग की हालत यह थी कि बाहरी ग्राहक की तरह खुद आई.बी.एम. के

अगस्त 1981 में आई.बी.एम. ने पी.सी. को बाजार में उतारने से कुछ समय पहले माइक्रोसॉफ्ट को बढ़िया काम करने का पत्र लिखा था। लेकिन डिजिटल रिसर्च के मालिक गैरी किल्डाल की ओर से अच्छा समर्थन नहीं मिला था। तब तक बाजार में अफवाह फैल चुकी थी और किल्डाल को माइक्रोसॉफ्ट द्वारा 'आई.बी.एम. पी.सी. डॉस' की रचना की जानकारी मिल चुकी थी।

कर्मचारियों को भी पी.सी. के लिए पाँच सप्ताहों का इंतजार करना पड़ रहा था। अगले दो वर्षों यानी वर्ष 1985 तक, आई.बी.एम. पी.सी. की सालाना बिक्री 4.5 अरब डॉलर हो चुकी थी और एंट्री सिस्टम्स डिवीजन में कर्मचारियों की संख्या 10 हजार हो चुकी थी।

इससे भी बड़ी घटना यह हुई थी, जिसका किसी ने अनुमान नहीं लगाया था, कि सिर्फ चार वर्षों में एप्पल के अलावा और कोई नहीं बचेगा, जिसके हार्डवेयर आई.बी.एम. पी.सी. के अनुकूल न हों और वह एमएस डॉस ऑपरेटिंग सिस्टम का इस्तेमाल न कर रहा हो। ऐसा करनेवालों में उस वक्त की प्रमुख कंप्यूटर निर्माताओं में अमेरिका की डी.ई.सी. (डिजिटल इक्विपमेंट कॉरपोरेशन), एच.पी. (हैवलेट-पैकर्ड कंपनी), टेंडी (रेडियो शैक कॉरपोरेशन), टी.आई. (टेक्सास इंस्ट्रूमेंट्स), वांग (वांग लैबोरेटरी) व जीरोक्स (जीरोक्स कॉरपोरेशन); नीदरलैंड्स की टुलिप (टुलिप कंप्यूटर्स) और जापान की सैन्यो (सैन्यो इलेक्ट्रिकल कंपनी), एन.ई.सी. (एन.ई.सी. कॉरपोरेशन, पहले निप्पोन इलेक्ट्रिकल कंपनी) शामिल थे। यानी माइक्रोसॉफ्ट ने जैसा सोचा था, वही हुआ। चाहे कंपनी कोई भी हो, वह चार साल पहले प्रचलित सीपी/एम ऑपरेटिंग सिस्टम को छोड़कर एमएस डॉस को अपना चुकी थी।

डिजिटल रिसर्च के सीपी/एम को पटकनी—अगस्त 1981 में आई.बी.एम. ने पी.सी. को बाजार में उतारने से कुछ समय पहले माइक्रोसॉफ्ट को बढ़िया काम करने का पत्र लिखा था। लेकिन डिजिटल रिसर्च के मालिक गैरी किल्डाल की ओर से अच्छा समर्धन नहीं मिला था। तब तक बाजार में अफवाह फैल चुकी थी और किल्डाल को माइक्रोसॉफ्ट द्वारा 'आई.बी.एम. पी.सी. डॉस' की रचना की जानकारी मिल चुकी थी। किल्डाल अपनी सफलता के नशे में था और अपना अधिकांश समय तथा कमाई का बड़ा हिस्से निजी हवाई जहाज पर उड़ान भरने के शौक पर फँक रहा था। किल्डाल के बुलावे पर गेट्स व एलन की सिएटल डाउन-टाउन के दक्षिण में स्थित बोइंग फील्ड में उससे मुलाकात हुई थी। तब किल्डाल

ने उन्हें कहा था कि माइक्रोसॉफ्ट को भाषाओं के विकास के क्षेत्र में ही सीमित रहना चाहिए और उसकी कंपनी डिजिटल के ऑपरेटिंग सिस्टम के कारोबार में दखल नहीं देना चाहिए।

असल में, किल्डाल ने हाल में ही सीबेसिक का अधिग्रहण किया था और उसे सीपीएम-80 पर चला रहा था। गैरी की बातचीत से यह धमकी साफ झलक रही थी कि अगर माइक्रोसॉफ्ट डॉस के जरिए ऑपरेटिंग सिस्टम के क्षेत्र में कूदा तो डिजिटल रिसर्च सीबेसिक के जरिए भाषाओं के कारोबार पर आग के गोले बरसाना शुरू कर देगा। किल्डाल की अकड़ का एक कारण यह भी था कि सीपी/एम-80 सैकड़ों कंप्यूटर पर चल रहा था और वह उसके जरिए सालाना करीब 50 लाख डॉलर की कमाई कर रहा था। लेकिन उसने सपने में भी नहीं सोचा था कि जिन 8-बिट माइक्रो प्रोसेसर प्लेटफॉर्म पर उसके ऑपरेटिंग सिस्टम का समूचा कारोबार खड़ा था, उसके चलन को ही 16-बिट प्लेटफॉर्म पर खड़ा आई.बी.एम. पी.सी. निगल जाने वाला था।

जैसा कि अपेक्षित था, आई.बी.एम. पी.सी. के बाजार में आने के तुरंत बाद किल्डाल ने माइक्रोसॉफ्ट पर डॉस की रचना में सीपी/एम की नकल करने का आरोप लगाया था और मामले को अदालत में ले जाने की धमकी दी थी। जबकि असलियत यह थी कि डॉस की शुरुआती रचना में टिम पटेरसन ने सीपी/एम-80 के जिन दो 'आदेश' (कमांड्स) की प्रतिलिपि का इस्तेमाल किया था, वे डिजिटल रिसर्च की बौद्धिक संपदा अधिकार के दायरे से बाहर था। दोनों आदेश—की-बोर्ड द्वारा डिस्क पर फाइल को खोलना या उसे प्रिंटर को भेजना, सार्वजनिक ज्ञान संपदा के अंतर्गत थे। वैसे भी, पटेरसन ने कभी भी सीपी/एम-80 का सोर्स-कोड देखा नहीं था और उसने 8086 असेंबली लैंग्वेज पर '86-डॉस' की रचना की थी। सीपी/एम-80 के मुकाबले पटेरसन द्वारा तैयार '86-डॉस' छह गुना तेजी से फाइल को पढ़ सकता था। एमएस-डॉस ने भी डी.ई.सी. डॉस-11 ऑपरेटिव सिस्टम का उतना ही हिस्सा उधार लिया था, जितना वर्षों पहले किल्डाल ने सीपी/एम-80 की रचना के लिए लिया था।

जब किल्डाल ने काफी चिल्ल-पों मचाया तो मामले को शांत करने के लिए आई.बी.एम. ने डिजिटल रिसर्च को सीपी/एम-86 की आपूर्ति करने का प्रस्ताव रखा था। लेकिन प्रोजेक्ट चेस के लोग किल्डाल व उसकी पत्नी के रवैए से नाराज थे और व्यावहारिक तौर भी दो तरह के अनुप्रयोगों के इस्तेमाल से बाजार में कई तरह की दिक्कतों का सामना करना पड़ता। लिहाजा आई.बी.एम. ने अपने पी.सी.

डॉस की कीमत 40 डॉलर रखी, जबकि सीपी/एम-86 को 240 डॉलर पर। यहाँ भी किल्डाल ने अपनी गलती दोहराई थी। वह हरेक प्रति पर ऊँची रॉयल्टी वसूलने की जिद पर तब भी आई.बी.एम. के सामने अड़ा ही रहा था। चूँकि आई.बी.एम. के कारिंदों को इसका नतीजा मालूम था, इसलिए उन्होंने रहस्यमयी मुसकराहट के साथ किल्डाल की शर्तों को मान लेने में कोई हिचकिचाहट नहीं दिखाई थी। जब ग्राहकों को यह साफ हो गया कि आई.बी.एम. का खुद का सॉफ्टवेयर सिर्फ डॉस पर चल सकता है, स्वतंत्र विक्रेताओं ने सीपी/एम-86 को नजरअंदाज करना शुरू कर दिया और एमएस-डॉस को अपनाना शुरू कर दिया। आई.बी.एम. अधिकारियों से माइक्रोसॉफ्ट के दोस्ताना संबंध ने इस स्थिति में सोने पे सुहागे का काम किया।

विधिवत् गठन और जबरदस्त कारोबार-विस्तार

आई.बी.एम. के अनुबंध पर धुआँधार काम शुरू होने से पहले वर्ष 1980 के अंत में माइक्रोसॉफ्ट के कर्मचारियों की संख्या 40 हो गई थी, जो पिछले साल के मुकाबले सिर्फ 12 ज्यादा थी। लेकिन बिक्री राजस्व तीन गुना से भी ज्यादा बढ़कर 75,20,720 डॉलर के स्तर पर पहुँच गई थी। आई.बी.एम. के काम को समय पर पूरा करने के दबाव में तमाम ना-नुकुर के बावजूद शुरुआती छह महीनों में माइक्रोसॉफ्ट के कर्मचारियों की संख्या करीब 40 हो चुकी थी और अब कानूनी तौर पर सिलिकॉन वैली की कंप्यूटर संबंधी गंभीर कंपनियों की तरह दिखना अनिवार्य हो गया था। लिहाजा 25 जून, 1981 को पहले के नाम में से बीच का हाइफन (-) हटाकर 'माइक्रोसॉफ्ट इन्कॉरपोरेशन' के नाम से नई कंपनी के गठन के लिए वॉशिंगटन प्रांत सरकार के संबंधित विभाग में विधिवत् आवेदन दाखिल कराया गया था।

कंपनी की आर्थिक स्थिति को मजबूत बनाने और भविष्य में पूँजी बाजार में मदद की उम्मीदों के साथ निदेशक मंडल में एक युवा उद्यम-पूँजीपति (वेंचर कैपिटलिस्ट) डेविड मार्कुअर्ड को लाया गया था और उसकी कंपनी मार्कुअड्र्स टेक्नोलॉजी वेंचर इन्वेस्टर्स को 10 लाख डॉलर के निवेश के लिए 5.1 फीसदी की हिस्सेदारी दी गई थी। 51 फीसदी हिस्सेदारी के साथ बिल गेट्स ने अध्यक्ष (प्रसीडेंट) व निदेशक मंडल सभापति (चेयरमैन ऑफ द बोर्ड) का पद हासिल किया था, जबकि पॉल एलन को 30 फीसदी हिस्सेदारी के साथ कार्यकारी उपाध्यक्ष (एग्जीक्यूटिव वाइस प्रेसिडेंट) का पद मिला था। कर्मचारियों में स्टीव बामर को 7.8 फीसदी, वेर्न राबुर्ण को 3.5 फीसदी, गॉर्डोन लेटविन को 1.3 फीसदी और चार्ल्स सिमोई को 1.3 फीसदी की हिस्सेदारियाँ दी गई थीं।

कुछ महीनों बाद माइक्रोसॉफ्ट का दफ्तर अब लेक वॉशिंगटन के पास एक बड़ी जगह में स्थानांतरित हो गया था। गेट्स व एलन का दफ्तर आमने-सामने था और दोनों के लिए एक ही सचिव हुआ करता था। कंपनी की जरूरतें बढ़ रही थीं, लेकिन गेट्स कर्मचारियों की संख्या को बढ़ाने को तैयार नहीं थे। इस कारण स्टीव बामर और गेट्स के बीच काफी नोक-झोंक चलती थी।

पॉल एलन अपनी आत्मकथा 'आइडिया मैन' में लिखते हैं—

''स्टीव एक परीक्षक की भांति व्यापार-रणनीति में बिल को योगदान करता था, जैसा कि तकनीकी रणनीति में बिल बड़ी तसवीर बनानेवाला रणनीतिकार बना रहा। लेकिन स्टीव ने हमें ज्यादा अनुशासित व व्यवस्थित बना दिया था। कई बार दोनों विरोधी बन जाते, बिल के दयाहीन असंतोष कि बाकी हर कोई गलत कर रहा है—में स्टीव हाथ लहराने का नाटक करते हुए विचार रखता था। वे दोनों नाटकीय प्रवृत्तिवाले अति प्रतिस्पर्धी, आला दर्जे के बुद्धिमान, पागलों की तरह अथक लोग थे।

''अकसर, उनकी असहमति मर्दाना हाथियों के बीच की लड़ाई की तरह लगातार तीव्र हो जाती थी, खास तौर पर तब जब स्टीव बिल पर बहाली को तेज करने के लिए बिल को ठेला करता था, जो कि हमारे ग्राहकों की देखभाल करने तथा माइक्रोसॉफ्ट की बढ़त को बनाए रखने का एकमात्र रास्ता था। उसे कंपनी में शामिल ज्यादा दिन भी नहीं हुए थे, उसने बिल को कहा था कि माइक्रोसॉफ्ट को तत्काल 30 अन्य लोगों की जरूरत है हमारे कर्मचारियों को दोगुना करने के लिए। मैं इस सबके पक्ष में था, लेकिन बिल ने इसे अपनी मान्यता को तोड़नेवाला कदम माना था। वह कर्मचारी-खर्च (ओवरहेड) को धीरे-धीरे एवं बढ़त के अनुसार उठाना पसंद करता था, जिसके चलते तकनीकी उद्योग के अवसर हाथ से निकल सकते थे। उसने स्टीव पर चिल्लाना शुरू कर दिया था, 'जब तुम 30 लोगों की माँग करते हो, तुम्हें समझ आता है कि तुम क्या कह रहे हो? क्या तुम कंपनी को दिवालिया बनाने की कोशिश कर रहे हो?'

''स्टीव वापस गरजा था, 'हमारे पास कोई विकल्प नहीं है। हमने वायदे किए हैं और पूरा करके देने की तारीखें हैं। यदि हम ये भर्तियाँ नहीं करते हैं तो हम अनुबंधों को पूरा नहीं कर पाएँगे''

''और बिल ने कहा, 'यदि व्यापार मंदा हो जाता है और हम इन सभी लोगों को भुगतान करते रहे तो क्या होगा? हमारा सफाया हो जाएगा। क्या तुम पागल हो? हम कंपनी बरबाद कर दें! क्या तुम हमें बरबाद करना चाहते हो?'

''मैंने स्टीव को इसका श्रेय दिया था कि वह सहमत होकर बैठता नहीं था, वह बिल को समझाना जारी रखता था। जब तक कि हम अपनी जरूरतों को पूरा नहीं कर लेते थे। एक घंटे तक आगे-पीछे करने के बाद उसने कहा, 'ठीक है बिल, यह मेरे ऊपर है लानत है, हमें उन लोगों को यहाँ लाना है, हमारी हालत खराब है।'

आखिरकार गेट्स को कंपनी की जरूरतों के आगे झुकना पड़ा था। स्टीव और एलन ने बेहतरीन विश्वविद्यालयों—एम.आई.टी. (मैसाचुसेट्स इंस्टीट्यूट ऑफ टेक्नोलॉजी), कैलटेक (कैलिफोर्निया इंस्टीट्यूट ऑफ टेक्नोलॉजी), हार्वर्ड, येल, स्टैनफोर्ड आदि का दौरा किया था और वहाँ से स्नातक कर बाहर निकलनेवाले छात्रों को तरजीह देते थे। गेट्स का मानना था कि युवा व उत्साही प्रोग्रामर को उनके कहीं और काम कर लेने और खराब हो जाने से पहले ही भरती करना चाहिए। इसलिए अधिकतर ताजे स्नातक (बैचलर डिग्री), कुछ परास्नातक (मास्टर्स डिग्री) और इक्का-दुक्का पी-एच.डी. वाले कर्मचारियों की बहाली की गई थी और आगे भी यही फॉर्मूला अपनाया गया था।''

इस तरह वर्ष 1981 के अंत तक 88 नई भर्तियाँ हुई थीं और माइक्रोसॉफ्ट के कुल कर्मचारियों की संख्या 128 हो गई। पिछले साल के मुकाबले 85 लाख डॉलर की बढ़त के साथ सन् 1981 में कुल राजस्व 1.60 करोड़ डॉलर के स्तर पर पहुँच गया था। सन् 1982 में कर्मचारियों की संख्या 220 और राजस्व 2,44,86,000 हो गई थी।

सन् 1982 में, माइक्रोसॉफ्ट ने अपने सारे प्रोग्रामिंग कंप्यूटरों को 'मिलान' (MILAN–माइक्रोसॉफ्ट लोकल एरिया नेटवर्क) से जोड़ लिया था। इसमें एक डी.ई.सी.-2060, दो पी.डी.पी.-11/70, एक वीएएक्स-11/250 और 'जेनिक्स' पर चलने वाले तमाम कंप्यूटरों को इस नेटवर्क से आपस में जोड़ दिया था। उस वक्त इस तरह की नेटवर्किंग एक नायाब तकनीकी उन्नति का प्रतीक थी।

1982 के अंत तक, यानी बाजार में आने के पहले 16 महीनों में ही, 50 हार्डवेयर निर्माताओं को एमएस-डॉस के लाइसेंस जारी हो चुके थे। उस वक्त तक भी किसी को गुमान न था कि एमएस-डॉस आनेवाले वर्षों में पर्सनल कंप्यूटर का मनक बनाने जा रहा था। एमएस डॉस को नई ऊँचाइयों पर पहुँचाने और अन्य सॉफ्टवेयर के विकास के काम को तेज रफ्तार में आगे बढ़ाने के साथ-साथ कंपनी निर्यात बाजार को भी लगातार पुख्ता बना रही थी। इस दौरान माइक्रोसॉफ्ट लिमिटेड (इंग्लैंड) की स्थापना भी की गई थी।

इस बीच 28 जून को बाजार में कंपनी की ब्रांड छवि को बेहतर बनाने

की दिशा में माइक्रोसॉफ्ट ने अपना नया कारपोरेट लोगो—ब्लिबेट की घोषणा की थी। इस लोगो में 'माइक्रोसॉफ्ट' के पहले 'ओ' को क्षैतिज रेखाओं में भरे गए एक विशिष्ट अक्षर का रूप दिया गया था। आगामी नवंबर-दिसंबर 1982 में, लॉस-वेगास में आयोजित शीतकालीन कॉमडेक्स (कंप्यूटर डीलर्स एक्जीबिशन) में बड़ी धूमधाम के साथ इस लोगो का शुभारंभ किया गया था।

अपनी आदतों के अनुसार अब भी एलन 'इलेक्ट्रॉनिक न्यूज' व 'कंप्यूटर डिजाइन' पढ़ता था और नियमित तौर पर यूनिवर्सिटी ऑफ वॉशिंगटन के कंप्यूटर विज्ञान पुस्तकालय में जाया करता था। तभी एलन की नजर जीरोक्स पॉलो आल्टो रिसर्च सेंटर द्वारा अगस्त 1979 में जारी शोध-पत्र 'आल्टो—ए पर्सनल कंप्यूटर' पर पड़ी थी।

जिनिक्स का विकास—याद रहे कि फरवरी 1980 में ही माइक्रोसॉफ्ट ने बेहतर ऑपरेटिंग सिस्टम की जरूरतों के मद्देनजर से 'यूनिक्स' सॉफ्टवेयर का लाइसेंस हासिल किया था। उसे और विकसित कर आगे बेचने के लिए 'जिनिक्स' ट्रेडमार्क का पंजीकरण किया था। कंपनी का इरादा मिनी कंप्यूटर या मेन-फ्रेम कंप्यूटर का भारी खर्च नहीं उठा सकनेवाली मँझोली कंपनियों को (बाद में विकसित हुई एमएस-डॉस की तुलना में) पर्सनल कंप्यूटर के लिए ज्यादा भारी ऑपरेटिंग सिस्टम—'जिनिक्स' बेचकर अपने लिए राजस्व का नया रास्ता खोलना था। जब सन् 1982 में आई.बी.एम. ने 'डॉस 2.0' को विकसित करने की माँग की थी तो एलन ने 'जिनिक्स' की सुविधाओं को उसमें डाला था। फिर कई अन्य ओ.ई.एम. (ओरिजिनल इक्विपमेंट मैन्युफैक्चरर) के लिए इसी आधार पर अलग-अलग ऑपरेटिंग सिस्टम विकसित किए गए थे।

जी.यू.आई. अनुप्रयोगों के विकास की ओर

एलन ने 1979 से ही जी.यू.आई. (ग्राफिक यूजर इंटरफेस) पर आधारित अनुप्रयोगों (एप्लीकेशंस) को विकसित करने के दूरदर्शी विचार पर अमल करने के लिए बिल पर दबाव बनाना शुरू कर दिया था। कुछ वर्षों बाद इन्हीं अनुप्रयोगों का संपूर्ण पैकेज माइक्रोसॉफ्ट विंडोज के रूप में सामने आने वाला था और जिसकी बदौलत माइक्रोसॉफ्ट घरेलू कंप्यूटर सॉफ्टवेयर बाजार का एकमात्र बादशाह बन सका था।

जैसा कि हम जानते हैं अब तक जिन दूरदर्शी तकनीकी विचारों की बदौलत

माइक्रोसॉफ्ट को बढ़त मिली थी, उनमें से लगभग सभी बुनियादी तौर पर पॉल एलन के अध्ययनशील स्वभाव का नतीजा था। अपनी आदतों के अनुसार अब भी एलन 'इलेक्ट्रॉनिक न्यूज' व 'कंप्यूटर डिजाइन' पढ़ता था और नियमित तौर पर यूनिवर्सिटी ऑफ वॉशिंगटन के कंप्यूटर विज्ञान पुस्तकालय में जाया करता था। तभी एलन की नजर जीरोक्स पॉलो आल्टो रिसर्च सेंटर (जीरोक्स पार्क) द्वारा अगस्त 1979 में जारी शोध-पत्र 'आल्टो—ए पर्सनल कंप्यूटर' पर पड़ी थी।

यह एक आश्चर्यजनक तथ्य है कि फोटो कॉपी मशीन के लिए मशहूर कंपनी जीरोक्स कॉरपोरेशन घरेलू कंप्यूटर के शोध के मामले में काफी आगे थी और उसकी शोध-संस्था जीरोक्स पार्क ने 1 मार्च, 1973 को 'आल्टो' को तैयार कर लिया था, जिस पर सबसे पहले माउस से संचालित 'ग्राफिकल यूजर इंटरफेस' (जी.यू.आई./गुई) का इस्तेमाल किया गया था। आल्टो को पहला पर्सनल कंप्यूटर (पी.सी.) माना जाता है, क्योंकि वह सिर्फ एक व्यक्ति के इस्तमाल के लिए तैयार किया गया था; हालाँकि वह घरेलू इस्तेमाल के लिए नहीं बनाया गया था। उस वक्त जीरोक्स बहुत बड़ी कंपनी थी। उसका ध्यान फोटोकॉपी मशीन और उससे संबंधित तकनीकी विकास पर केंद्रित था; लिहाजा वह अपनी ही संस्था द्वारा विकसित किए जा रहे क्रांतिकारी कंप्यूटर तकनीकों की अन्य बाजार संभावनाओं का आकलन नहीं कर पाई थी।

जब आल्टो का ईजाद हुआ था, तब भी एलन को उसकी क्रांतिकारी संभावनाओं के बारे में अंदाजा लग गया था और उसने गेट्स को भी बताया था लेकिन तब वे लोग माइक्रोसॉफ्ट की स्थापना के बारे में सोच नहीं भी पाए थे। जीरोक्स पार्क ने भी अगस्त 1979 में ही आल्टो की बुनियादी क्रांतियों के बारे में विस्तार से शोध-पत्र जारी किया था। तब भी, घरेलू कंप्यूटर निर्माता तकनीकी तौर पर उतने विकसित नहीं हो सके थे कि आल्टो के पदचिह्नों पर चलने की हिम्मत करें। आल्टो भले ही व्यक्तिगत कंप्यूटर था, लेकिन उसकी गिनती मेनफ्रेम व मिनी कंप्यूटर की तरह वाणिज्यिक कंप्यूटर में किया जाता था। घरेलू कंप्यूटर ग्राहकों की खरीद-क्षमता के मद्देनजर इसे जीरोक्स ही आगे विकसित कर सकता, लेकिन उसने ऐसा नहीं किया था। हाँ, शोधपत्र प्रकाशित होने के बाद पॉल एलन के अलावा अगर किसी दूरद्रष्टा को घरेलू कंप्यूटर की दुनिया में आल्टो में इस्तेमाल हुए माउस आधारित 'जी.यू.आई.' की क्रांतिकारी संभावनाओं के बारे में समझ आई थी तो वह थे एप्पल के संस्थापक स्टीव जॉब्स।

एलन को साफ झलक गया था कि आनेवाले समय में जी.यू.आई. आधारित

अनुप्रयोगों की घरेलू कंप्यूटर बाजार में धूम मचेगी और उसने इस काम को शुरू करने के लिए गेट्स पर दबाव बनाना शुरू कर दिया था। किसी भी नए विचार पर काम शुरू करने के लिए गेट्स को सहमत कर पाना ही एलन की सबसे बड़ी दिक्कत रही थी। बिल ने इसको भी यह कहकर टाल दिया था कि अभी यह विचार परिपक्व नहीं है। उसने एलन से उलटे सवाल किया था—'आखिर इस पर आधारित हार्डवेयर कौन बनाएगा और यदि हार्डवेयर बन भी गया तो उसकी कीमत क्या होगी?' ऐसे सवाल किसी आम आदमी की ओर से आए होते तो जायज होता, लेकिन बिल माइक्रोसॉफ्ट का मुखिया था और उसके सामने विचार रखनेवाला खुद को कई बार साबित कर चुका तकनीकी-दूरद्रष्टा पॉल एलन था। लेकिन बिल की आदत ही ऐसी थी वह भी ऐसा जानबूझकर नहीं करता था। बस, उससे वैसा हो जाता था। खैर, इस बीच प्रोजेक्ट चेस का भी काम आ गया था और एलन का ध्यान उसमें लग गया था।

चलो, शुक्र था कि सितंबर 1980 में जब जीरोक्स पार्क का एक वरिष्ठ प्रोग्रामर चार्ल्स सिमोई माइक्रोसॉफ्ट में इंटरव्यू देने आया था तो बिल के व्यस्त होने के कारण स्टीव ने उसे एलन के पास भेज दिया था। सिमोई शुद्ध अनुसंधान के उबाऊ माहौल से निकलकर व्यावहारिक उत्पाद विकास के क्षेत्र आने को व्याकुल था। वह माइक्रोसॉफ्ट को भाषा-सॉफ्टवेयर कंपनी समझकर उसी से संबंधित अपने विचार रख रहा था; जबकि उसके परिचय-प्रपत्र में अनुभवों की लंबी फेहरिस्त देखकर एलन हैरान था। एलन ने दो महीने पहले ही जी.यू.आई. की दिशा में पहला कदम 'माइक्रोसॉफ्ट वर्ड' के विकास का प्रस्ताव रखा था और उसे उससे संबंधित योग्य व्यक्ति की तलाश थी। अब योग्य व्यक्ति एलन के सामने बैठा था। सिमोई ने जीरोक्स पार्क में 'ब्रावो'—पहला 'विसीविग' (जैसा देखो, वैसा पाओ)-प्रसंस्करण वर्ड प्रोसेसिंग सॉफ्टवेयर परियोजना का नेतृत्व किया था।

[चार्ल्स सिमोई (जन्म 10 सितंबर, 1948, बुडापेस्ट, हंगरी) के पिता टेक्निकल यूनिवर्सिटी ऑफ बुडापेस्ट (हंगरी) में प्रोफेसर (इलेक्ट्रिकल इंजीनियरिंग) थे। चार्ल्स ने स्कूल के अंतिम वर्षों में एक कंप्यूटर प्रयोगशाला में अंशकालिक चौकीदार का काम किया था, जहाँ सोवियत संघ में बना 'उराल' मेनफ्रेम कंप्यूटर लगा हुआ था। वहीं से कंप्यूटिंग के प्रति उसकी रुचि जगी और स्कूल छोड़ने से पहले उसने 'कंपाइलर' विकसित करना भी सीख लिया था। सन् 1966 में महज 16 साल की उम्र में उसकी प्रतिभा से प्रभावित होकर डेनमार्क की पहली कंप्यूटर कंपनी ने रेगने सेंट्रल (आर.सी.) उसे मौका दिया और उसने अगले

दो साल तक कोपेनहेगन में रहते हुए प्रोग्रामर की नौकरी की। उसी कमाई से सिमोई ने सन् 1968 में यूनिवर्सिटी ऑफ कैलिफोर्निया (बर्कले, उत्तरी कैलिफोर्निया, संयुक्त राज्य अमेरिका) में बी.एस.सी. (इंजीनियरिंग मैथमेटिक्स व स्टेटिस्टिक्स) की उपाधि हासिल की। फिर, 1972 में स्टेनफोर्ड यूनिवर्सिटी (स्टेनफोर्ड, शांता क्लारा काउंटी, कैलिफोर्निया) में कंप्यूटर साइंस से पी-एच.डी.में दाखिला लिया, जो वर्ष 1977 में पूरा हुआ।

पढ़ाई के साथ-साथ सिमोई ने जीरोक्स पार्क (स्टेनफोर्ड रिसर्च पार्क, पॉलो आल्टो) में काम भी शुरू कर दिया था, जहाँ वह वर्ष 1980 तक रहा था। उस वक्त जीरोक्स पार्क में कंप्यूटर विज्ञान की मशहूर शख्सियतें—एलन के, बटलर लंप्सन एवं रॉबर्ट मेटकॉफ भी काम करते थे और आल्टो पर्सनल कंप्यूटर के साथ-साथ लेजर प्रिंटर, बिटमैप ग्राफिक्स, ग्राफिकल यूजर इंटरफेस, विसविग (टेक्स्ट एडिटर), इंटरप्रेस (पेज डिस्क्रिप्शन लैंग्वेज), ईथरनेट (लोकल एरिया कंप्यूटर नेटवर्क), मॉडल व्यू कंट्रोलर (सॉफ्टवेयर आर्किटेक्चर) जैसे क्रांतिकारी आविष्कार हुए थे। लेकिन जीरोक्स कॉरपोरेशन इन आविष्कारों की व्यावसायिक संभावनाओं का पूरा इस्तेमाल नहीं कर सकी थी।]

सिमोई वर्ष 1981 की शुरुआत में माइक्रोसॉफ्ट में शामिल हुआ था। इस बीच, पॉल एलन ने जीरोक्स पार्क का दौरा किया था और सिमोई की 'विसविग' परियोजना के व्यावहारिक नमूनों को काम करते देखा था। जीरोक्स पार्क प्रबंधन सिमोई को छोड़ना नहीं चाहता था और उसके कई सहकर्मी भी उसके फैसले पर आश्चर्य कर रहे थे। उस वक्त किसी के लिए भी यह अनुमान लगाना मुश्किल था कि महज अगले छह वर्षों में माइक्रोसॉफ्ट अपने से करीब 73 साल पुरानी कंपनी 'जीरोक्स कॉरपोरेशन' (1908) के कुल कारोबार से ऊपर चली जाएगी और बाद में उससे कई गुना आगे बढ़ जाएगी। लेकिन रॉबर्ट मेटकॉफ जैसी शख्सियत की सलाह पर माइक्रोसॉफ्ट जैसी शुरुआती कंपनी में आने का जोखिम उठाया था। उसे कंपनी में हिस्सेदारी भी दी गई थी और उसने माइक्रोसॉफ्ट वर्ड, माइक्रोसॉफ्ट ऑफिस, माइक्रोसॉफ्ट पावर पॉइंट जैसी क्रांतिकारी अनुप्रयोग सॉफ्टवेयर समूह के विकास का नेतृत्व किया था। वर्ष 2002 में सिमोई ने माइक्रोसॉफ्ट छोड़कर अपनी कंपनी 'इंटरनेशनल सॉफ्टवेयर' की स्थापना की थी।

एलन का गेट्स से मतभेद और इस्तीफा

वर्ष 1978 के अंत में जब माइक्रोसॉफ्ट अल्बुकर्क से बेलेवुए स्थानांतरित

हुआ था तो 11 में से 9 युवा प्रोग्रामर थे, जो आपस में मौज-मस्ती करते हुए काम में जुटे हुए थे। लेकिन कंपनी की लगातार बढ़ती कीमती उत्पाद-शृंखला की बिक्री एवं अन्य कारोबारी मामलों को सँभालने के लिए एम.बी.ए. पढ़े लोगों की संख्या भी बढ़ी थी। इस कारण कंपनी की अच्छी-खासी रकम इन लोगों की तनख्वाह, विज्ञापन और बाजार विकास की दूसरी जरूरतों को पूरा करने पर खर्च होने लगी थी।

यह कारोबार चलाने का बुनियादी तरीका था। फिर भी इसके चलते सॉफ्टवेयर विकास के असल कामों से अलग दूसरे मदों में धन का बहाव होने लगा था। यहीं पर एक तकनीकी कंपनी को संतुलन बनाने की जरूरत होती है कि वह अपनी नवाचार-प्रक्रिया को बरकरार रखते हुए उसे अगले पायदान पर कैसे ले जाती है और बाजार से धन उगाही कर लाभ कमाने की गति को कैसे बढ़ाती है। लेकिन माइक्रोसॉफ्ट में कर्मचारियों की संख्या ज्यों ही 35 के पार गई, जो कि गेट्स व एलन की शुरुआती कल्पना थी, यह संतुलन बिगड़ना शुरू हो गया था।

ज्यों ही आई.बी.एम. पी.सी. का बाजार गरम होना शुरू हुआ था, अमेरिकी राष्ट्रीय संचार माध्यमों का ध्यान माइक्रोसॉफ्ट की ओर गया था और अध्यक्ष के नाते बिल गेट्स कंपनी का चेहरा था। सह-संस्थापक होने और तकनीकी प्रमुख के तौर पर पॉल एलन को भी महत्त्व मिल रहा था। एलन का मुख्य काम प्रोग्रामिंग प्रक्रिया की सँभाल करना था और प्रोग्रामरों को लगता था कि उनके बीच 'अपने जैसा' कोई है जो कंपनी के फैसले को प्रभावित करने की क्षमता रखता है। यदि कोई अप्रत्याशित समस्या आती तो गेट्स या किसी अन्य अधिकारी को बताने की बजाय प्रोग्रामर एलन को बताने में सहज महसूस करता था। पॉल एलन को उसकी रुचि का काम करने में अच्छा लगता था और उसने कभी व्यापारिक मामले में गेट्स को कोई चुनौती नहीं दी थी। गेट्स भी कोई भी बड़ा फैसला बिना एलन से विचार-विमर्श किए नहीं लेता था। लेकिन स्टीव बामर के आने के बाद यह प्रक्रिया कमजोर होने लगी थी और बड़े व्यापारिक मामले में भी गेट्स ने एलन से सलाह लेना काफी कम कर दिया था।

यहीं से दोनों के बीच दूरियाँ बढ़नी शुरू हो गई थीं। यहाँ यह उल्लेख करना जरूरी है कि माइक्रोसॉफ्ट की सबसे बड़ी ताकत यही थी कि यहाँ दोनों में कोई भी विशेषज्ञ नहीं था, बल्कि वे सामान्य वर्ग के थे। हाँ, गेट्स की कारोबारी समझ बेहतर थी तो एलन रचनात्मक सोच व तकनीकी दूरदृष्टि के मामलों में काफी आगे था। दो सामान्य लोगों की खास जोड़ी ही माइक्रोसॉफ्ट को अन्य तकनीकी कंपनियों के मुकाबले ज्यादा मजबूत बनाए हुई थी। मसलन एप्पल कंप्यूटर को ही

लें, वहाँ स्टीव जॉब्स महान् विचारक था तो स्टीव वोज्निअक मनमौजी हार्डवेयर डिजाइनर। लिहाजा, दोनों के बीच वैचारिक असंतुलन स्वाभाविक था। लेकिन गेट्स का यह स्वभाव कि उसके अलावा सभी कामचोर हैं या गलत हैं, उसके असामान्य गुस्से के रूप में फूटता था। पुराने लोगों को उसके स्वभाव का पता था और वे उसे दिल से नहीं लगाते थे; लेकिन अध्यक्ष का व्यवहार नए लोगों को आतंकित करने लगा था।

बिल गेट्स के समकालीन स्टीव जॉब्स के बारे में यह बात कुख्यात रही है कि वह व्यवहार के मामले में बड़े रूखे थे और अपनी सार्वजनिक छवि की परवाह नहीं करते थे कि उनके बारे में कोई क्या सोचता है। लेकिन बिल गेट्स का स्वभाव जॉब्स जैसा कतई नहीं था। गेट्स के स्वभाव के बारे में पॉल एलन अपनी आत्मकथा 'आइडिया मैन' में लिखते हैं—

''बिल अलग था। वह सख्त। लेकिन उचित दिखना चाहता था। वह कठोर व निर्दयी हो सकता था लेकिन उसमें गरमजोशी वाला व मानवीय पक्ष भी है। और किसी को भी संदेह नहीं था कि उसकी ज्यादतियाँ, चाहे अच्छी हों या बुरी, स्वाभाविक थीं। किसी बैठक में जब वह अचानक गुस्से में आ जाता था तो यह कभी भी सिर्फ प्रभाव डालने के लिए नहीं होता था। जैसा कि एक बार स्वर्गीय बॉब वालास ने कहा था, 'जिस बात से आप सहमत नहीं होते थे, सिर्फ वही विचार-विमर्श के लायक होता था। इसलिए आप अकसर बिल से बहस करने लग जाते थे।' माइक्रोसॉफ्ट के वरिष्ठ इस कवायद को जानते थे; लेकिन नए कर्मचारियों को आघात पहुँचता था। बिल उन लोगों के संकेतों को चूक जाता था, जो सख्त चुप्पियों व ठंडी हताशा में प्रतिक्रियाएँ जाहिर करते थे। जब वह आपे से बाहर होता था तो अकसर उसे पता नहीं चलता था।

जब कोई छोड़ने की धमकी देता था, तो बिल उसे व्यक्तिगत तौर पर लेता था और उस व्यक्ति का दिमाग बदलने के लिए जो भी उसके बस में होता, करता था। शायद उसने यह कभी नहीं विचार किया था कि वह मुझे भी खो सकता है। जब कभी भी हमारे बीच भिड़ंत हुई, मेरी तीव्रता व रक्तचाप बढ़ जाता था और उसका नुकसान होता था। कुछ लोग अपने गुस्से को बाहर निकालना जानते हैं, एक साँस लेते हैं और इसे जाने देते हैं। लेकिन मैं उनमें से एक नहीं था। मेरा डूबता मनोबल मेरे खुद के काम करने के उत्साह को निचोड़ देता था, जो बिल के अगले हमले में पेंदी में जा सकता था।

बिल गेट्स के इस स्वभाव से स्टीव बामर और अन्य उच्चाधिकारी भी दुःखी

थे; लेकिन उन लोगों के लिए वह 'मालिक' था और वे उसके तुनुक मिजाज को बरदाश्त करने के लिए मजबूर थे। उनका उससे कोई भावनात्मक रिश्ता नहीं था। पॉल एलन गेट्स की असामान्य व्यापारिक प्रतिभा के मद्देनजर पहले ही कम हिस्सेदारी पर समझौता कर चुका था। लेकिन गेट्स द्वारा कंपनी के बड़े फैसलों को नजरअंदाज करना और बात-बात पर तुनकनेवाला रवैया एलन को अपमानित करने जैसा लगने लगा था। ऐसा स्वाभाविक भी था। गेट्स भले ही ज्यादा हिस्सेदारी व सबसे बड़े पद पर चला गया हो, लेकिन कंपनी की स्थापना में एलन का भी बराबर का योगदान रहा था। इतना ही नहीं, उम्र में बड़ा होने के बावजूद एलन ने कभी गेट्स को छोटा नहीं महसूस होने दिया, बल्कि उसे आगे बढ़कर कंपनी की कमान सँभालने के मौका दिया। जाहिर है कि एलन को खुद का नजरअंदाज किया जाना और वह भी बाहरी लोगों के सामने, बहुत बुरा लगता था।

एलन ने अपनी आत्मकथा में अपने दुःख को बिना किसी दुर्भावना के जाहिर किया है—

''अब मेरी भूमिका कम होती जा रही थी। बिल ने नियमित तौर पर मुझे ढूँढ़ना बंद कर दिया था और मैंने उसके पास मिलने जाना कम और कम कर दिया था। भावुकतापूर्ण दुहाई के लिए काफी गुस्से व घमंड में मैं कभी भी अंदर नहीं गया और बिल को सीधे तौर पर बोला कि 'कुछ दिन तुम्हारे साथ काम करना नरक में होने जैसा लगता है।' इसलिए मेरी शिकायतें अनकही व अनसुलझे तौर पर सिर पर लटकी हुई थीं। जब हम डॉस 2.0 को लेकर लड़ पड़े थे, हमारी साझेदारी उधार के समय पर चल रही थी।''

एलन अपने मन की भड़ास को ज्यों-का-त्यों गेट्स तक पहुँचाना चाहता था। वह जानता था कि यदि वह शिकायतों को लेकर गेट्स के पास जाएगा तो वह अपने जवाबी तर्कों व हाजिर-जवाबी से उसे अनसुना कर देगा। लिहाजा, अपनी बात बिना किसी विचलन के सीधे पहुँचाने के लिए, एलन ने 1 जून, 1982 को बिल को एक चिट्ठी लिखने का फैसला किया था। एलन ने अपनी आत्मकथा 'आइडिया मैन' में उस चिट्ठी के कुछ प्रमुख अंश इस प्रकार उजागर किए हैं—

''करीब दो माह पहले मैं दर्दनाक निष्कर्ष पर आ गया था कि मेरे लिए माइक्रोसॉफ्ट छोड़ने का वक्त आ गया। स्टीव ने आश्वस्त किया था कि मुझे इस पर तुमसे विचार-विमर्श के लिए इंतजार करना चाहिए, जब तुम अपने दौरे के बीच में रहो।

''जैसा कि मैं निश्चित हूँ कि तुम महसूस करोगे कि मेरे फैसले का एक

बुनियादी कारण है। मैं गाली-गलौज से धमकाने या निंदा-भाषणों को अब और नहीं बरदाश्त कर सकता, जो कि लगभग मेरी किसी भी विवादित मुद्दे पर विचार-विमर्श करने की हरेक कोशिश में झलकता है।

''तुम जिस तरह के व्यक्तिगत मौखिक हमले करते हो, वह अकेले मेरे मामले में सैकड़ों घंटों की उत्पादकता को हानि पहुँचाता है।...पिछले कुछ वर्षों में इन व दूसरी घटनाओं का नतीजा है कि हमारी दोस्ती और हमारी एक साथ काम करने की क्षमता, दोनों धीरे-धीरे ध्वस्त होती रही हैं। शुरुआती दिनों की हमारी गहरी मित्रता काफी पहले समाप्त हो चुकी हैं।''

इस घटना के तीन सप्ताह बाद 25 जून, 1982 को बिल गेट्स ने जिम टाउनी को कंपनी का पहला अध्यक्ष व मुख्य परिचालन अधिकारी (प्रेसिडेंट एंड चीफ ऑपरेटिंग ऑफिसर) नियुक्त किया। टाउनी ने जल्द ही बिल गेट्स की सारी परिचालन जिम्मेदारियाँ सँभाल लीं। चूँकि दोनों के बीच काफी निकट संवाद की जरूरत थी, इसलिए बिल को लगा कि टाउनी को ठीक सामने वाले एलन के दफ्तर में होना चाहिए। उस वक्त टाउनी की उम्र 39 वर्ष थी और इससे पहले वह परीक्षण व माप उपकरणों के जाने-माने निर्माता 'टेक्ट्रॉनिक्स', इन्कॉरपोरेशन में उपाध्यक्ष व महाप्रबंधक था। हालाँकि कंपनी में गेट्स के बाद दूसरे सबसे बड़े हिस्सेदार व सह-संस्थापक होने के नाते यह साफ तौर पर एक अपमानजनक और छोटा दिखाने वाला इंतजाम था। लेकिन टाउनी की उम्र व वरिष्ठता का सम्मान करते हुए, उससे भी ऊपर, व्यावहारिकता के तकाजे को सहजता से स्वीकार करते हुए एलन ने कोई आपत्ति नहीं की थी और अपने स्वाभाविक दफ्तर को छोड़ वह नीचे हॉल में चला गया था।

जैसा कि सबको पहले से ही पता था कि टाउनी में गेट्स के गुस्सैल स्वभाव को झेल पाने की क्षमता नहीं थी, इसलिए वह माइक्रोसॉफ्ट में एक साल भी पूरा नहीं कर सका था। दूसरी ओर, बिल के दफ्तर से एलन की महज 20 मीटर की दूरी अंदर-ही-अंदर बढ़ती जा रही थी। कंपनी की मुख्य गतिविधियों से एलन लगातार दूर होता जा रहा था। शायद इस बात को दोनों जान रहे थे कि यह बढ़ती दूरी अब कभी भी कम न हो सकेगी; लेकिन किसी ने भी मौखिक रूप से एक-दूसरे को कुछ भी नहीं कहा था।

एलन की बीमारी और माइक्रोसॉफ्ट से जुदाई—12 सितंबर, 1982 को बिल गेट्स के साथ एलन भी यूरोप के दौरे पर निकले थे। लंदन के बाद वे म्यूनिख पहुँचे थे, जहाँ बीयर पीने के बाद पहली बार एलन को अपने अंदर कुछ गड़बड़ होने का

एहसास हुआ था। लेकिन जब 20 सितंबर को दोनों पेरिस के लिए रवाना हुए तो एलन काफी थक गए थे और उनके शरीर ने ठीक से काम करना बंद कर दिया था। ऐसा लग रहा था मानो फ्लू हो गया हो, लेकिन बुखार का अता-पता नहीं था। एलन ने किसी तरह एक संवाददाता सम्मेलन में भाग लिया था और उसके बाद उसकी हिम्मत नहीं हुई। उसे लगा था कि मामला गंभीर है और उसने फौरन सिएटल के लिए उड़ान भरी और अपने डॉक्टर के पास पहुँच गया था।

25 सितंबर को प्रारंभिक जाँच से यह पता चल सका था कि एलन को 'लिंफोमा'—एक तरह का ब्लड कैंसर है। लेकिन, आगे और गहन जाँच के बाद अगली सुबह बेहतर खबर आई थी कि वह हॉज्किन रोग था, यानी लिंफोमा की शुरुआती अवस्था।

डॉक्टर ने एलन की गरदन के दाहिने हिस्से के कंधे पर उग आई एक गाँठ को ही देखकर 'बायोप्सी' (जीवित ऊतकों की जाँच) का आदेश दिया था। अगले दिन स्वीडिश मेडिकल सेंटर में एलन भरती हुए थे। 25 सितंबर को प्रारंभिक जाँच से यह पता चल सका था कि एलन को 'लिंफोमा'—एक तरह का ब्लड कैंसर है। लेकिन, आगे और गहन जाँच के बाद अगली सुबह बेहतर खबर आई थी कि वह हॉज्किन रोग था, यानी लिंफोमा की शुरुआती अवस्था। उसके बाद एलन को अगले छह सप्ताहों तक, हर सप्ताह में पाँच दिनों का, रेडिएशन कोर्स पूरा करना पड़ा था।

दो महीने में एलन का वजन 20 पौंड कम हो गया था और वह अधिकांश समय अपने माता-पिता व बहन के साथ गाने सुनते, आराम करते बिताया रहा था। इलाज की आधी प्रक्रिया पूरी होने के बाद गाँठ का आकर घटना शुरू हो गया था। वैसे अभी पूरी तरह तय नहीं हो पाया था कि बीमारी पूरी तरह से ठीक हो जाएगी, लेकिन एलन ने साहस बटोरना शुरू कर दिया था और यूँ ही छुट्टी लेकर घर बैठने की बजाय दोपहर में दफ्तर जाकर काम-काज देखने लग पड़ा था। इस दौरान एक बार फिर बिल ने ऐसा कुछ बोल दिया कि एलन का उत्साह बुरी तरह टूट गया था और अब उसने जितना जल्द हो सके माइक्रोसॉफ्ट को छोड़ने का फैसला कर लिया था। एलन अपनी आत्मकथा 'आइडिया मैन' में लिखते हैं—

''रेडिएशन फिर से शुरू करने के बाद एक दिन मैं बिल के दफ्तर में एमएस-डॉस के राजस्व के बारे में बात कर रहा था। हमारी सपाट शुल्क रणनीति ने अनेको बाजारों में हमें स्थापित होने में मदद की थी; लेकिन मुझे लगा था कि हमने इसे बहुत लंबे समय से पकड़कर रखा हुआ था। एक मामला सामने था—हमने

एप्पल-सॉफ्ट बेसिक के लाइसेंस के लिए 21 हजार डॉलर का शुल्क प्राप्त किया था। 20 लाख एप्पल II बिक जाने के बाद वह 2 सेंट प्रति प्रतिलिपि पड़ा था। मैंने कहा, 'हमें डॉस के लिए रॉयल्टी शुरू करना होगा।'

''बिल ने जवाब दिया था, मानो वह एक मंद बुद्धि के बच्चे से बोल रहा हो, 'हमें जो आज बाजार हिस्सेदारी मिली है, उसके बारे में तुम कैसे सोचते हो?' तब स्टीव अपनी सामान्य तीव्रता के साथ बिल की तरफदारी में आ खड़ा हुआ था। यह एक के मुकाबले दो जैसा था, जबकि उस वक्त कोई आधे आदमी के बराबर भी नहीं था। (माइक्रोसॉफ्ट ने बाद में प्रति प्रतिलिपि लाइसेंसिंग शुरू की थी, जिस रुख से उसके राजस्व में अरबों डॉलर का इजाफा हुआ था।)

''इस घटना के थोड़े ही दिनों बाद, मैंने स्टीव को कहा था कि शायद मैं खुद की कंपनी शुरू करूँगा। मैंने बिल को कह दिया था कि माइक्रोसॉफ्ट में एक पूर्ण-कालिक अधिकारी के रूप में मेरा समय शायद बहुत कम बचा है और मुझे लगा था कि मैं अपने आप में ज्यादा खुश रहूँगा।''

तब यह बात आई-गई हो गई लगी थी। एलन की रेडिएशन-थैरैपी चल ही रही थी कि बिल ने एलन द्वारा 'माइक्रोसॉफ्ट हार्डवेयर ग्रुप' शुरू करने के प्रस्ताव को हरी झंडी दे दी। इसके तहत माइक्रोसॉफ्ट-माउस के प्रोटोटाइप पर काम शुरू हुआ था, जो चार्ल्स सिमोई के जी.यू.आई. (ग्राफिकल यूजर इंटरफेस) अनुप्रयोग समूह—माइक्रोसॉफ्ट वर्ड, माइक्रोसॉफ्ट ऑफिस, माइक्रोसॉफ्ट पावरपॉइंट—के लिए इस्तेमाल किया जाना था। इस दौरान माइक्रोसॉफ्ट को जापानी कंपनी ऐल्प्स इलेक्ट्रिकल समूह के लिए माउस विकसित करने काम मिला था। हालाँकि इस क्षेत्र में असल सफलता सन् 1985 में जी.यू.आई. आधारित माइक्रोसॉफ्ट-विंडोज के बाजार में आने के बाद मिली थी। इस क्रम में भी एप्पल के स्टीव जॉब्स के एक बटनवाले माउस की बजाय पॉल एलन ने दो बटन वाले माउस की व्यावहारिकता की वकालत की थी, जो बाद में एक तरह का 'मानक' बन गया था।

लेकिन दिसंबर के अंतिम सप्ताह में एक ऐसी घटना घटी कि पॉल एलन भौचक रह गया था। 31 दिसंबर, 1982 को पूर्णकालिक अधिकारी के रूप में गेट्स के साथ एलन का अंतिम दिन साबित हुआ और 18 फरवरी, 1983 को माइक्रोसॉफ्ट में उसका त्याग-पत्र वैधानिक हो गया था। एलन ने अपनी आत्मकथा 'आइडिया मैन' में इस दु:खद फैसले से जुड़ी घटना का इस प्रकार उल्लेख किया है—

''दिसंबर 1982 के अंत में एक शाम मैंने बिल के दफ्तर में बिल व स्टीव को गुस्से में बोलते हुए सुना था और उसे सुनने के लिए बाहर ही रुक गया था।

बातचीत के सार को समझना आसान था। वे उत्पादन में मेरी हाल की कमी का रोना रो रहे थे और यह विचार-विमर्श कर रहे थे कि किस प्रकार वे खुद अपने लिए तथा दूसरों को 'ऑप्शन' जारी कर माइक्रोसॉफ्ट में मेरी हिस्सेदारी को कमजोर बना सकते थे। यह साफ था कि वे लोग इस बारे में कुछ समय से विचार करते आ रहे थे।

''खड़े रहकर और ज्यादा सुनने में असमर्थ, मैं गुस्से में अंदर गया था और दोनों पर चिल्लाया था, 'यह अविश्वसनीय है। यह हमेशा के तुम्हारे वास्तविक चरित्र को प्रदर्शित करता है।' मैं उन दोनों को बोल रहा था, बिल को सीधे घूर रहा था। रँगे-हाथ पकड़े जाने से वे गूँगे हो गए थे। वे कुछ बोलते, उससे पहले मैं एकदम पलटा और निकल गया।

''घर की तरफ कार चलाते हुए मैंने अपने दिमाग में उनके संवाद को दुबारा चलाया था और यह अधिक-से-अधिक जघन्य मुझे लगा। मैंने कंपनी शुरू करने में मदद की थी और अब भी प्रबंधन का एक सक्रिय सदस्य था—बेशक बीमारी के चलते सीमित और अब मेरा साझेदार व मेरा सहकर्मी मुझे चीरने का षड्यंत्र कर रहे थे। यह सीधे-सपाट स्वार्थ लोलुप-अवसरवाद था।''

उसी शाम, स्टीव बामर एलन के घर गया था और बिल व खुद की तरफ से सफाई देने की कोशिश की थी। लेकिन एलन ने स्टीव को साफ कर दिया था कि अब उसका मन खट्टा हो चुका है। छह दिनों के बाद एलन को बिल द्वारा हाथ से लिखा गया छह पृष्ठों का पत्र मिला था। उसमें बिल ने एलन से उस दिन की बात के लिए माफी माँगी तो थी, लेकिन साझेदारी के बारे में बिल ने अपना नजरिया भी साफ किया था। अपनी आत्मकथा में एलन ने उस पत्र के कुछ अंश को पेश किया है, जो बिल के सोच को उजागर करता है—

''पिछले 14 वर्षों में हमारे बीच अनेक असहमतियाँ रहीं। लेकिन मुझे संदेह है कि खास फैसलों व चीजों को देखने के उनके आम विचारों, दोनों के मामलों में कभी भी साझेदार इतने ज्यादा सहमत रहे हों।

''कई बार मुझे लगता है कि मुझे तुम्हारी क्षमता के बारे में तुमसे ज्यादा विश्वास है। सॉफ्ट कार्ड से तुम्हारा मजबूत जुड़ाव मुझे हमेशा चकित करता है। साफ तौर पर कहूँ तो, सॉफ्ट कार्ड जैसे सफल विचार महान् होते है, लेकिन वे जरूरी नहीं हैं।

''कुछ तरीकों से कंपनी अच्छी स्थिति में है। लेकिन एक लिहाज से कंपनी खराब है। हम पहले के मुकाबले कम अनूठे हैं।

''पॉल—कई बार मुझे महसूस होता है कि तुम मुझे कह रहे हो कि मैं बुरा आदमी हूँ या कि कंपनी बुरी है। कई बार मुझे लगता है जैसे कि तुम कंपनी में लगाई जा रही तमाम कोशिशों को नहीं समझते हो।

''मैं जानता हूँ कि तुमने इस बारे में मेरे से ज्यादा सोचा है कि तुम सचमुच अकेला कलाकार बनना चाहते हो? मैं छुट्टी लेने की जरूरत को समझता हूँ, लेकिन यदि तुम सचमुच अकेले काम करना चाहते हो तो तुम क्यों बोस्टन आए थे और पढ़ाई छोड़ने के लिए मुझे यकीन क्यों दिलाया था? तुम्हारा सबसे बढ़िया काम रहा है—योजना व डिजाइन बनाने में मदद करना, न कि कार्यान्वित करने में।'

बिल की बातें बहुत हद तक सही थीं। एलन भी मानता है कि उसकी दूरदृष्टि का बिल के व्यापार की बेजोड़ योग्यता के साथ मेल ही माइक्रोसॉफ्ट की सफलता का वास्तविक कारण था। बिल की चिंता भी सही थी कि ज्यों-ज्यों घरेलू कंप्यूटर बाजार परिपक्व हो रहा था, माइक्रोसॉफ्ट का कारोबार-विस्तार भले ही तेज रहा हो, उसके द्वारा किए जा रहे नए आविष्कारों की रफ्तार धीमी हो रही थी और उन आविष्कारों का अनोखापन भी कमजोर पड़ रहा था। ऐसे में कंपनी को एलन जैसे व्यक्ति की सख्त जरूरत थी, जो बिल्कुल अलग तरीके से सोचने-समझने की क्षमता रखता हो और बिल उसे अपने हाथ से बाहर नहीं जाने देना चाहता था। बिल का पत्र एलन को हर हाल में कंपनी में बनाए रखने की अंतिम व तार्किक कोशिश थी।

लेकिन सबकुछ मानते हुए भी अब एलन के सामने वह मुद्दा ही नहीं बचा था। भले ही कैंसर के जानलेवा हमले को सौभाग्य से एलन ने झेल लिया था और अब बीमारी काबू में आ चुकी थी, लेकिन आगे की जिंदगी को वह बिल्कुल सरल रखना चाहता था। एलन के दिलो-दिमाग ने फैसला कर लिया था और अब पीछे मुड़कर देखने की बजाय आगे की तरफ रखना ही उसके जीवन में 'कुछ नया' का आनंद दे सकता था। वैसे, एलन ने अभी तक भविष्य के बारे में कोई योजना नहीं बनाई थी।

दूसरी ओर, जब बिल को अहसास हो गया कि अब उसकी कोशिशें सफल नहीं होंगी तो वह अपना नुकसान बचाने के जुगाड़ों में जुट गया था। सन् 1981 में कंपनी की विधिवत् स्थापना के बाद, बिल के पास 'कट्टर विरोधी मतभेद' की स्थिति में अपने साझेदार के हिस्से को खरीदने का अधिकार था और उसने इसके बारे में अपने पत्र में उल्लेख किया था। जनवरी 1983 में एलन ने माइक्रोसॉफ्ट अधिकारी के रूप में बिल से उसके दफ्तर में मुलाकात की थी। तब बिल ने उससे

कहा भी था कि अब कंपनी में हिस्सा बनाए रखना उचित नहीं था और 5 डॉलर प्रति शेयर का प्रस्ताव भी किया था। लेकिन एलन ने 10 डॉलर से नीचे किसी भी प्रस्ताव पर विचार नहीं करने का अपना इरादा साफ कर दिया था। असल में, बिल ने उस पर दबाव बनाकर 3 डॉलर प्रति शेयर की दर से उसके हिस्से के शेयर खरीदे थे और वह अब एलन के मामले में भी वही रणनीति अपनाना चाहता था। लेकिन एलन की स्थिति अलग थी। वह कोई कर्मचारी नहीं बल्कि संस्थापक-हिस्सेदार था और वह वेर्न की तरह किसी प्रतिस्पर्धी कंपनी में भी नहीं जा रहा था।

वैसे भी, बिल के दबाव के बावजूद एलन ने अपना हिस्सा बेचने से साफ मना कर दिया था। उसने 18 फरवरी, 1983 को विधिवत् इस्तीफा दे दिया; लेकिन निदेशक मंडल में अपनी जगह बनाए रखी। बाद में, निदेशक मंडल की बैठक में, कंपनी में योगदान के मद्देनजर एलन को बहुमत से (वाइस चेयरमैन) चुन लिया गया था और उससे भविष्य में भी कंपनी में योगदान करने की उम्मीद जताई गई थी। अगले कुछ समय तक कंपनी में एलन के दफ्तर को बनाए रखा गया, लेकिन छह महीने बाद उसका सारा सामान उसके पते पर भेज दिया गया और एलन का माइक्रोसॉफ्ट के साथ सीधे रिश्ते का अंत हो गया था।

□

6

विंडोज का विकास और आई.पी.ओ. की धूम

अब माइक्रोसॉफ्ट का आधार मजबूत हो गया था। उसके पास कई सॉफ्टवेयर परियोजनाओं को एक साथ विकसित करने का आधार मानव संसाधन जुट गया था। कंप्यूटर भाषाओं पर माइक्रोसॉफ्ट का लगभग एकाधिकार-सा हो चुका था और इस मद के राजस्व में लगातार बढ़त हो रही थी। एमएस डॉस के जरिए परिचालन प्रणाली (ऑपरेटिंग सिस्टम) बाजार में भी काफी बढ़त हो रही थी। पॉल एलन के मार्गदर्शन में जी.यू.आई. तकनीक पर आधारित विंडो के जरिए कंप्यूटर परिचालन प्रणाली को एक नई दिशा देने और उसे ताकतवर अनुप्रयोगों (एप्लीकेशन) से लैस कर संपूर्ण घरेलू कंप्यूटर सॉफ्टवेयर बाजार पर बादशाहत की बिसात बिछाई जा चुकी थी। एलन ने खुद के रहते ही माइक्रोसॉफ्ट की आगामी रचनात्मक यात्रा का व्यापक डिजाइन तैयार कर दिया था। अब व्यापारिक कार्यान्वयन की बारी थी, जिसमें बिल गेट्स को किसी दार्शनिक की नहीं बल्कि कुशल सेनापतियों व सैनिकों की जरूरत थी।

18 फरवरी, 1983 को पॉल एलन के इस्तीफे के बाद बिल गेट्स के गुस्सैल व तानाशाही रवैए को जेम्स टाउनी ज्यादा दिनों तक बरदाश्त नहीं कर सका था, और उसने 20 जून को अध्यक्ष व मुख्य परिचालन अधिकारी (सी.ओ.ओ.) के पद से त्यागपत्र दे दिया था। 1 अगस्त, 1983 को जॉन शिरली (45 वर्ष) ने टाउनी की जगह ली। गेट्स ने चेयरमैन के साथ-साथ एलन का कार्यकारी उपाध्यक्ष का पद भी अपने पास रख लिया था और इस तरह सॉफ्टवेयर विकास पर उसी का संपूर्ण नियंत्रण रहा।

18 फरवरी, 1983 को पॉल एलन के इस्तीफे के बाद बिल गेट्स के गुस्सैल व तानाशाही रवैए को जेम्स टाउनी ज्यादा दिनों तक बरदाश्त नहीं कर सका था, और उसने 20 जून को अध्यक्ष व मुख्य परिचालन अधिकारी के पद से त्यागपत्र दे दिया था।

जॉन शिरली उससे पहले टेंडी कॉरपोरेशन में उपाध्यक्ष (कंप्यूटर मर्चेंडाइजिंग) थे और उनके पास बिक्री, उत्पादन व अंतरराष्ट्रीय परिचालन का अच्छा अनुभव था। बिल गेट्स को शिरली के रूप में एक कुशल सेनापति मिल गया था। आनेवाले समय में, माइक्रोसॉफ्ट जैसी युवा कंपनी को पेशेवर व्यावसायिक कौशल के साथ आगे बढ़ाने विंडोज ऑपरेटिंग सिस्टम के जन्म, रेडमंड मुख्यालय परिसर के विकास और प्रारंभिक सार्वजनिक प्रस्ताव (आई.पी.ओ.) के साथ माइक्रोसॉफ्ट को ऐतिहासिक ऊँचाई देने में शिरली ने बिल गेट्स के साथ काफी महत्त्वपूर्ण भूमिका निभाई थी। 30 जून, 1990 तक शिरली अपने पद पर बने रहे थे। उसके बाद की लड़ाई के लिए बिल गेट्स को नए सेनापति की जरूरत पड़ी थी और शिरली निदेशक मंडल में रहते हुए उसके सलाहकार की भूमिका में चले गए थे।

खैर, शिरली की पेशेवर कुशलता का बिल गेट्स ने जबरदस्त फायदा उठाया था। इस दौरान माइक्रोसॉफ्ट का प्रदर्शन इस प्रकार रहा—

वर्ष	राजस्व	कर्मचारी
1983	5,00,65,000	476
1984	9,74,79,000	608
1985	14,04,17,000	910
1986	19,75,14,000	1,442
1987	34,58,90,000	1,816
1988	59,08,27,000	2,793
1989	80,45,30,000	4,037
1990	1,18,34,46,000	5,635

एप्पल मैकिंटोश के साथ अनुप्रयोगों का विकास

अगस्त 1981 में 'एप्पल' के संस्थापक स्टीव जॉब्स ने अपने बहुचर्चित मैकिंटोश कंप्यूटर के लिए कुछ अनुप्रयोगों के विकास के लिए माइक्रोसॉफ्ट से संपर्क किया था। कुछ महीनों बाद अक्तूबर में जॉब्स के बुलावे पर मैकिंटोश का साक्षात् प्रदर्शन देखने के लिए पॉल एलन व बिल गेट्स ने सिलिकॉन वैली स्थित एप्पल मुख्यालय की यात्रा की थी। फिर 22 जनवरी, 1982 को माइक्रोसॉफ्ट व एप्पल के बीच चार अनुप्रयोगों—'माइक्रोसॉफ्ट मल्टीप्लान' (इलेक्ट्रॉनिक स्प्रेडशीट प्रोग्राम), 'माइक्रोसॉफ्ट चार्ट' (बिजनेस ग्राफिक प्रोग्राम), 'माइक्रोसॉफ्ट फाइल' (डेटाबेस प्रोग्राम), 'माइक्रोसॉफ्ट एक्सेल' (इंटीग्रेटेड इलेक्ट्रॉनिक स्प्रेडशीट प्रोग्राम) और 'माइक्रोसॉफ्ट वर्ड' (वर्ड प्रोसेसिंग प्रोग्राम) के विकास के अनुबंध किया गया था। इसमें एप्पल की ओर से एक शर्त यह रखी गई थी कि माइक्रोसॉफ्ट इन अनुप्रयोगों को किसी और ग्राहक को मैकिंटोश के जारी होने के एक साल पहले नहीं करेगी। लेकिन माइक्रोसॉफ्ट ने इसकी अंतिम समय सीमा जनवरी 1983 करवा ली थी।

आई.बी.एम. की प्रोजेक्ट-चेस परियोजना की तरह ही एप्पल मैकिंटोश परियोजना को गुप्त नाम 'सैंड' (स्टीव्स अमेजिंग न्यू डिवाइस) दिया गया था। 20 जनवरी, 1984 को जब एप्पल मैकिंटोश कंप्यूटर के अनावरण के मौके पर बिल गेट्स भी मौजूद था और मैकिंटोश विवरणिका में लोटस के मिच कपूर व सॉफ्टवेयर पब्लिशिंग के फ्रेंड गिबन के साथ बाकायदा बिल गेट्स का फोटो प्रकाशित किया गया था।

मल्टीप्लान, चार्ट व एक्सेल—मल्टीप्लान, माइक्रोसॉफ्ट द्वारा विकसित एक प्रारंभिक स्प्रेडशीट प्रोग्राम सॉफ्टवेयर था। यह कंपनी का पहला अनुप्रयोग सॉफ्टवेयर (एप्प) था। शुरू में इसे कोड नाम 'ईपी' (इलेक्ट्रॉनिक पेपर) से जाना जाता था। इसे उस वक्त के प्रचलित एक अन्य स्प्रेडशीट प्रोग्राम सॉफ्टवेयर 'वीसी कैल्क' की प्रतिस्पर्धा में वर्ष 1982 में उतारा गया था। पहले इसे सीपी/एम ऑपरेटिंग सिस्टम पर चलनेवाले कंप्यूटर के लिए निकाला गया। इसका विकास माइक्रोसॉफ्ट के स्वामित्व वाले 'पी कोड सी कंपाइलर' पर इस रणनीति के तहत किया गया था कि यह अन्य प्रणालियों एमएस डॉस, जीनिक्स, कमोडोर 64 व 128, टेक्सास इंस्ट्रूमेंट टी.आई.-99/4ए, रेडियो शैक टीआरएस-80 मॉडल II, टीआरएस-80 मॉडल 100 (रोम), एप्पल II आदि पर भी चल जाए। खास तौर पर जापान और यूरोपीय बाजारों में मल्टीप्लान को अच्छी कामयाबी मिली थी। लेकिन अमेरिकी बाजार में लोटस 1-2-3 की लोकप्रियता पहले नंबर पर थी।

जैसा कि इसके नाम से ही जाहिर होता है, माइक्रोसॉफ्ट चार्ट/ग्राफ सॉफ्टवेयर का विकास चार्ट/ग्राफ बनाने के लिए किया गया था। लोटस 1-2-3 से मुकाबले के लिए माइक्रोसॉफ्ट मल्टीप्लान के साथ माइक्रोसॉफ्ट चार्ट को भी जारी किया गया था। लेकिन लोटस की बिक्री कम नहीं हुई। फिर इसे एप्पल मैकिंटोश (1985) और माइक्रोसॉफ्ट विंडोज (1987) के लिए निकाला गया था। कुछ साल बाद इसे माइक्रोसॉफ्ट एक्सेल द्वारा बदल दिया गया था, जो 'माइक्रोसॉफ्ट ऑफिस' का हिस्सा बन गया।

माइक्रोसॉफ्ट वर्ड—वर्ष 1981 में माइक्रोसॉफ्ट में शामिल होने के कुछ समय बाद चार्ल्स सिमोई ने जीरोक्स पार्क के अपने सहयोगी रिचर्ड ब्रोडी को वर्ड-प्रोसेसर के विकास के काम पर लगाया था। इसे शुरू में 'मल्टी टूल वर्ड' नाम से जीनिक्स और एमएस डॉस के लिए जारी किया गया था। जल्द ही इसका नाम बदलकर 'माइक्रोसॉफ्ट वर्ड' कर दिया गया था। इसकी मुफ्त प्रदर्शन-प्रतियाँ 'पी.सी. वर्ल्ड' पत्रिका के नवंबर 1983 अंक के साथ बाँटी गई थीं। उस वक्त जब 'माइक्रोसॉफ्ट विंडोज' की घोषणा हुई तो उस पर माइक्रोसॉफ्ट वर्ड को चलते हुए दिखाया गया था।

एमएस डॉस के अधिकांश प्रोग्राम के उलट 'माइक्रोसॉफ्ट वर्ड' को माउस के जरिए उपयोग के लिए डिजाइन किया गया था। विज्ञापन में माइक्रोसॉफ्ट माउस की 'विसविग' (जो शब्द देखो, वही शब्द पाओ) क्षमता को प्रचारित किया गया था। चूँकि इसका यूजर इंटरफेस उस वक्त के प्रमुख वर्ड प्रोसेसर 'वर्ड स्टार' से अलग था, इसलिए यह शुरू-शुरू में लोकप्रिय नहीं हुआ था।

आई.बी.एम. पी.सी. सहित कई अन्य प्लेटफॉर्मों—डॉस (1983), एप्पल मैकिंटोश (1985), एटी एंड टी यूनिक्स पी.सी. (1985) एवं अटारी एसटी (1988) के लिए माइक्रोसॉफ्ट के विभिन्न संस्करण लगातार सुधार के साथ लाए गए थे। लेकिन वास्तविक सफलता छह वर्षों की लगातार मेहनत के बाद सन् 1989 में मिली थी, जब माइक्रोसॉफ्ट वर्ड-3.0 को माइक्रोसॉफ्ट विंडोज (1989) के रिच टेक्स्ट फॉर्मेट (आर.टी.एफ.) प्लेटफॉर्म पर उतारी गई थी और तब उसने 'वर्ड स्टार' को पीछे धकेलकर नंबर-1 स्थान पर कब्जा कर लिया था। विंडोज 95 के साथ पहली बार इसे माइक्रोसॉफ्ट-ऑफिस-95 के हिस्से के रूप में पेश किया गया था। नई सुविधाओं के साथ उसमें लगातार सुधार अभी भी जारी है और उसके अनेक संस्करण आ चुके हैं।

31 अक्तूबर, 1983 को, वीसी कॉपर्स ने जी.यू.आई. पर आधारित 'वीसी ऑन एप्लीकेशन मैनेजर' को बाजार में उतार दिया था। यह संपूर्ण ऑपरेटिंग सिस्टम नहीं बल्कि 'ऑपरेटिव एनवायरनमेंट' था, जो ऑपरेटिव सिस्टम व अनुप्रयोगों को जोड़नेवाला बिचौलिया सॉफ्टवेयर जैसा था।

माइक्रोसॉफ्ट विंडोज के शुरुआती संस्करण

जैसा कि हम जानते हैं कि अगस्त 1979 में जीरोक्स पार्क द्वारा 'आल्टो-पर्सनल कंप्यूटर' का शोध-पत्र पढ़ने के बाद से ही पॉल एलन जी.यू.आई. (ग्राफिकल यूजर इंटरफेस) पर काम शुरू करना चाहता था, लेकिन उसके करीब दो साल बाद उस पर काम शुरू हो सका था और सितंबर 1982 में 'माइक्रोसॉफ्ट-विंडोज' का पहला डिजाइन तैयार हो सका था, जिसे शुरुआत में 'इंटरफेस मैनेजर' कहा गया था। चूँकि इस इंटरफेस पर बड़े 'कमांड कोड' (आदेश संकेतावली) के बदले में 'ग्राफिकल विंडो' (चित्रमयी खिड़की) का इस्तेमाल हुआ था और उसमें कई खिड़कियों (विंडोज) का इस्तेमाल हुआ था, इसलिए अंतत: इसका नाम माइक्रोसॉफ्ट विंडोज रखा गया।

इस ऐतिहासिक नामकरण के साथ रोलैंड हैनसन का नाम जुड़ा हुआ था, जो 1983 की शुरुआत में माइक्रोसॉफ्ट में वाइस प्रेसिडेंट (कारपोरेट कम्युनिकेशन) के रूप में कंपनी की 'ब्रांडिंग' (छवि निर्माण) को नए अंदाज में पेश कर रहे थे। उसने बिल गेट्स को 'इंटरफेस मैनेजर' की बजाय उसे 'माइक्रोसॉफ्ट विंडोज' रखने का सुझाव दिया था, जिसे उस वक्त एकमत में ज्यादा प्रभावी मानकर लागू कर लिया गया था। रोलैंड ने ही 'मल्टी टूल' को 'माइक्रोसॉफ्ट वर्ड' नाम दिया था। व्हार्टन स्कूल ऑफ बिजनेस (पेंसिल्वेनिया विश्वविद्यालय) से एम.बी.ए. रोलैंड, उससे पहले न्यूट्रोजेना कॉरपोरेशन (अब जॉनसन एंड जॉनसन) में वाइस प्रेसिडेंट (इंटरनेशनल मार्केटिंग) पद पर कार्यरत थे। रोलैंड ने अपने पाँच साल के कार्यकाल में माइक्रोसॉफ्ट की ब्रांड छवि को ऐतिहासिक ऊँचाई दी थी। 1987 के बाद से वह अपनी सलाहकार कंपनी 'सी.आर.एस. एसोसिएट्स' का संचालन करने लगे।

वास्तव में, 19 जनवरी, 1983 को एप्पल लिसा बाजार में आ चुका था। यह काफी सस्ते में उपलब्ध पहला पी.सी. था, जिसमें 'जी.यू.आई.' (ग्राफिकल यूजर इंटरफेस) की सुविधा उपलब्ध कराई गई थी। स्टीव जॉब्स ने 'एप्पल लिसा' अपनी बेटी लिसा के जन्म के बाद वर्ष 1978 में इस कंप्यूटर के विकास का काम शुरू

किया था। लिसा के बाजार में आने से पहले ही जॉब्स एप्पल मैकिंटोश का विकास शुरू कर दिया था, जो 24 जनवरी, 1984 को पेश किया गया था।

इस बीच 31 अक्तूबर, 1983 को, वीसी कॉपर्स (पहले पर्सनल सॉफ्टवेयर) ने जी.यू.आई. पर आधारित 'वीसी ऑन एप्लीकेशन मैनेजर' को बाजार में उतार दिया था। यह संपूर्ण ऑपरेटिंग सिस्टम नहीं बल्कि 'ऑपरेटिव एनवायरनमेंट' था, जो ऑपरेटिव सिस्टम व अनुप्रयोगों को जोड़नेवाला बिचौलिया सॉफ्टवेयर जैसा था। इसकी कीमत 495 डॉलर थी, जो स्प्रेडशीट प्रोग्राम 'वीसी ऑन कैल्क' (395 डॉलर), चार्ट/ग्राफ प्रोग्राम 'वीसी ऑन ग्राफ' (250 डॉलर) एवं वर्ड प्रोसेसर 'वीसी ऑन वर्ड' (375 डॉलर) के साथ कुल 1,765 डॉलर में पेश की गई थी। लेकिन सॉफ्टवेयर आर्ट्स के साथ कानूनी विवादों से निपटने के लिए वीसी कॉपर्स को 198 4 के बीच में अपना सोर्स-कोड कंट्रोल डाटा कॉरपोरेशन को बेचना पड़ा। फरवरी 1985 में उसने तीनों की कुल कीमत को घटाकर 990 डॉलर कर अपनी बाजार रणनीति को सुधारने की कोशिश भी की; लेकिन लोटस-1-2-3 से मुकाबला न कर पाने के चलते कंपनी को बिकना पड़ा और नवंबर 1985 में पलादीन सॉफ्टवेयर में उसका विलय हो गया।

वीसी कॉपर्स का दुर्भाग्य माइक्रोसॉफ्ट का सौभाग्य साबित हुआ था, वरना एकबारगी अवसर उसके हाथ से निकलता नजर आया था। माइक्रोसॉफ्ट अभी विंडोज 1.0 को ठीक से विकसित भी नहीं कर पाई थी कि उसके मनसूबे पर पानी फेरने के लिए 'वीसी ऑन' ने बाजार में ताल ठोंकना शुरू कर दिया था। ज्यादा देर करना माइक्रोसॉफ्ट के लिए नुकसानदेह साबित हो सकता था। लिहाजा 10 नवंबर 1983 को न्यूयॉर्क सिटी के प्लाजा होटल में आयोजित एक समारोह में बिल गेट्स ने घोषणा की कि माइक्रोसॉफ्ट विंडोज-1.0 आगामी अप्रैल 1984 से बाजार में उपलब्ध हो जाएगा। इतना ही नहीं, गेट्स ने यह भी दावा किया था कि विंडोज 1.0 की कीमत सिर्फ 250 डॉलर होगी, जबकि उसमें 'वीसी ऑन' जैसी तमाम विशेषताएँ होंगी। लेकिन माइक्रोसॉफ्ट इस घोषणा के कुल दो साल बाद 20 नवंबर, 1985 को विंडोज 1.0 को बाजार में लाने में सक्षम हो सका था।

वास्तव में, घोषणा से पहले बिल गेट्स ने विंडोज 1.0 का बीटा संस्करण आई.बी.एम. के पदाधिकारियों को दिखाया था और समर्थन की अपेक्षा की थी। लेकिन अब तक आई.बी.एम. को यह एहसास होना शुरू हो चुका था कि एमएस-डॉस का स्वामित्व न लेकर उसने सन् 1981 में गलती की थी और अपनी पुरानी परंपरा को फिर से कायम करने की कोशिशों के तहत आई.बी.एम. पूर्ण

स्वामित्ववाले ऑपरेटिंग सिस्टम—'टॉप व्यू' के विकास की दिशा में गुपचुप कदम बढ़ा चुकी थी। लिहाजा आई.बी.एम. अधिकारियों ने गेट्स के प्रस्ताव में कोई रुचि नहीं दिखाई थी। आई.बी.एम. ने अगस्त 1984 में 'टॉप व्यू' की घोषणा की थी और फरवरी 1985 में जब वह सामने आया था तो दावे के उलट उसमें जी.यू.आई. की कोई भी विशेषता नहीं थी। 'टॉप व्यू' डॉस आधारित एक 'मल्टीटास्किंग प्रोग्राम मैनेजर' (बहुकार्य कार्यक्रम प्रबंधक) से ज्यादा कुछ नहीं था और आई.बी.एम. को दो साल बाद उसे बाजार से हटाना पड़ा था।

उस वक्त भी बिल गेट्स को शायद आई.बी.एम. की बेरुखी का पहले से अंदाज था और उसने परोक्ष रूप से आई.बी.एम. को जवाब देने की रणनीति बना ली थी। तब विंडोज 1.0 के बीटा संस्करण को समर्थन देने के लिए कॉम्पैक कंप्यूटर कॉरपोरेशन (अब हैवलेट पैकर्ड कंपनी), जेनिथ डाटा सिस्टम्स (जेनिथ इलेक्ट्रॉनिक्स) व डिजिटल इक्विपमेंट कॉरपोरेशन (डी.ई.सी.) सामने आई थी। ये कंपनियाँ एमएस-डॉस ऑपरेटिंग सिस्टम के आधार पर आई.बी.एम. पी.सी. जैसे उत्पादों के साथ बाजार में गलाकाट प्रतिस्पर्धा का माहौल बना रही थीं। इससे आई.बी.एम. पी.सी. की धुआँधार कामयाबी के रास्ते में नित नई चुनौतियाँ खड़ी हो रही थीं तो माइक्रोसॉफ्ट के राजस्व खाते में रॉयल्टी राशि की अप्रत्याशित बारिश हो रही थी। लिहाजा जब तक आई.बी.एम. 'टॉप व्यू' के साथ सामने आती, विंडोज ने अपने पक्ष में अच्छा-खासा माहौल बना लिया था। ऐसे में जब 'टॉप व्यू' का पहला संस्करण अपेक्षा के उलट आया, तो आई.बी.एम. के सुधार के नए दावे पर किसी को भरोसा नहीं हुआ था। तमाम खामियों के बावजूद बाजार ने विंडोज 1.0 को समर्थन दिया था, और आई.बी.एम. जैसी महारथी कंपनी को 'टॉप व्यू' से तौबा करनी पड़ी थी।

लेकिन यह सब उतना आसान नहीं था। एप्पल-लिसा के बाद एप्पल मैकिंटोश की जी.यू.आई. आधारित खूबियों पर कंप्यूटर उपयोगकर्ताओं का एक वर्ग बिल्कुल लट्टू-सा हो रहा था। बाजार में 'विंडो युद्ध' जैसी स्थिति बन रही थी। तभी 28 जनवरी, 1985 को, डिजिटल रिसर्च इन्कॉरपोरेशन (जी.आर.आई.) 'जेम/1' (ग्राफिकल एनवायरनमेंट मैनेजर/1) के साथ बाजार में खड़ा हो गया था। यह वही कंपनी थी जिसके सीपी/एम ऑपरेटिव सिस्टम को माइक्रोसॉफ्ट के एमएस-डॉस ने बाजार में धूल चटाने के बाद इतिहास की काल-कोठरी में धकेल दिया था। अब इसके खार खाए संस्थापक गैरी किल्डाल 'जेम' के साथ गेट्स से बदला लेने का मनसूबा जुटा रहा था। लेकिन किल्डाल ने एक बार फिर गलती कर दी थी। 'जेम' को सिर्फ आई.बी.एम. पी.सी. पर चलने लायक बनाया था और

कॉम्पैक जैसे 'आई.बी.एम. पी.सी.-कंपेटिबल' कंप्यूटरों निर्माताओं से लाइसेंस फीस की उम्मीद की थी। करीब साल भर बाद जब किल्डाल को गलती का एहसास हुआ तो उसने यह गलती सुधारी थी, लेकिन तब तक काफी देर हो चुकी थी।

इस बीच विंडोज को अप्रैल 1984 में उपलब्ध करा देने की अपनी घोषणा से माइक्रोसॉफ्ट मुकर गया था, फिर जून 1985 में उपलब्ध होने की संभावना भर जताई थी। जब वह समय भी गुजर गया तो विरोधियों ने उसे 'वैपोवेयर' (हकीकत न बन सकनेवाला) कहना शुरू कर दिया था। काफी मशक्कत के बाद जब विंडोज को नवंबर 1985 में लाने की तैयारी अंतिम दौर में पहुँची तो करीब एक माह पहले अक्तूबर में एप्पल के वकीलों ने बिल गेट्स को कानूनी चेतावनी दी थी कि विंडोज 1.0 एप्पल के कॉपीराइट व पेटेंट का उल्लंघन करता था। एक बार फिर, इस मामले में भी बिल गेट्स ने वकील का बेटा होने का परिचय दिया था और एप्पल के साथ लंबे रिश्तों का हवाला देते हुए विवाद को खत्म करने के लिए एक गुप्त समझौता किया था। 20 नवंबर, 1985 को विंडोज 1.0 को बाजार में उतारने के एक दिन बाद 22 नवंबर, 1985 को हुए उस समझौते पर माइक्रोसॉफ्ट की तरफ से बिल गेट्स और एप्पल की ओर से तत्कालीन अध्यक्ष व सी.ई.ओ. जॉन स्कुली ने हस्ताक्षर किए थे।

उस समझौते में माइक्रोसॉफ्ट ने स्वीकार किया था कि उसके संबंधित प्रोगामों (माइक्रोसॉफ्ट मल्टीप्लान, माइक्रोसॉफ्ट चार्ट, माइक्रोसॉफ्ट फाइल व माइक्रोसॉफ्ट) के 'दृश्य प्रदर्शन' (विजुअल डिस्प्ले) लिसा व मैकिंटोश के जी.यू.आई. में पैदा किए गए 'दृश्य प्रदर्शन' के व्युत्पन्न कार्य (डेरीवेटिव वर्क्स) हैं। उसके बदले में एप्पल ने माइक्रोसॉफ्ट को 'एक गैर-विशिष्ट, दुनिया भर में रॉयल्टी से मुक्त, सदा के लिए अहस्तांतरणीय लाइसेंस' जारी किया था, जिसके तहत माइक्रोसॉफ्ट को 'उन व्युत्पन्न कार्यों को वर्तमान व भविष्य के सॉफ्टवेयर प्रोग्राम में उपयोग करने और तीसरे पक्षों को उनके जरिए सॉफ्टवेयर प्रोग्राम में उन्हें लाइसेंस करने का' अधिकार दे दिया गया था। इतना ही नहीं, इस समझौते में विशेष उल्लेख के साथ विंडोज 1.0 के दृश्य प्रदर्शन को भी शामिल किया गया था।

खैर, विंडोज 1.0 बाजार में आ गया था। यह एक संपूर्ण परिचालन प्रणाली नहीं था, बल्कि एमएस-डॉस का एक परिष्कृत विस्तार था। या यूँ कहें कि यह एमएस-डॉस ऑपरेटिंग सिस्टम का अगला सिरा था, जो उसके अलग-अलग आदेशों को 'स्क्रीन बोर्ड' पर डिस्प्ले करता था। उसका 'यूजर इंटरफेस' एक 'एमएस डॉस एग्जीक्यूटिव' नामक प्रोग्राम था—एक साधारण फाइल मैनेजर, जो फाइलों व फोल्डरों को अलग पहचान देने का काम करता था। इसके कई और सहायक प्रोग्राम

थे—विंडो कैलकुलेटर (सरल गणित की गणना करनेवाल कार्यक्रम), माइक्रोसॉफ्ट कैलेंडर (वार्षिक योजनाओं को तिथिवार संगठित करनेवाला कार्यक्रम), कार्डफाइल (व्यक्तिगत सूचनाओं प्रबंधित करनेवाल कार्यक्रम), क्लिपबोर्ड व्यूअर (स्थानीय क्लिपबोर्ड की सामग्री दिखानेवाला कार्यक्रम), क्लॉक (घड़ी), विंडोज कंट्रोल पैनल (विंडोज प्रोग्राम के 'बेसिक सिस्टम सेटिंग्स' को दिखाने/हेर फेर करनेवाला कार्यक्रम), नोटपैड (साधारण प्लेन-टेक्स्ट संपादक सॉफ्टवेयर), पेंट/पेंटब्रश फॉर विंडोज (एक साधारण ग्राफिक प्रिंटिंग सॉफ्टवेयर), रिवर्सी (चेकबोर्ड पर खेला जानेवाला कंप्यूटर बोर्ड गेम), टर्मिनल एमुलेटर (टेक्स्ट टर्मिनल व उसके अनुप्रयोगों तक पहुँच बनानेवाला कार्यक्रम) और माइक्रोसॉफ्ट राइट (साधारण वर्ड प्रोसेसर कार्यक्रम, जो बाद में वर्डपैड बन गया)।

विंडोज 1.0 की बाजार हिस्सेदारी धीरे-धीरे बढ़ी थी। माइक्रोसॉफ्ट एक्सेल के शुरुआती संस्करण और अन्य विंडोज अनुप्रयोगों को बुनियादी संस्करण के साथ गाँठ बनाकर बेचा गया था। इससे एक तरफ दोनों प्रकार के उत्पादों की बिक्री बढ़ रही थी तो दूसरे तरफ बिना अतिरिक्त लागत के उपयोगकर्ता को 'विंडोज' की परीक्षण चलाई का मौका मिल रहा था। मतलब अनुप्रयोगों की बिक्री के साथ-साथ उपयोगकर्ताओं को विंडोज की आदत डालने की रणनीति अपनाई गई थी।

अंतरराष्ट्रीय बाजार के लिए मई 1986 में विंडोज 1.02 और तीन महीने बाद अगस्त में उसका सुधरा संस्करण विंडोज 1.03 पेश किया गया था। अप्रैल 1987 में आई.बी.एम. पीएस/2 कंप्यूटर के लिए विंडोज 1.04 संस्करण पेश किया गया था। ठीक उसी समय माइक्रोसॉफ्ट व आई.बी.एम. के संयुक्त विकास कार्यक्रम के तहत 'ओएस/2' व 'ओएस/2 प्रेजेंटेशन मैनेजर' की घोषणा की गई थी, जो अंततः 'एमएस-डॉस' व 'विंडोज' को प्रतिस्थापित करने के इरादे से 'प्रोटेक्टेड मोड' (संरक्षित साधन) में तब्दील हो गई थी।

विंडोज 2.0 व 3.0–9 दिसंबर, 1987 को माइक्रोसॉफ्ट विंडोज का अगला संस्करण 2.0 पेश किया गया था। पहले संस्करण के मुकाबले ज्यादा लोकप्रिय हुआ था। इसका संपूर्ण संस्करण जारी करने से कुछ माह पहले कंपनी ने अपने नए ग्राफिकल अनुप्रयोगों—माइक्रोसॉफ्ट एक्सेल व वर्ड फॉर विंडोज/माइक्रोसॉफ्ट वर्ड को एमएस डॉस पर चल सकनेवाले 'विंडोज रनटाइम' संस्करण के साथ उतारा था। यानी जो कंप्यूटर एमएस-डॉस पर चल रहे थे, उन्हें एक्सेल या वर्ड चलाने के लिए विंडोज का संपूर्ण संस्करण खरीदने की जरूरत नहीं पड़ती थी।

कुछ सम्य पहले अल्दुस कॉरपोरेशन (अब एडोबी सिस्टम्स) ने अपने

डेस्कटॉप पब्लिशिंग प्रोग्राम (डी.टी.पी., कंप्यूटर पर लेआउट बनानेवाला सबसे पहला सॉफ्टवेयर) 'पेज मेकर' का विंडोज संस्करण बाजार में उतारा गया था, जो करीब दो साल पहले सिर्फ एप्पल मैकिंटोश के लिए ही उपलब्ध था। इसके चलते भी विंडोज 2.0 की बिक्री में काफी इजाफा हुआ था। यह माइक्रोसॉफ्ट के खुद के अनुप्रयोगों के अलावा अन्य किसी कंपनी द्वारा पेश किया गया ऐसा पहला अनुप्रयोग साबित हुआ था, जिसके चलते विंडोज की बिक्री में अप्रत्याशित बढ़त हुई थी।

एक साल के भीतर ही 27 मई, 1988 को विंडोज 2.0 का नया संस्करण 'विंडोज 2.0' पेश किया गया था। उसके दो उप-संस्करण थे—विंडोज/286-2.10 व विंडोज/386-2.10 पेश किए गए थे, जो क्रमश:—इंटेल-80286 व 80386 प्रोसेसरों की खास विशेषताओं का फायदा उठा सकते थे। फिर 13 मार्च, 1989 को इन दोनों उप-संस्करणों में थोड़ा सुधार कर विंडोज 2.11 भी पेश किया गया था।

उसके बाद 22 मई, 1990 को माइक्रोसॉफ्ट ने विंडोज 3.0 को पेश किया था, जो अब तक का सबसे बेहतर संस्करण था और वह काफी लोकप्रिय हुआ था।

एप्पल बनाम माइक्रोसॉफ्ट मुकदमा—लेकिन 17 मार्च, 1988 को एप्पल कंप्यूटर ने संघीय जिला अदालत (सैन जोस, कैलिफोर्निया) में माइक्रोसॉफ्ट के खिलाफ मुकदमा कर दिया, जिसमें एप्पल ने आरोप लगाया था कि माइक्रोसॉफ्ट विंडोज 2.03 में मैकिंटोश के 'विजुअल डिस्प्ले' एवं अन्य विशेषताओं से संबंधित 170 प्रकार के नवाचारों के कॉपीराइट का उल्लंघन हुआ है। एप्पल ने इस मामले में विंडोज 2.03 को चलानेवाले हेवलेट पैकार्ड के 'न्यू वेव' को भी घसीट लिया था। इस मामले में एप्पल ने माइक्रोसॉफ्ट पर 1985 में हुए समझौते को तोड़ने का आरोप लगाते हुए उसके खिलाफ काररवाई की गुजारिश की थी। लेकिन उक्त समझौता ही माइक्रोसॉफ्ट के पक्ष में चला गया था।

एप्पल द्वारा प्रस्तुत अदालत ने साक्ष्यों के आधार पर सिर्फ नौ कॉपीराइट के उल्लंघन को माना और बाकी अन्य कॉपीराइट 1985 के समझौते के अंतर्गत आते थे और माइक्रोसॉफ्ट को उनके उपयोग का अधिकार था। बाद में, माइक्रोसॉफ्ट अदालत को यह समझाने में सफल हुआ था कि बाकी के एप्पल के नौ कॉपीराइट भी कानून-सम्मत नहीं थे। एप्पल ने वे कॉपीराइट 'ग्राफिकल यूजर इंटरफेस' की अवधारणा के आधार पर कराए थे, जिसका विकास जीरोक्स ने अपने 'आल्टो' व 'स्टार' कंप्यूटरों के लिए किया था। फिर, 1 जून, 1993 को अदालत ने माइक्रोसॉफ्ट व हैवलेट पैकार्ड के पक्ष में फैसला सुना दिया और एप्पल के दावे को खारिज कर दिया। एप्पल ने जिला अदालत के उस फैसले को ऊपरी अदालत में उठाने की

मौजूदा माइक्रोसॉफ्ट कैंपस एक छोटे नगर का रूप ले चुका है, जिसके भीतर करीब 500 एकड़ में 125 कार्यालय भवनों, पार्कों, खेल के मैदानों व अन्य सुविधाओं का निर्माण किया जा चुका है और यहाँ काम करनेवाले माइक्रोसॉफ्ट कर्मचारियों की संख्या करीब 41 हजार हो चुकी है।

कोशिश की थी, लेकिन उसे संज्ञान में लेने लायक नहीं मानकर खारिज कर दिया गया था।

यदि ऐसा नहीं हुआ होता तो विंडोज उतना कामयाब नहीं हो पाता और माइक्रोसॉफ्ट आज की बादशाहत की स्थिति में कभी भी कायम नहीं हो पाती। विंडोज 3.0 को बाजार का भरपूर समर्थन मिला था और पहले साल में उसकी 30 लाख प्रतियाँ बिकी थीं। उसके बाद 6 अप्रैल, 1992 को माइक्रोसॉफ्ट ने विंडोज 3.01 उतारा था, जिसकी 30 लाख प्रतियाँ सिर्फ दो महीने में ही बिक गई थीं। आगे विंडोज-95 के आने तक माइक्रोसॉफ्ट ने बाजार में अपनी पुख्ता बढ़त बना ली थी।

रेडमोंड कारपोरेट कैंपस का निर्माण

26 फरवरी, 1986 को माइक्रोसॉफ्ट अपने नए कारपोरेट कैंपस में चला गया था, जो सिएटल महानगर से 26 किलोमीटर पूर्व में स्थित अर्ध-शहरी इलाके रेडमोंड के हरे-भरे जंगली माहौल में 88 एकड़ के बड़े भूखंड पर विकसित किया जा रहा था। उस वक्त माइक्रोसॉफ्ट के कर्मचारियों की संख्या 900 से ऊपर चली गई थी और माइक्रोसॉफ्ट के कारोबार में जबरदस्त तेजी की संभावना थी। प्रतिवर्ष औसतन हजार की बढ़त के साथ वर्ष 1990 में कुल कर्मचारियों की संख्या 5,000 से ऊपर चली गई। जरूरत के मद्देनजर भवनों का विस्तार होता गया और कैम्पस के क्षेत्रफल में भी बढ़त होती चली गई। मौजूदा (2012) माइक्रोसॉफ्ट कैंपस एक छोटे नगर का रूप ले चुका है, जिसके भीतर करीब 500 एकड़ में 125 कार्यालय भवनों, पार्कों, खेल के मैदानों व अन्य सुविधाओं का निर्माण किया जा चुका है और यहाँ काम करनेवाले माइक्रोसॉफ्ट कर्मचारियों की संख्या करीब 41 हजार हो चुकी है।

आज भले ही माइक्रोसॉफ्ट के रेडमोंड कैंपस की गिनती दुनिया के सबसे स्मार्ट कारपोरेट कैंपसों में की जाती हो, लेकिन सन् 1986 में रेडमोंड सुस्त व एक स्टॉप लाइटवाला छोटा सा शहर था। तब शहर में अंडरवियर तक खरीदने के लिए एक दुकान नहीं थी। माइक्रोसॉफ्ट ने रेडमोंड शहर के स्थानीय निकाय विभाग के साथ मिलकर काम किया और कंपनी की बढ़त के साथ-साथ इस

शहर का विकास भी हुआ। आज यह संपूर्ण सुविधाओंवाले शहर में बदल चुका है। माइक्रोसॉफ्ट ने जिस भूखंड पर अपना मुख्यालय बनाने का फैसला किया था, वह 88 एकड़ का था और उसे '88 एकर्स' का कूट नाम दिया गया था। असल में, यह भूखंड एक शॉपिंग कॉम्प्लेक्स के निर्माण के लिए नियत किया गया था, लेकिन आर्थिक संकट के चलते वह परियोजना रुकी हुई थी और माइक्रोसॉफ्ट को यह भूखंड मिल गया था। अब बिल गेट्स के नाम पर 'बिल-लेक' के रूप में मशहूर, जो तब एक बड़े आकार का तालाब था, उसके आस-पास माइक्रोसॉफ्ट ने अपने पहले चार भवनों का निर्माण किया था। उन भवनों का डिजाइन 'तारा' आकार में किया गया था, ताकि सभी जगह पर प्राकृतिक रोशनी हो सके।

कारोबार तेजी से बढ़ा था। कर्मचारियों की ताबड़तोड़ भर्तियाँ की जा रही थीं और दफ्तर की जरूरत सिर पर थी। लिहाजा माइक्रोसॉफ्ट को कैंपस के विकास के लिए कोई व्यापक योजना बनाने का मौका नहीं मिला था। जब जैसी जरूरत आई फटाफट निर्माण कर लिये गए थे। इसलिए विभिन्न ठेकेदारों के जरिए तरह-तरह की शैलियों व विन्यास के कुल 125 भवन बन गए। बहुत बाद में जब माइक्रोसॉफ्ट ने अपने कैंपस के भवनों का मानकीकरण शुरू किया था तो अधिकांश कैंपस बन चुका था।

वास्तव में, बिल गेट्स इस कारपोरेट कैंपस में सुकून व शांति का माहौल बनाना चाहते थे, जहाँ प्रोग्रामरों को बिना किसी व्यवधान के चिंतन का अवसर मिले। इसलिए कैंपस में बड़े अनुपात में खुली जगह छोड़ी गई थी और जगह, पार्क एवं हर प्रकार के खेलों की सुविधाएँ बनाई गई थीं। हरेक प्रोग्रामर को कम-से-कम 10 वर्ग मीटर का निजी दफ्तर दिया गया था। भवनों में छूट प्राप्त उच्च गुणवत्ता के जलपान-गृह बनाए गए, जहाँ बहुत ही सस्ते में हर प्रकार के खाने-पीने का इंतजाम था। जगह-जगह बड़े-बड़े रेफ्रीजरेटर लगाए गए थे, जिनमें जूस व कॉफी-युक्त पेय भरे रखे जाते थे, ताकि कर्मचारियों को कभी भी थकान न महसूस हो और वे दिन-रात एक कर निर्धारित समय पर काम को पूरा कर सकें।

भरती के मामले में शुरू से ही बहुत ध्यान दिया गया था और सर्वोत्तम मानव संसाधन को ही मौका दिया गया था। तनख्वाह के मामले में माइक्रोसॉफ्ट तुलनात्मक रूप से कंजूस जैसा रहा था, लेकिन 'शेयर विकल्प' (स्टॉक आप्शन) से इस कमी को पूरा कर कर्मचारियों में मालिकाना हक की भावना भरने की कोशिश की गई थी। इस शेयर विकल्प की बदौलत माइक्रोसॉफ्ट के हजारों कर्मचारियों

को करोड़पति बनने का मौका मिला था। दफ्तर में कोई 'ड्रेस कोड' नहीं रखा गया था, लेकिन काम को हर हाल में समय पर पूरा करने की निर्दयतापूर्ण सख्ती बरती गई थी। यात्रा व अन्य खर्चों के मामले में भी माइक्रोसॉफ्ट ने बहुत बाद तक भी छोटी कंपनियोंवाली कंजूसी को जारी रखा था।

माइक्रोसॉफ्ट का ऐतिहासिक आई.पी.ओ.

मुख्यालय कैंपस के निर्माण के समानांतर माइक्रोसॉफ्ट के 'प्रारंभिक सार्वजनिक प्रस्ताव' (आई.पी.ओ.) लाने की तैयारियाँ जोर-शोर से चल रही थीं। 14 मार्च, 1986 को माइक्रोसॉफ्ट का आई.पी.ओ. 21 डॉलर प्रति शेयर की दर पर खुला, जबकि 27.75 डॉलर पर बंद हुआ था। इस आई.पी.ओ. में माइक्रोसॉफ्ट ने कुल 27.95 लाख साझा शेयरों की बिक्री की थी। हिस्सेदारों द्वारा बेचे गए शेयर सिर्फ 7.95 लाख थे। इस तरह, महज एक दिन में कंपनी को उसके द्वारा बेचे गए साझा शेयर से 51,97,77,778 डॉलर की प्राप्ति हुई थी और बड़े हिस्सेदार करोड़पति हो चुके थे। माइक्रोसॉफ्ट के त्रिवरण-पत्रक (प्रॉस्पेक्टस) के मुताबिक आई.पी.ओ. से पहले और बाद में प्रमुख हिस्सेदारों की स्थिति इस प्रकार थी—

माइक्रोसॉफ्ट निदेशक/हिस्सेदार	आई.पी.ओ. से पहले कुल शेयर स्वामित्व (कुल हिस्सेदारी %)	आई.पी.ओ. में बिके शेयर	आई.पी.ओ. के बाद कुल शेयर स्वामित्व (कुल हिस्सेदारी %)
विलियम एच. गेट्स-III	1,12,22,000 (49.2)	80,000	1,11,42,000 (44.8)
पॉल जी. एलन	63,90,000 (28.0)	2,00,000	61,90,000 (24.9)
स्टीवन ए. बामर	17,10,001 (7.5)	30,000	16,80,001 (6.8)
टेक्नोलॉजी वेंचर इन्वेस्टर्स	13,78,901 (6.1)	294,893	10,84,008 (4.4)
जॉन ए. शिरली सभी अधिकारियों व निदेशकों का	4,00,000 (1.8)	60,000	3,40,000 (1.4)
समूह (13 सदस्य)	1,35,21,099 (59.1)	1,75,107	13,34,5992 (53.6)

आनेवाले 16 वर्षों में यानी, 1987 से 2003 तक माइक्रोसॉफ्ट के शेयर को कुल नौ बार विभाजित (स्प्लिट) किया गया था, यानी 1986 में आई.पी.ओ. के वक्त खरीदा एक शेयर वर्ष 2003 में 288 शेयर बन गए थे। हर विभाजन के बाद एक शेयर कितने शेयरों में बदल गए और उनकी कीमतें क्या रही, यह देखने के बाद आपको यह अंदाजा लगाना आसान हो जाएगा कि किस तरह चंद बड़े हिस्सेदार अरबपति-खरबपति हो गए और 12 हजार से अधिक शेयरधारक करोड़पति। मान लें कि आपने 14 मार्च, 1986 को माइक्रोसॉफ्ट का एक शेयर खरीदा, खुली कीमत 21 डॉलर में खरीदा होता और उसे 26 मार्च, 1999 को 178.13 डॉलर प्रति शेयर के ऐतिहासिक उच्च भाव में बेचा होता तो आपको 51,301.44 डॉलर की प्राप्ति हुई होती। यदि आपने इसे 1 दिसंबर, 2008 को ऐतिहासिक निम्न भाव 14.87 डॉलर प्रति शेयर पर बेचा तो भी 4,282.56 डॉलर मिले होते।

देय तिथि	विभाजन के प्रकार (कुल शेयर)	बंद भाव प्रति शेयर (पहले)	बंद भाव प्रति शेयर (बाद में)
18 सितंबर, 1987	1 के लिए 2 (1 + 1 = 2)	$114.50 (18 सितंबर)	$53.50 (सितंबर 12)
12 अप्रैल, 1990	1 के लिए 2 (2+2= 4)	$120.75 (12 अप्रैल)	$60.75 (16 अप्रैल)
26 जून, 1991	2 के लिए 3 (4 + 2 = 6)	$100.75 (जून 26)	$68.00 (27 जुलाई)
12 जून, 1992	2 के लिए 3 (6 + 3= 9)	$12.50 (12 जून)	75.75 (15 जून)
20 मई, 1994	1 के लिए 2 (9 + 9 = 18)	$97.75 (20 मई)	$50.63 (23 मई)
6 दिसंबर, 1996	1 के लिए 2 (18 + 18 = 36)	$152.875 (6 दिसंबर)	81.75 (9 दिसंबर)
20 फरवरी, 1998	1 के लिए 2 (36 + 36 = 72)	$155.13 (20 फरवरी)	81.63 (23 फरवरी)
26 मार्च, 1999	1 के लिए 2 (72 + 72 = 144)	$178.13 (26 मार्च)	$92.38 (29 मार्च)
14 फरवरी, 2003	1 के लिए 2 (144 + 144 = 288)	$48.30 (14 फरवरी)	24.96 (18 फरवरी)

लेकिन माइक्रोसॉफ्ट के इस ऐतिहासिक आई.पी.ओ. को लाना आसान नहीं था। सबसे बड़ी रुकावट खुद बिल गेट्स ही था, जिसकी सोच थी कि सार्वजनिक हो जाने के बाद कंपनी की व्यापारिक गोपनीयता खत्म हो जाएगी और उसके लिए कंपनी को आगे बढ़ा पाना मुश्किल होगा। असल में, उस समय की अन्य कंप्यूटर कंपनियों की तरह बिल गेट्स पूँजी बाजार में आने के पक्ष में नहीं था, क्योंकि कंपनी के पास अपने कारोबार से अच्छी-खासी आमदनी हो रही थी। माइक्रोसॉफ्ट में सिर्फ एक ही वेंचर कैपिटल कंपनी ने निवेश कर रखा था, जो ज्यादा नहीं था और उसकी ओर से कोई दबाव भी न था। लेकिन कंपनी बड़ी हो चुकी थी, गेट्स ने कर्मचारियों को आकर्षित करने के लिए शेयर बाँट रखे थे और वर्ष 1987 तक ऐसे कर्मचारियों की संख्या 500 से ज्यादा हो जाने वाली थी। ऐसे में ज्यादा दिनों तक इसे निजी कंपनी के रूप में चला पाना विधि-सम्मत नहीं था।

लिहाजा, अप्रैल 1985 में बिल गेट्स को जॉन शिरली (प्रेसिडेंट व सी.ओ.ओ.) व डेविड एफ. मर्कुआर्द (एकमात्र वेंचर कैपिटलिस्ट) की सलाह माननी पड़ी थी और तीनों ने आई.पी.ओ. की लंबी प्रक्रिया को शुरू करने का फैसला किया था। लेकिन संभावित निवेशकों के सवालों का सामना करने से पहले गेट्स करीब साल भर देर हो चुके विंडो को बाजार में लाना चाहता था और आई.बी.एम. के साथ ओएस-2 का समझौता भी करना चाहते थे। खैर, अगस्त में आई.बी.एम. के साथ समझौता हो चुका था और अब विंडो का काम भी पूरा होनेवाला था। इस बीच 28 अक्तूबर, 1985 को गेट्स के 30वें जन्मदिन की पार्टी के बाद हुई बोर्ड बैठक में फ्रैंक गॉडेट (सी.एफ.ओ., चीफ फाइनेंशियल ऑफिसर) को आई.पी.ओ. की तैयारी की जिम्मेदारी दे दी गई थी।

याद रहे कि फ्रैंक गॉडेट करीब साल भर पहले सितंबर 1984 में कंपनी में आए थे और आई.पी.ओ. सहित माइक्रोसॉफ्ट की शुरुआती वित्तीय सफलताएं उन्हीं के खाते में जाती हैं। उनके न्यूयॉर्क स्टॉक एक्सचेंज से जुड़े शेयर कारोबारियों व वित्तीय संस्थाओं के प्रमुख लोगों से जीवंत संबंध थे। 57 वर्ष की उम्र में अप्रैल 1992 में उनका कैंसर के चलते निधन हो गया था। उनके कार्यकाल के दौरान, 1985 के अंत में माइक्रोसॉफ्ट ने 14 करोड़ डॉलर के कारोबार में 2.40 करोड़ डॉलर का मुनाफा कमाया, जबकि वर्ष 1992 के अंत में 2.8 अरब डॉलर के कारोबार में कंपनी के मुनाफे का स्तर 70.80 करोड़ डॉलर हो गया था।

आई.पी.ओ. के प्रबंधन के लिए फ्रैंक गॉडेट के सामने सबसे पहला काम था दो निवेशकर्ता बैंकर (इन्वेस्टमेंट बैंकर) का चुनाव, जो माइक्रोसॉफ्ट के प्रमुख व

सहयोगी हामीकर्ता (अंडरराइटर) की भूमिका को अदा करने वाले थे। लंबी सूची पर सर्वेक्षण करने के बाद गॉडेट ने प्रमुख हामीकर्ता (लीड अंडरराइटर) के लिए 'गोल्डमैन, सैश एंड कंपनी' चुनने का मन बनाया था। गॉडेट को पता चला था कि उसके 'गोल्डमैन, सैश एंड कंपनी' के सैन फ्रांसिस्को कार्यालय में नियुक्त वाइस प्रेसिडेंट एफ.डब्लू. मार्टिन पिछले दो वर्षों से माइक्रोसॉफ्ट के कारोबार की तरक्की का बारीकी से अध्ययन कर रहे थे और उसके संचालकों से मिलने को उतावले थे। गॉडेट ने मार्टिन को माइक्रोसॉफ्ट की ओर से रात्रिभोज पर आमंत्रित किया था, जिसका आयोजन 11 दिसंबर, 1985 को सिएटल के रेनिअर क्लब में हुआ था।

वैसे तो यह सिएटल का मशहूर ऐतिहासिक निजी क्लब है, लेकिन उस वक्त उसकी सेवाएँ काफी सुस्त थीं और बैठक कक्ष काफी खुला था, जो आई.पी.ओ. जैसी गोपनीय वार्त्ता के लिए कतई उपयुक्त जगह नहीं थी। संभवतः सस्ती होने के चलते गेट्स ने उस जगह को चुना था। उस वार्त्ता में मार्टिन अपने तीन सहयोगियों के साथ पहुँचा था और उन लोगों को जॉन शिरली व गेट्स के रूखे व ऊटपटाँग सवालों का सामना करना पड़ा था। फ्रैंक गॉडेट बिल्कुल डरे हुए थे कि पहली मुलाकात में दोनों पक्ष एक-दूसरे को कहीं गलत न समझ बैठें। खास तौर पर निवेशकर्ता बैंकर के बारे में बिल गेट्स की अच्छी धारणा नहीं थी, क्योंकि उसने अपने कुछ दोस्तों से कई धोखाधड़ी की घटनाओं के बारे में सुन रखा था। लेकिन मार्टिन व उसकी टीम ने शिरली व गेट्स के सारे सवालों का तार्किक जवाब दिया था। हालाँकि गेट्स व शिरली ने रात्रिभोज के दौरान ऐसा कोई संकेत नहीं दिया था कि वे उनसे प्रभावित थे। रात्रिभोज के बाद गेट्स व शिरली ने माइक्रोसॉफ्ट मुख्यालय लौटकर विचार-विमर्श किया था और 'गोल्डमैन सैश एंड कंपनी' को आई.पी.ओ. के लिए प्रमुख प्रबंधक नियुक्त किए जाने को हरी झंडी दे दी गई थी। साथ ही, सह-प्रबंधक के तौर पर 'एलेक्स ब्राउन एंड संस' के नाम पर दोनों सहमत हो गए थे।

आई.पी.ओ. प्रक्रिया का सबसे कठिन काम विवरण-पत्रक (प्रॉस्पेक्टस) तैयार करना होता था, जिसमें कंपनी से संबंधित हर प्रकार की जानकारियों को विधि-सम्मत तरीके से पेश किया जाता है। इस बाबत, 17 दिसंबर को, माइक्रोसॉफ्ट मुख्यालय में दोनों पक्षों के लेखा परीक्षकों व वकीलों के बीच आई.पी.ओ. के विवरण-पत्रक (प्रॉस्पेक्टस) के मजमून की वित्तीय जटिलताओं एवं उनके कानूनी पहलुओं से संबंधित 27 बिंदुओं पर गंभीर चर्चाओं का दौर चला था। माइक्रोसॉफ्ट की तरफ से विलियम एच. न्यूकोम थे, जो गेट्स के पिता की कानून कंपनी 'शिड्लर

> **गेट्स ने अपने स्तर पर हिस्सेदारों को अनौपचारिक निर्देश दे रखा था कि कोई अपने शेयर का 10 फीसदी से अधिक नहीं बेचेगा, यानी सभी हिस्सेदारों की ओर से अधिक-से-अधिक 6 लाख शेयरों की बिक्री हो, ताकि वे अधिक-से-अधिक 90 लाख से 1 करोड़ डॉलर के बीच कमाई कर अपनी नकदी की तात्कालिक जरूरतों को पूरा कर सकें और कंपनी में बने भी रहें।**

मेकपरूम गेट्स एंड लुकास' में एक हिस्सेदार थे। धुंध के चलते बाहर से आनेवाले कई प्रमुख लोग दोपहर बाद पहुँचे थे और उस बैठक में अंतिम फैसला करने में कई मसलों पर अड़चनें भी आई थीं। बिल गेट्स किसी के लिए कोई भी कानूनी पेंच नहीं छोड़ना चाहता था। वह इस बात से भी नाराज था कि प्रबंधक हामीकर्ताओं की कानूनी कंपनी 'सुलिवान एंड क्रॉमवेल' की ओर से कोई साझीदार नहीं आया था, बल्कि सहयोगियों को भेज दिया गया था।

वास्तव में, हामीकर्ताओं की नियुक्ति से पहले ही 'शिड्लर मैकब्रूम गेट्स एंड लुकास' के अन्य वकील रॉबर्ट एशेलमन ने विवरण-पत्रक के प्रारूप पर तैयारी शुरू कर दी थी। प्रस्ताव किए जानेवाले शेयरों की संख्या तथा उसके मूल्य के बारे में गेट्स ने पहले से ही मन बना लिया था। गेट्स का कहना था कि शेयर की कीमत 15 डॉलर हो और उसने सन् 1985 में माइक्रोसॉफ्ट के कारोबार (14 करोड़ डॉलर) के 10 गुना मूल्य से थोड़ा अधिक 150 करोड़ के मूल्यांकन पर यह तय किया था। उसने अधिक-से-अधिक 20 लाख शेयर के बिक्री प्रस्ताव के जरिए 3 करोड़ डॉलर जुटाने का लक्ष्य बनाया था। गेट्स ने अपने स्तर पर हिस्सेदारों को अनौपचारिक निर्देश दे रखा था कि कोई अपने शेयर का 10 फीसदी से अधिक नहीं बेचेगा, यानी सभी हिस्सेदारों की ओर से अधिक-से-अधिक 6 लाख शेयरों की बिक्री हो, ताकि वे अधिक-से-अधिक 90 लाख से 1 करोड़ डॉलर के बीच कमाई कर अपनी नकदी की तात्कालिक जरूरतों को पूरा कर सकें और कंपनी में बने भी रहें। हामीकर्ताओं को ज्यादा शेयर बेचने देने की बाध्यताओं के मद्देनजर 3 लाख अतिरिक्त शेयरों का विकल्प दे दिया गया।

एक बार फिर 8-9 जनवरी, 1986 को प्रॉस्पेक्टस को अंतिम रूप देने के लिए माइक्रोसॉफ्ट मुख्यालय में बहस का दौर चला था। इस बार दोनों हामीकर्ता कंपनियां लेखा परिवीक्षकों व वकीलों के साथ-साथ प्रतिभूति विश्लेषकों (सिक्यूरिटी एनालिस्ट) को भी लाई थी। प्रतिभूति विश्लेषकों ने 10 घंटों तक बिल गेट्स, जॉन

शिरली और अन्य बड़े अधिकारियों से गहन पूछताछ की थी। उन्होंने कंपनी की हर परत को उधेड़कर रख दिया था। जनवरी के अंत तक सिर्फ एक मुद्दा बचा था, जिस पर अंतिम फैसला लिया जाना बाकी था—आखिर शेयर का मूल्य क्या हो ? बीते सितंबर से ही न्यूयॉर्क स्टॉक एक्सचेंज 'तेजड़ियों का बाजार' बन गया था और अन्य सॉफ्टवेयर व कंप्यूटर कंपनियों के शेयरों के भाव चढ़े हुए थे। ऐसे में हामीकर्ता 17 से 20 डॉलर के बीच मूल्य निर्धारित करने की सलाह दे रहे थे, जबकि गेट्स 16 डॉलर से ऊपर जाने को जोखिम भरा मान रहा था। गेट्स का मानना था कि 20 डॉलर प्रति शेयर मूल्य का मतलब कंपनी मूल्यांकन 50 करोड़ डॉलर ज्यादा ऊपर ले जाना होगा, जो उसके मुताबिक आम निवेशकों को गुमराह करने जैसा होता।

विवरण-पत्रिका के मुद्रण व वितरण सेवाओं के लिए बाउने एंड कंपनी (सैन फ्रांसिस्को) को नियुक्त किया गया था। 1 फरवरी, 1986 को मुद्रक कंपनी का एक विशेष पत्रवाहक विवरण-पत्रक (प्रॉस्पेक्टस) की अंतिम शुद्धि की प्रतियाँ लेकर अंतिम अवलोकन हेतु सुलिवान एंड क्रॉमवेल के लॉस एंजिल्स दफ्तर में गया और वहाँ से सीधे वॉशिंगटन पहुँच अमेरिकी प्रतिभूति एवं विनिमय आयोग (यू.एस. सिक्योरिटीज एंड एक्सचेंज कमीशन/एस.ई.सी.) के मुख्यालय में आई.पी.पो. पंजीकरण के लिए जरूरी 13 प्रतियाँ दाखिल करवाया था। दो दिन बाद माइक्रोसॉफ्ट का एस.ई.सी. में पंजीकरण हो गया। फिर हामीकर्ता (अंडरराइटर) कंपनियों—गोल्डमैन सैश एंड कंपनी और अलेक्स ब्राउन एंड संस ने संभावित निवेशकों, शेयर दलालों एवं अन्य संबंधित व्यक्ति विशेषों तथा कंपनियों को 38 हजार विवरण-पत्रक भेज दिए थे। अब माइक्रोसॉफ्ट के वकीलों को बेसब्री से नियामकों की टिप्पणियों का इंतजार था।

आई.पी.ओ. के प्रचार के लिए रोड-शो के पूर्वाभ्यास के मद्देनजर 7 फरवरी 1986 को गोल्डमैन सैश के न्यूयॉर्क दफ्तर में लगभग 30 निवेशकर्ता बैंकर के प्रतिनिधियों व प्रतिभूति विश्लेषकों को आमंत्रित किया गया था। अपने स्वभाव के उलट गेट्स ने बिल्कुल रोबोट की तरह उन्हें संबोधित किया था। असल में, गेट्स के वकील ने उसे विवरण-पत्रिका से अलग कुछ भी कहने से मना किया हुआ था। लेकिन सी.एफ.ओ. फ्रैंक गॉदेट अपनी रौ में थे। उसने माइक्रोसॉफ्ट की वित्तीय उपलब्धियों की जमकर तारीफ की थी। फिर 18 फरवरी को फोनिक्स (एरिजोना) में रोड शो पूर्वावलोकन किया गया था और 10 दिनों तक लंदन व एडिनबर्ग सहित विभिन्न शहरों में प्रदर्शित किया गया था। हरेक रोडशो आयोजन में पूरा हॉल भरा

रहा और बड़ी वित्तीय संस्थाओं के प्रतिनिधियों ने अधिक-से-अधिक खरीद का उत्साह दिखाया था। धीरे-धीरे गेट्स की शुरुआती झिझक खत्म हो गई थी और वह खुलकर बोलने लग पड़ा था। रोडशो की सफलता से गोल्डमैन सैश की मार्केटिंग टीम काफी उत्साहित थी। इस बीच अमेरिकी शेयर सूचकांक 'नैस्डेक' 1700 के ऊपर जा रहा था और अब माइक्रोसॉफ्ट के शेयर कीमत को 20 डॉलर के ऊपर ले जाने के ठोस सुझाव आने लगे थे।

आगे एस.ई.सी. ने विवरण-पत्रक में दी गई छोटी-छोटी जानकारियों पर टिप्पणियाँ की थी, जो सामान्य थीं। लेकिन 4 व 5 मार्च को, एस.ई.सी. के एक समीक्षक ने विवरण-पत्रक तैयार करनेवाले माइक्रोसॉफ्ट के वकील रॉबर्ट एशेलमन को फोन कर वापसी के मॉल के लेखांकन व बिल गेट्स के रोजगार अनुबंध (जो कि हुआ नहीं था) के बारे में पूछताछ की थी। 6 मार्च को माइक्रोसॉफ्ट के लेखा परीक्षकों व वकीलों ने विवरण-पत्रिका की जानकारियों में अपेक्षित बदलावों के लिए एस.ई.सी. के प्रतिनिधियों को माइक्रोसॉफ्ट मुख्यालय में समझौता वार्त्ता के लिए बुलाया था। फिर विवरण-पत्रक में अंतिम संशोधन के लिए लंबा शुद्धि-पत्र तैयार किया गया था, जिसे अगले दिन मुद्रक को भेज दिया गया। फ्रैंक गॉडेट ने शेयर की कीमत को बढ़ाने के लिए तीखी बहस की थी। समझौता वार्त्ता में भाग लेने के लिए गोल्डमैन सैश का वाइस प्रेसिडेंट मार्टिन भी आया था, जिसने बताया था कि कंपनी के ग्राहक संस्थागत निवेशकों की ओर से अग्रिम बुकिंग की इतनी बड़ी सूची कभी भी नहीं बनी थी। दोनों हामीकर्ताओं को उम्मीद थी कि आई.पी.ओ. के खुलने के बाद 25 डॉलर के आस-पास माइक्रोसॉफ्ट शेयर का कारोबार होगा और संस्थागत निवेशक 20-21 डॉलर पर बड़ी खरीद करेंगे।

अब बिल गेट्स को लग रहा था, मानो हामीकर्ता कंपनियों ने उसके साथ धोखा किया हो। मार्टिन के जाने के बाद गेट्स का गुस्सा जॉन शिरली व फ्रैंक गॉडेट पर फूटा था। दो माह पहले जो गेट्स 20 डॉलर को काफी ऊँची कीमत बता रहा था, अब इस बात पर नाराज था कि गोल्डमैन सैश व अलेक्स ब्राउन ने अपने ग्राहकों के भारी फायदे के लिए शेयर की कीमत 4 डॉलर कम रखी थी। शिरली व गॉडेट के लिए गेट्स को समझा पाना मुशिकल हो रहा था कि बड़े ग्राहकों को इतनी कमाई का मौका नहीं दिया जाएगा तो आई.पी.ओ. सफल ही नहीं हो सकता था और यह शेयर बाजार की सामान्य-सी प्रक्रिया थी। काफी समझाने के बाद गेट्स विवरण पत्रक में प्रस्तावित मूल्य 21 डॉलर प्रकाशित करने पर सहमत हुआ था।

लेकिन प्रति शेयर 'अंडरराइटिंग डिस्काउंट' (हामीदारी छूट) मुद्दे पर गेट्स

अड़ गया था। गोल्डमैन सैश व अलेक्स ब्राउन—दोनों हामीदार कंपनियों के आला अधिकारीगण प्रति शेयर 1.36 डॉलर (6.5 फीसदी) की माँग कर रहे थे। उनका तर्क था कि उनकी जबरदस्त मार्केटिंग की वजह से माइक्रोसॉफ्ट शेयर का प्रस्तावित मूल्य 20 फीसदी बढ़ा था, लिहाजा उन्हें भी उचित मुआवजा मिलना चाहिए। लेकिन गेट्स के लिए यह सबकुछ दिन-दहाड़े डकैती जैसी थी। उसका कहना था निवेशक माइक्रोसॉफ्ट के अब तक के प्रदर्शन व भविष्य की संभावना पर निवेश कर रहे हैं जाहिर है कि इसका फायदा माइक्रोसॉफ्ट को मिलना चाहिए, न कि हामीकर्ता कंपनियों को। आई.पी.ओ. आने से एक दिन पहले तक असमंजस का माहौल बना हुआ था। गेट्स के अड़ियल रवैए से हामीकर्ता कंपनियों की नाराजगी चरम पर पहुँच गई थी, फिर किसी प्रकार 1.31 डॉलर प्रति शेयर की हामीदारी छूट के लिए शिरली व गॉडेट ने गेट्स को तैयार किया था।

13 मार्च, 1986 की सुबह 8 बजे मुद्रक कंपनी की ओर से एस.ई.सी. को माइक्रोसॉफ्ट का फाइलिंग पैकेज पहुँचाया जा सका था, जिसमें संशोधित विवरण-पत्रिका की तीन प्रतियाँ, प्रदर्शन सामग्रियों का बंडल तथा शेयर खरीद करने की हामीकर्ताओं के समझौते (जो कि कुछ घंटों पहले ही हस्ताक्षरित हुए थे) शामिल थे। 9.15 बजे एस.ई.सी. ने माइक्रोसॉफ्ट के पंजीकरण को प्रभावी घोषित किया था, गोल्डमैन सैश के ट्रेड फ्लोर पर जमा हुए व्यापारी जोश में थे और 9.35 बजे कारोबार शुरू हो गया था।'''25.75 डॉलर पर पहला सौदा हुआ था चंद मिनटों में गोल्डमैन व एलेक्स ब्राउन ने अपने 3 लाख अतिरिक्त वैकल्पिक शेयर आपस में बाँट लिये थे। देखते-देखते सभी व्यापारी माइक्रोसॉफ्ट के शेयर खरीदने लग पड़े थे। दिन के अंत तक 25 लाख शेयर शेयर इधर से उधर हो चुके थे और भाव 27.75 डॉलर पर बंद हुआ था। जल्दी मुनाफा कमाने का ऐसा मौका था कि संस्थागत निवेशकों ने कुछ सप्ताह के अंदर अपने काफी शेयर बेच डाले थे और करीब एक-तिहाई शेयर आम निवेशकों के हाथों में चले गए थे।

□

7

सॉफ्टवेयर पर कब्जा और इंटरनेट का संघर्ष

20वीं सदी के अंतिम दशक की शुरुआत में पर्सनल कंप्यूटर (पी.सी.) सिस्टम के आकार व वजन में कमी आ रही थी और बाजार पोर्टेबल कंप्यूटर से लैपटॉप कंप्यूटर की ओर बढ़ रहा था। कंप्यूटर उद्योग 'मूर सिद्धांत' की भविष्यवाणी को सही साबित कर रहा था—कंप्यूटर कॉम्पोनेंट के आकार लगातार छोटे होते जा रहे थे, उनकी कीमतें लगातार घटती जा रही थीं। जबकि पी.सी. की कार्यक्षमता में लगातार सुधार होता जा रहा था। जागरूकता बढ़ने से दुनिया भर में पी.सी. की माँग तेजी बढ़ रही थी और ओरिजिनल इक्विपमेंट मैन्युफैक्चरर (ओ.इ.एम.) लगातार बेहतर उत्पादों के साथ बाजार में गलाकाट प्रतिस्पर्धा का माहौल बना रहे थे। इसके चलते समूचे कंप्यूटर उद्योग का आकार बढ़ रहा था; लेकिन मुनाफे का सबसे बड़ा हिस्सा पी.सी. सॉफ्टवेयर बाजार पर लगातार प्रभुत्व जमाती जा रही एकमात्र कंपनी 'माइक्रोसॉफ्ट' को हो रहा था।

व्यक्तिगत कंप्यूटर से संबंधित लगभग सारे बुनियादी सॉफ्टवेयर समूहों—भाषा (लैंग्वेज), परिचालन प्रणाली (ऑपरेटिंग सिस्टम) एवं अनुप्रयोग (एप्लीकेशन) पर माइक्रोसॉफ्ट का स्वामित्व हो चुका था। पहले दशक में अपने तकनीकी नवाचारों की उपलब्धियों की बदौलत माइक्रोसॉफ्ट ने कंप्यूटर हार्डवेयर निर्माताओं का दिल जीता था। दूसरे दशक की शुरुआत में माइक्रोसॉफ्ट हिचकिचाहट के साथ पूँजी बाजार में उतरा था, लेकिन बिल गेट्स के हाथ मानो 'अलादीन का चिराग' आ गया था। माइक्रोसॉफ्ट के पास सॉफ्टवेयर की गाढ़ी कमाई के साथ

माइक्रोसॉफ्ट अपनी लगातार बढ़ती तकनीकी व पूँजीगत ताकत का इस्तेमाल बाजार पर एकाधिकार जमाने में करने लगा था। लिहाजा, संभावनाशील छोटी कंपनियों को ऊँची कीमतों पर खरीदकर माइक्रोसॉफ्ट में शामिल करने का काम तेज हो रहा था।

मुफ्त की कमाई की भी बरसात हुई। सॉफ्टवेयर अनुसंधान की प्राथमिकता तो पॉल एलन के साथ ही पीछे छूट गई थी। अब गेट्स के साथ उसकी कारोबारी महत्त्वाकांक्षाओं को संतुलित रखनेवाला कोई एलन जैसा कोई दार्शनिक-वैज्ञानिक मित्र नहीं था, बल्कि खालिस मुनाफे की सोच रखनेवाले एम.बी.ए. डिग्रीधारी कारपोरेट-योद्धाओं की फौज थी, जो उसे अंतरराष्ट्रीय सॉफ्टवेयर बाजार का 'बादशाह' बनाने के लिए विजय-अभियान पर निकल चुकी थी।

शेर के मुँह में खून लग चुका था। बिल गेट्स ही नहीं, उसके सेनापतियों का समुदाय भी आम निवेशकों के पैसे से करोड़पति-अरबपति हो रहे थे। अब माइक्रोसॉफ्ट के पास जरूरी उत्पादों की इतनी बड़ी श्रृंखला विकसित हो गई थी कि किसी नए उत्पाद को दूसरे के साथ बाँधकर पेश किया जाने लगा था। ओ.ई.एम. कंप्यूटर निर्माताओं के लिए माइक्रोसॉफ्ट अब जरूरत नहीं बल्कि मजबूरी बनती जा रही थी। माइक्रोसॉफ्ट अपनी लगातार बढ़ती तकनीकी व पूँजीगत ताकत का इस्तेमाल बाजार पर एकाधिकार जमाने में करने लगा था। लिहाजा, संभावनाशील छोटी कंपनियों को ऊँची कीमतों पर खरीदकर माइक्रोसॉफ्ट में शामिल करने का काम तेज हो रहा था। माइक्रोसॉफ्ट की ताकतवर सेनाओं के समक्ष लड़कर जान गँवाने की बजाय अप्रत्याशित कीमत हासिल कर मैदान छोड़ देना ही छोटी कंपनियों के लिए बेहतर विकल्प था। वाकई, बिल गेट्स अब घरेलू कंप्यूटर बाजार के सबसे ताकतवर 'बादशाह' के रूप में उभरने लगा था। आई.बी.एम. जैसे पुराने महारथी बगलें झाँकने पर मजबूर थे तो एप्पल अपनी छोटी सी दुनिया में ही संतुष्ट हो जाने को मजबूर था। लेकिन इस चक्कर में माइक्रोसॉफ्ट की कानूनी मुसीबतें भी बढ़ने लगी थीं; उसके एकाधिकार के खिलाफ अमेरिकी न्याय विभाग ने 'एंटी ट्रस्ट' मुकदमे का मोर्चा खोल दिया था।

इसके बावजूद, वर्ष 1991 से 1999 के बीच माइक्रोसॉफ्ट किस रफ्तार से बढ़ा था, इसका अंदाजा इन आँकड़ों से साफ हो जाता है।

वर्ष	राजस्व अमेरिकी डॉलरे	कर्मचारियों की संख्या
1991	1,84,34,32,000	8,226
1992	2,75,87,25,000	11,542
1993	3,75,27,01,000	14,430
1994	4,64,89,81,000	15,257
1995	5,94,00,00,000	17,801
1996	8,67,10,00,000	20,561
1997	11.36 अरब	22,232
1998	14.48 अरब	27,055
1999	19.75 अरब	31,575

लेकिन कंप्यूटर भाषा, परिचालन प्रणाली व अनुप्रयोगों पर कब्जा जमाए रखने की कोशिशों के बीच माइक्रोसॉफ्ट ने इंटरनेट युग की चुनौतियों को नजरअंदाज कर दिया था। बाद में, फिसलते इंटरनेट बाजार पर अपनी पकड़ बनाने के लिए माइक्रोसॉफ्ट को काफी संघर्ष करना पड़ा था।

माइक्रोसॉफ्ट व गेट्स का अंतरराष्ट्रीय प्रभुत्व

22 मई, 1990 को माइक्रोसॉफ्ट ने विंडोज 3.0 संस्करण बाजार में उतारा था, जिसने अपनी खूबियों की बदौलत बहुत तेजी से कंप्यूटर परिचालन प्रणाली (ऑपरेटिंग सिस्टम) बाजार को अपने कब्जे में ले लिया था। विंडोज के साथ ही, माइक्रोसॉफ्ट ने आई.बी.एम. के लिए ओस/2 (ऑपरेटिंग सिस्टम/2) भी विकसित किया था। लेकिन विंडोज 3.0 की संभावना बेहतर थी, लिहाजा माइक्रोसॉफ्ट ने सारी ताकत अपने अकेले के स्वामित्ववाले उत्पाद के विकास में लगा दी। 16 मई, 1991 को माइक्रोसॉफ्ट कर्मचारियों को जारी एक आंतरिक ज्ञापन (मेमो) में बिल गेट्स ने लिखा था कि माइक्रोसॉफ्ट व आई.बी.एम. के बीच ओस/2 साझेदारी खत्म हो चुकी है और माइक्रोसॉफ्ट सारा ध्यान विंडोज व विंडोज-एनटी के विकास पर केंद्रित करेगा।

वास्तव में, इस घोषणा से करीब साल भर पहले जून 1990 में विंडोज 3.0 की तेज बढ़त के मद्देनजर अमेरिकी संघीय व्यापार आयोग माइक्रोसॉफ्ट के खिलाफ

बाजार एकाधिकार के मामले की जाँच शुरू कर चुका था। इससे गेट्स के अहम को ठेस लगी थी। उसे लगा था कि ऐसा आई.बी.एम. की शह पर हुआ था और अब उसने आई.बी.एम. से खुलकर दो-दो हाथ करने का मन बना लिया था। जाहिर है कि गेट्स ने आई.बी.एम. के अपने स्तर पर ओस/2 को आगे विकसित करने के मंसूबे पर पानी फेरने का पूरा इंतजाम कर लिया था। आखिर गेट्स ने ओस/2 को बरबाद करने के लिए क्या-क्या किया था, यह करीब एक दशक बाद तब खुलकर सामने आया था, जब 'अमेरिकी न्याय विभाग बनाम माइक्रोसॉफ्ट' के एंटी ट्रस्ट मुकदमे की सुनवाई के दौरान आईबीम ने अपनी गवाही दी थी।

इस रुकावट से डरने की बजाय माइक्रोसॉफ्ट ने अपनी चाल और तेज कर दी थी। माइक्रोसॉफ्ट की अनुसंधान की ताकत को बढ़ाने और कंप्यूटर विज्ञान से जुड़े महारथी वैज्ञानिकों को अपने 'पे रोल' पर लाने की दूरगामी रणनीति के तहत बिल गेट्स ने भारी-भरकम बजट के साथ वर्ष 1991 में रेडमोंड कैंपस में 'माइक्रोसॉफ्ट रिसर्च रेडमोंड' की स्थापना की थी। अब दुनिया भर में कुल 13 शोध केंद्र व शोध प्रयोगशालाओं की स्थापना की जा चुकी है, जिनमें 1,100 अधिक स्थायी वैज्ञानिक व इंजीनियर काम कर रहे हैं। इनके जरिए हर साल दुनिया के प्रमुख विश्वविद्यालयों के कंप्यूटर विज्ञान की हजारों प्रतिभाओं को प्रशिक्षुओं के रूप में विभिन्न शोध-परियोजनाओं से अस्थायी तौर पर जोड़ा जाता है, और भारी संख्या में छात्रवृत्तियाँ बाँटकर जन-संपर्क अभियान चलाया जाता है।

एमएस-डॉस से विंडोज की ओर जाने के क्रम में माइक्रोसॉफ्ट ने 8 अगस्त 1989 को 'माइक्रोसॉफ्ट ऑफिस' पेश किया था, जिसमें उस वक्त तीन प्रमुख अनुप्रयोग उत्पादों—माइक्रोसॉफ्ट एक्सेल, माइक्रोसॉफ्ट वर्ड व माइक्रोसॉफ्ट को एक साथ लाया गया था। माइक्रोसॉफ्ट ने विंडोज व अन्य प्रोग्रामों के साथ इसका पैकेज बनाकर बेचना शुरू किया था। ओ.ई.एम. निर्माताओं व व्यक्तिगत उपयोगकर्ताओं के लिए यह पैकेज काफी आकर्षक था। उस वक्त बाजार में सबसे लोकप्रिय वर्ड-प्रोसेसर 'वर्ड परफेक्ट' और स्प्रेडशीट 'लोटस 1-2-3' को माइक्रोसॉफ्ट के इस पैकेज से काफी नुकसान हुआ था। ये दोनों उत्पाद अलग-अलग कंपनियों द्वारा अकेले उत्पाद के रूप में उपलब्ध थे, लिहाजा खास विशेषताओं के बावजूद 'माइक्रोसॉफ्ट ऑफिस' के सामने इनका टिक पाना काफी मुश्किल था।

उस वक्त, कुछ समय के लिए 'वर्ड परफेक्ट' पर मालिकाना हक रखने वाली अमेरिकी बहुराष्ट्रीय कंपनी नावेल ने आरोप लगाया था कि माइक्रोसॉफ्ट ने उसके डॉस व विंडो केर्नेल्स से संबंधित ज्ञान और 'एप्लीकेशन प्रोग्रामिंग इंटरफेस' (ए.पी.आई.)

की विशेषताओं का इस्तेमाल 'माइक्रोसॉफ्ट ऑफिस' की कार्यक्षमता को प्रतिस्पर्धियों से वेहतर बनाने में किया था। आनेवाले समय में माइक्रोसॉफ्ट के खिलाफ यूरोपियन यूनियन और अमेरिकी न्याय विभाग के एंटी-ट्रस्ट मुकदमों के दौरान नावेल ने इस नुकसान का बदला लिया था और माइक्रोसॉफ्ट को भारी कीमत चुकानी पड़ी थी। लेकिन तब माइक्रोसॉफ्ट लगातार आगे बढ़ता चला गया था। माइक्रोसॉफ्ट ऑफिस में लगातार नई विशेषताओं को शामिल किया गया और आनेवाले कुछ वर्षों में उसका बाजार पर एकाधिकार हो गया था।

कंप्यूटर परिचालन प्रणाली 'माइक्रोसॉफ्ट विंडोज 3.0' और डेस्कटॉप अनुप्रयोग समूह 'माइक्रोसॉफ्ट ऑफिस' की भारी सफलता से माइक्रोसॉफ्ट का आत्मविश्वास सातवें आसमान पर था। लिहाजा, विंडोज के आगामी संस्करण विंडोज 3.1 के जरिए दुनिया भर में छा जाने की योजना बनाई थी। पिछले संस्करण के मुकाबले विंडोज 3.1 में एक हजार से अधिक सुधार किए गए थे। माइक्रोसॉफ्ट के विभिन्न अंतरराष्ट्रीय कार्यालयों में काम करनेवालों की संख्या 3,000 से भी अधिक थी, जिनमें से अधिकांश वितरण व विपणन के लिए नियुक्त किए गए थे। नए बाजारों में वितरण को सुनिश्चित करने के लिए हजारों पुनर्विक्रेताओं को प्रशिक्षित किया गया था और ग्राहकों की सहायता के लिए 500 से ज्यादा उत्पाद सहायता कर्मियों को तैनात किया गया था। आम उपभोक्ताओं में जागरूकता बढ़ाने के लिए 1 मार्च, 1992 से अंतरराष्ट्रीय स्तर पर टेलीविजन विज्ञापन अभियान शुरू किया गया था। ऐसा पहली बार था, जब अपने उत्पाद के प्रचार के लिए माइक्रोसॉफ्ट ने टेलीविजन प्लेटफॉर्म का उपयोग किया था। इसके लिए भारी- भरकम बजट के साथ जानी-मानी विज्ञापन कंपनी ओगिलवी एंड माथर को अनुबंधित किया गया था। 6 अप्रैल, 1992 को अंतरराष्ट्रीय बाजारों में एक साथ माइक्रोसॉफ्ट विंडोज 3.1 को पेश किया गया था और सिर्फ दो महीने में उसकी 30 लाख प्रतियाँ बिकी थीं। कुछ माह बाद अक्तूबर में एकीकृत नेटवर्किंग सुविधाओं के साथ 'विंडोज फॉर वर्कग्रुप 3.1' और नवंबर में डाटाबेस सॉफ्टवेयर 'माइक्रोसॉफ्ट एक्सेस' का पहला संस्करण जारी किया गया था।

इस बीच जून 1992 में व्हाइट हाउस रोज गार्डन में आयोजित समारोह में अमेरिकी राष्ट्रपति जॉर्ज बुश ने बिल गेट्स को 'नेशनल मैडल ऑफ टेक्नोलॉजी' से नवाजा था। गेट्स को राष्ट्रपति द्वारा यह सम्मान घर व कार्यालय में सार्वभौमिक कंप्यूटिंग के अपने प्रारंभिक दृष्टि के लिए; दुनिया भर में एक प्रौद्योगिकी कंपनी बनाने में अपने तकनीकी व व्यावसायिक प्रबंधन कौशल के लिए और व्यक्तिगत कंप्यूटिंग उद्योग के विकास में उसके योगदान के लिए दिया गया था।

अब विश्व-विजय का डंका पीटने का वक्त आ गया था 14 अप्रैल, 1993 को माइक्रोसॉफ्ट ने घोषित किया था कि दुनिया भर में विंडोज के कुल उपयोगकर्ताओं की संख्या 2.5 करोड़ से ज्यादा हो चुकी है और यह सबसे लोकप्रिय ग्राफिकल ऑपरेटिंग सिस्टम हो गया है। उसके बाद 12 जून, 1993 को 'फॉर्च्यून' पत्रिका ने माइक्रोसॉफ्ट को अमेरिका में संचालित सबसे ज्यादा 'इनोवेटिव कंपनी' के खिताब से नवाजा था। साथ ही, माइक्रोसॉफ्ट के शेयर की कीमत में भारी उछाल के चलते सन् 1993 में बिल गेट्स (38 वर्ष) का नेटवर्थ 935 करोड़ डॉलर हो गया था। वह सबसे धनी अमेरिकी की 'फोर्ब्स' पत्रिका की 'फोर्ब्स-400' सूची में पहले स्थान पर आ गया था और 920 करोड़ डालर के नेटवर्थ के साथ वारेन बफेट (64 वर्ष) दूसरे स्थान पर चले गए थे। उसके बाद इस स्थान पर कायम रहते हुए, 1995 में बिल गेट्स ने 'फोर्ब्स' की दुनिया के सबसे धनी व्यक्तियों की सूची के पहले स्थान पर कब्जा कर लिया था और लगातार वर्ष 2007 तक दोनों सूचियों के शीर्ष पर बना रहा था। वर्ष 1999 में थोड़े समय के लिए गेट्स का नेटवर्थ 101 अरब डॉलर को पार कर गया था।

वर्ष 1993 माइक्रोसॉफ्ट के लिए काफी महत्त्वपूर्ण रहा था। मार्च 1988 में दाखिल एप्पल बनाम माइक्रोसॉफ्ट मुकदमा 1 जून, 1993 को माइक्रोसॉफ्ट के पक्ष में चला गया था, जब एप्पल ने अपना 550 करोड़ का दावा छोड़ने और आपसी सहमति के बारे में अदालत को सूचित किया था। इसके बाद माइक्रोसॉफ्ट ने 26 जुलाई को 32 बिट ऑपरेटिंग सिस्टम का पहला संस्करण विंडोज एनटी 3.1 और 11 अगस्त को विंडोज फॉर वर्कग्रुप 3.11 जारी किया था। इस पहले मार्च में माइक्रोसॉफ्ट एनकार्टा को जारी हो चुका था।

इतना ही नहीं, इसी साल अप्रैल में बिल गेट्स ने मिलिंडा फ्रेंच के साथ शादी करना तय किया था। लेकिन गेट्स के लिए यह सिर्फ खुशी का वर्ष नहीं था; उसकी माँ स्तन कैंसर से पीड़ित थीं, जो अपने पुत्र को शादी के बंधन में बँधे देखना चाहती थी। सुख-दुःख के इस अजीबोगरीब माहौल के बीच गेट्स व माइक्रोसॉफ्ट की आश्चर्यजनक तरक्की की राह में एक बड़ी कानूनी बाधा भी खड़ी करने की तैयारियाँ पूरी की जा रही थीं। 20 अगस्त, 1993, को अमेरिकी न्याय विभाग ने माइक्रोसॉफ्ट के खिलाफ संघीय व्यापार आयोग (एफ.टी.सी.) की एकाधिकार व्यापार व्यवहार मामले की जाँच को अपने मातहत ले लिया था और 'एंटी ट्रस्ट' मुकदमे की तैयारी के तहत बिल्कुल नए सिरे से जाँच की प्रक्रिया शुरू कर दी गई थी।

माइक्रोसॉफ्ट एनकार्टा—कारोबार के आधार विस्तार की रणनीति के

वर्ष 1998 में माइक्रोसॉफ्ट ने मैकमिलन प्रकाशन समूह से कोलियर्स इनसाइक्लोपीडिया और न्यू मेरिट स्कॉलर्स इनसाइक्लोपीडिया के डिजिटल अधिकार खरीद लिये थे। ये और उनकी सामग्रियों को एनकार्टा में समाहित कर दिया गया था। इस तरह 'माइक्रोसॉफ्ट एनकार्टा' तीन इनसाइक्लोपीडिया का समूह बन गया था।

तहत 22 मार्च, 1993 को माइक्रोसॉफ्ट ने 'माइक्रोसॉफ्ट एनकार्टा' के साथ डिजिटल मल्टीमीडिया इनसाइक्लोपीडिया के बाजार में प्रवेश किया था। वास्तव में, कॉम्पटन्स मल्टीमीडिया इनसाइक्लोपीडिया (1989) और द न्यू ग्रोलिएर मल्टीमीडिया इनसाइक्लोपीडिया (1992) की सफलताओं के मद्‌देनजर माइक्रोसॉफ्ट ने फंक एंड वाग्नल्स इनसाइक्लोपीडिया से अ-विशिष्ट अधिकार (नॉन-एक्सक्लूसिव राइट्स) खरीदकर उसकी विषय सामग्रियों को 'माइक्रोसॉफ्ट एनकार्टा' में समाहित किया था।

इससे पहले माइक्रोसॉफ्ट ने 'इनसाइक्लोपीडिया ब्रिटानिका' को संपर्क किया था; लेकिन प्रिंट की बिक्री प्रभावित होने की आशंका के मद्‌देनजर बेंटन फाउंडेशन ने उस प्रस्ताव को ठुकरा दिया था। लेकिन माइक्रोसॉफ्ट की बाजार रणनीति व बिक्री चैनल का मुकाबला कर पाना ब्रिटानिका के वश में नहीं था। वार्षिक सदस्यता के साथ इंटरनेट पर 'एनकार्टा प्रीमियम' को बेचने के अलावा माइक्रोसॉफ्ट ने डी.वी.डी./सी.डी. संस्करणों को अपने ओ.ई.एम.-नेटवर्क के जरिए नए कंप्यूटर के साथ बेचना शुरू किया था। महज दो साल के भीतर ब्रिटानिका दिवालिया होने के कगार पर पहुँच गई थी, जब जनवरी 1996 में स्विट्‌जरलैंड के अरबपति पूँजीपति जैको सफरा ने सिर्फ 13.6 करोड़ डॉलर की कीमत पर उसे खरीद लिया था।

वर्ष 1998 में माइक्रोसॉफ्ट ने मैकमिलन प्रकाशन समूह से कोलियर्स इनसाइक्लोपीडिया और न्यू मेरिट स्कॉलर्स इनसाइक्लोपीडिया के डिजिटल अधिकार खरीद लिये थे। ये और उनकी सामग्रियों को एनकार्टा में समाहित कर दिया गया था। इस तरह 'माइक्रोसॉफ्ट एनकार्टा' तीन इनसाइक्लोपीडिया का समूह बन गया था। बाद में अंग्रेजी के अलावा कई अन्य भाषाओं में इसके अनुवादित संस्करण पेश किए गए थे। जुलाई 2006 में वेबस्टर्स इंटरनेशनल पब्लिशर्स (लंदन, यू.के.) की सहयोगी कंपनी वेबस्टर्स मल्टीमीडिया (वेलेबुए, वॉशिंगटन, यू.एस.ए.) ने माइक्रोसॉफ्ट से एनकार्टा के रख रखाव की जिम्मेदारी सँभाल ली थी। लेकिन एनकार्टा

प्रीमियम-2009 का अंतिम संस्करण साबित हुआ, जो अगस्त 2008 में प्रकाशित हो सका। बाद में, माइक्रोसॉफ्ट ने इसे अपने सर्च इंजन एम.एस.एन. के साथ जोड़कर चलाने की कोशिश की थी, लेकिन विकिपीडिया से मुकाबला न कर पाने के चलते 31 दिसंबर, 2009 इसके पूरी तरह बंद कर दिए जाने की घोषणा कर दी गई थी।

बिल गेट्स व मिलिंडा का रोमांस और शादी

लंबे रोमांस के बाद 11 अप्रैल, 1993 को बिल गेट्स ने मिलिंडा एन. फ्रेंच के समक्ष शादी का प्रस्ताव रखा था। उस रविवार की रात को गेट्स व मिलिंडा चार्टर्ड विमान में पाम स्प्रिंग (फ्लोरिडा) से सिएटल लौट रहे थे। लेकिन रहस्यमय तरीके से विमान ओमहा (नेब्रास्का, यू.एस.ए.) के हवाई अड्डे पर उतर गया था और सामने वारेन बफेट उनके स्वागत में खड़े थे। रात हो चुकी थी। ओमहा में दुकानें बंद हो चुकी थीं, लेकिन बफेट उन दोनों को अपने ज्वैलरी स्टोर में ले गए थे, जहाँ गेट्स ने मिलिंडा के लिए हीरे की अँगूठी पसंद की थी। याद रहे कि अब तक गेट्स और उससे काफी उम्रदराज अमेरिका के सबसे धनी शख्स वारेन बफेट के बीच गहरी दोस्ती विकसित हो चुकी थी।

वास्तव में, गेट्स की मिलिंडा से पहली मुलाकात वर्ष 1987 में मैनहट्टन (न्यूयॉर्क सिटी) में माइक्रोसॉफ्ट द्वारा आयोजित रात्रिभोज के दौरान हुई थी। मिलिंडा ने कुछ माह पहले प्रशिक्षु उत्पाद प्रबंधक (मल्टीमीडिया) के रूप में माइक्रोसॉफ्ट में काम शुरू किया था। मिलिंडा का जन्म 15 अगस्त, 1964 को डलास (टेक्सास, यू.एस.ए.) के एक रोमन कैथोलिक मतावलंबी मध्यम वर्गीय परिवार में हुआ था। उसके पिता रेमोंड जोसेफ फ्रेंच एक इंजीनियर थे और माता ऐलन एग्नेस अमेलैंड घरेलू महिला थी। उससे बड़ी एक बहन व दो छोटे भाई थे। 1986 में मिलिंडा ने ड्यूक यूनिवर्सिटी (डरहम, नॉर्थ कैरोलिना, यू.एस.ए.) से कंप्यूटर विज्ञान व अर्थशास्त्र में दोहरी स्नातक उपाधियों के बाद सन् 1987 में एम.बी.ए. का प्रमाण-पत्र भी हासिल किया था। इस बीच थोड़े समय तक आई.बी.एम. में प्रशिक्षु के तौर पर काम करते हुए एम.बी.ए. पूरा करने के बाद उसे माइक्रोसॉफ्ट में मौका मिला था।

पहली मुलाकात के बाद मिलिंडा व गेट्स की नजदीकियाँ बढ़ने लगी थीं; हालाँकि दोनों ने इस निजी रिश्ते को गोपनीय रखने की हर संभव कोशिशें की थीं, लेकिन जल्द ही वह कर्मचारियों के हँसी-मजाक के बीच 'माइक्रोसॉफ्ट मिस्त्री वीमेन' के रूप में चर्चित हो गई थी। दोनों की उम्र में नौ साल का अंतर था। वैसे, सॉफ्टवेयर कंपनियों में अधिकांश प्रोग्रामिंग इंजीनियर अविवाहित थे और

उनके बीच रोमांस एक आम बात थी और माइक्रोसॉफ्ट में भी इस मामले में कोई रोक-टोक नहीं थी। सख्त व गुस्सैल छविवाले निर्दयी बॉस की छवि के बावजूद बिल गेट्स का नाम कई युवतियों के साथ जुड़ा था; लेकिन मिलिंडा के साथ उसकी दोस्ती को गंभीर माना जा रहा था। सात वर्षों में मिलिंडा को महाप्रबंधक पद तक की तरक्की मिली थी; लेकिन किसी को यह पक्षपातपूर्ण नहीं लगा था, क्योंकि शैक्षणिक योग्यता व कार्यक्षमता में मिलिंडा अव्वल थी और उसने पेशेवर व्यवहार को बिल्कुल सामान्य रखा हुआ था।

स्तन कैंसर से पीड़ित बिल गेट्स की माँ मैरी मैक्सवेल गेट्स ने बिल गेट्स पर अपना जीवन-साथी चुन लेने का दबाव बनाया हुआ था। खैर, 1 जनवरी 1994 को बिल गेट्स (38 वर्ष) एवं मिलिंडा फ्रेंच (29 वर्ष) की शादी संपन्न हो गई थी। इसके लिए अमेरिका के हवाई प्रांत के खूबसूरत द्वीप-समूहों में से एक लानाइ को चुना गया था, जो 'अनानस द्वीप' (पाइनएप्पल आइलैंड) के रूप में मशहूर है। प्रशांत महासागर क्षेत्र में मृत ज्वालामुखी पठार पर बसा लानाइ अपने 47 मील लंबे समुद्र-तट और सफेद रेत के 18 मील लंबे एवं 13 मील चौड़े मैदान के लिए जाना जाता है।

करीब 10 लाख डॉलरवाले इस शादी समारोह के एकांत को सुनिश्चित करने के लिए लानाइ सिटी के मानले बे स्थित सबसे बड़े फोर सीजन होटल एंड रिसोर्ट के सारे 250 कमरे बुक किए गए थे और आस-पास के हेलिकॉप्टर को काम पर लगाया गया था। शादी की रस्म अदायगी के लिए होटल के गोल्फ कोर्स के 12-टी को चुना गया था। सिएटल यूनिवर्सिटी के चांसलर व पादरी विलियम जे. सुलिवन ने इस विवाह समारोह का संचालन किया था और स्टीव बामर ने बेस्ट-मैन की भूमिका अदा की थी। बिल ने काली ढीली पतलून और एक सफेद डिनर जैकेट पहनी थी। मिलिंडा ने सिएटल की विक्टोरिया ग्लेन द्वारा बनाया गया 10,000 डॉलर की शादी का गाउन पहना था। उस समारोह में करीब 130 मेहमानों ने हिस्सा लिया थे, जिनमें वारेन बफेट और उनकी महिला मित्र कैथरीन ग्राहम ('द वॉशिंगटन पोस्ट' की मालकिन), पॉल एलन (माइक्रोसॉफ्ट के साझीदार), क्रेग मैककॉव (सिएटल के अरबपति व मैककॉव सल्लुलेर के संस्थापक) शामिल थे।

शादी के स्वागत-समारोह में मेहमानों के मनोरंजन के लिए मिलिंडा के पसंदीदा मशहूर अमेरिकी लोकगीत गायक व गीतकार विली नेल्सन को खास तौर पर बुलाया था, जिन्हें गेट्स ने मिलिंडा के लिए एक 'आश्चर्य उपहार' के रूप पेश किया गया था।

मिलिंडा एक सुघढ़ पारिवारिक महिला साबित हुई, जिसने न केवल भरा-पूरा परिवार बसाया, बल्कि अपनी सास के वचन को पूरा करने के लिए अब मिलिंडा-गेट्स फाउंडेशन के जरिए अंतरराष्ट्रीय स्तर पर समाज-सेवा में बढ़-चढ़कर अपने पति का साथ निभा रही हैं। मिलिंडा व गेट्स की तीन संतानें हैं—जेनिफर कैथरीन (1996), रोरी जॉन (1999) एवं फोएबे एडेल (2002)।

विंडोज-95 के जरिए 32-बिट युग में प्रवेश

परिचालन प्रणाली (ऑपरेटिंग सिस्टम) बाजार में अपनी बढ़त को कायम रखने की योजना के तहत माइक्रोसॉफ्ट ने 24 अगस्त, 1995 को विंडोज 95 पेश किया था। यह एक उपभोक्ता उन्मुख ग्राफिकल यूजर इंटरफेस पर आधारित कंपनी के पूर्व विंडोज उत्पादों के मुकाबले एक महत्त्वपूर्ण प्रगति के रूप में सामने आई थी। विकास के दौरान इसे विंडोज 4.0 या फिर कूट नाम 'शिकागो' संबोधित किया जाता था। इसमें माइक्रोसॉफ्ट ने अपनी पहले की डॉस व विंडोज आधरित तमाम परिचालन प्रणालियों की खूबियों को समाहित किया था। विंडोज 3.1 के मुकाबले इसके 'ग्राफिकल यूजर इंटरफेस' की विशिष्टताओं में कई महत्त्वपूर्ण सुधार किए गए थे और 'प्लग-एन-प्ले' की खूबियों को ज्यादा आसान बनाया गया था। सबसे बड़ी बात यह थी कि विंडोज 95 का बुनियादी ढाँचा एक साथ बहुत से आदेशों पर लागू कर सकनेवाली 32-बिट तकनीक आधारित वास्तुकला के जरिए तैयार किया गया था। याद रहे कि इससे पहले की कंप्यूटर परिचालन प्रणालियाँ 16-बिट तकनीक पर आधारित थीं।

विंडोज 95 के लिए बहुत बड़े बजट से भारी-भरकम विपणन अभियान चलाया गया था। बाजार में आने के चार दिन में इसकी 10 लाख प्रतियाँ बिकी थीं, जो एक साल के पूरा होते-होते 4 करोड़ प्रतियों के स्तर पर पहुँच गई थीं। इसने बाजार की तमाम प्रमुख परिचालन प्रणालियों, खास तौर पर आई.बी.एम. के ओएस/2 के कारोबार को भारी नुकसान पहुँचाया था और इस घटना को आनेवाले समय में माइक्रोसॉफ्ट के खिलाफ अमेरिकी न्याय विभाग के एंटी ट्रस्ट मुकदमे में ठोस प्रमाण के तौर पेश किया गया था।

विंडोज 95 को बाजार में पेश करने से करीब एक साल पहले, नवंबर 1994 में, माइक्रोसॉफ्ट ने 10 करोड़ डॉलर के बजट से अपना दूसरा वैश्विक छवि सुधार विज्ञापन अभियान चलाया था। इस काम के लिए माइक्रोसॉफ्ट ने 'नाइके' को अंतरराष्ट्रीय ब्रांड के रूप में स्थापित करने के लिए मशहूर अमेरिकी

विज्ञापन एजेंसी 'व्हाईदेन+कैनेडी' को नियुक्त किया था। इस विज्ञापन अभियान में ब्रॉडकास्ट-प्रिंट-आउटडोर तीनों प्रमुख संचार माध्यमों को शामिल किया गया था और 'व्हेयर डू यू वांट टू गो टुडे?' (आप आज कहाँ जाना चाहते हो?) घोष वाक्य के साथ विज्ञापन तैयार किए गए थे।

'विंडोज 95 पूर्वावलोकन कार्यक्रम' के तहत आधिकारिक रूप से जारी किए जाने से बहुत पहले अमेरिकी उपभोक्ताओं को 19.95 डॉलर में विंडोज 95 का फ्लॉपी डिस्क सेट भेजा गया था। इसे विंडोज 3.1× के उन्नयन के रूप में या फिर नए कंप्यूटर पर ताजा परिचालन-प्रणाली के रूप में स्थापित किया जा सकता था। प्रोग्राम खरीदनेवाले ग्राहकों को 'द माइक्रोसॉफ्ट नेटवर्क' (एम.एस.एन.) मुफ्त में इस्तेमाल करने की छूट दी गई थी, जिसके तहत सॉफ्टवेयर उन्नयन, समाचार, इ-मेल, चैट-रूम, न्यूज-रूप आदि ऑनलाइन सेवाएँ दी जाने वाली थीं। एम.एस.एन. को विंडोज 95 के साथ ही बाजार में पेश किया गया था।

विंडोज 95 का शुभारंभ बड़ी धूमधाम के साथ किया गया था, जिसमें मशहूर अंग्रेजी रॉक बैंड रोलिंग स्टोंस का 'स्टार्ट मी अप' (स्टार्ट बटन सुविधा के संदर्भ में) गाने का विज्ञापन अभियान में वाणिज्यिक इस्तेमाल भी शामिल था। उस वक्त समाचार माध्यमों में इस खबर को खूब उछाला गया था कि माइक्रोसॉफ्ट ने उस गाने के इस्तेमाल के लिए रोलिंग स्टोंस को 80 लाख से 1.4 करोड़ डॉलर के बीच में भुगतान किया था। विंडोज 95 की सुविधाओं को दिखाने के लिए 30 मिनट का एक प्रोमोशनल वीडियो 'साइबर सिटकॉम' भी जारी किया गया था, जिसमें मशहूर अमेरिकी अभिनेत्री जेनिफर एनिस्टन और हास्य कलाकार मैथ्यू पेरी खास तौर पर पेश किए गए थे।

करीब 30 करोड़ डॉलर के विज्ञापन अभियान के तहत उन कहानियों को पेश किया गया था कि किस तरह कंप्यूटर स्टोर्स के बाहर लोग विंडोज 95 की एक प्रति हासिल करने के लिए बड़ी-बड़ी पंक्तियों में प्रतीक्षा कर रहे थे। यूनाइटेड किंगडम की सबसे बड़ी कंप्यूटर सुपर स्टोर श्रृंखला पी.सी. वर्ल्ड को विंडोज 95 के बड़े-बड़े बक्से, पोस्टर व अन्य विज्ञापन सामग्रियाँ दी गई थीं और उसकी अधिकांश शाखाएँ आधी रात में उत्पाद की पहली प्रतियाँ बेचने के लिए खोली गई थीं। साथ ही, माइक्रोसॉफ्ट की तरफ से 'द टाइम्स' अखबार की 15 लाख प्रतियाँ (रोजाना से दोगुना) बँटवाई गई थीं। संयुक्त राज्य अमेरिका में न्यूयॉर्क स्थित गगनचुंबी इमारत 'एंपायर स्टेट बिल्डिंग' (अब दुनिया की 24वीं और अमेरिका की चौथी सबसे ऊँची इमारत) को विंडोज के प्रतीक चिह्न

के रंग में रोशन किया गया था। कनाडा के सबसे बड़े महानगर टोरंटो स्थित सी.एन. टावर (दुनिया का तीसरा सबसे ऊँचा संचार टावर) पर 100 मीटर का बैनर लटकाया गया था।

फिसलते इंटरनेट बाजार को पकड़ने की कोशिशें

वास्तव में वर्ष 1990-93 के बीच बिल गेट्स सहित माइक्रोसॉफ्ट की बाजार-योद्धाओं की फौज विंडोज की सफलता की फसल काटने में इतना मशगूल और नशे में थी कि उन्हें पता ही नहीं चला था कि किस तरह कंप्यूटर टेक्नोलॉजी उद्योग में इंटरनेट-युग का पदार्पण हो रहा था और इस मैदान पर नए खिलाड़ी अपने पाँव जमा रहे थे। इस बीच माइक्रोसॉफ्ट का राजस्व तीन गुना बढ़कर 375 करोड़ डॉलर को पार कर चुका था और कर्मचारियों की संख्या 14,500 का आँकड़ा छूने वाली थी। लेकिन माइक्रोसॉफ्ट रेडमोंड मुख्यालय में कोई भी इंटरनेट तकनीक के विकास की दिशा में सोचने भर को तैयार नहीं था। अगला लक्ष्य विंडोज 95 था और उसे बेहतरीन बनाने में सबका ध्यान लगा हुआ था।

उद्योग जगत् के दूरदर्शी अचरज से देख रहे थे। कंप्यूटर भाषा, परिचालन प्रणाली व अनुप्रयोगों में सबको पछाड़कर इतना आगे निकल जानेवाली कंपनी माइक्रोसॉफ्ट इंटरनेट युग की तेज बढ़त को कैसे नजरअंदाज कर सकती है। वर्ष 1994 में यह बात जग जाहिर होने लगी थी कि करीब 1 करोड़ से ज्यादा लोग इंटरनेट सर्फिंग करने लगे थे, लेकिन इसके लिए उन्हें माइक्रोसॉफ्ट के किसी सॉफ्टवेयर के उपयोग की जरूरत नहीं हो रही थी। इससे भी खतरनाक तथ्य यह था कि 'वर्ल्ड वाइड वेब' (इंटरनेट) को सन माइक्रोसिस्टम्स (अब 'जावा प्रोग्रामिंग लैंग्वेज') से बढ़ावा मिल रहा था और यह पी.सी. पर माइक्रोसॉफ्ट विंडोज के आधिपत्य को चुनौती दे सकनेवाले 'प्लेटफॉर्म' की दिशा में तेजी से आगे बढ़ रहा था। अब यह चुनौती इतने खतरनाक स्तर पर आ चुकी थी कि माइक्रोसॉफ्ट के लिए चुप बैठना मुश्किल हो गया था।

गौरतलब है कि इंटरनेट सर्फिंग को उपयोगकर्ताओं के लिए आसान बनाने की दिशा में 25 दिसंबर, 1990 को ब्रिटिश कंप्यूटर वैज्ञानिक और 'वर्ल्ड वाइड वेब' (इंटरनेट) के आविष्कारक सर टिम बर्नर्स ली ने सबसे पहला वेब ब्राउजर 'वर्ल्डवाइडवेब' जारी किया था। सॉफ्टवेयर व इंटरनेट के नाम को लेकर भ्रम को दूर करने के लिए इसका नाम 'नेक्सस' रख दिया गया था। लेकिन सर टिम बर्नर्स ली अपने आविष्कार पर स्वामित्व बनाकर कमाई करने के पक्ष में नहीं थे

और अगस्त 1991 में इसे सार्वजनिक ज्ञानक्षेत्र (पब्लिक डोमेन) में डाल दिया गया था। इसके चलते उस वक्त कई वेब-ब्राउजर विकसित हुए, जिनमें विओला डब्लू.डब्लू.डब्लू. कुछ हद तक लोकप्रिय हुआ था।

लेकिन 23 जनवरी 1993 को, यूनिवर्सिटी ऑफ इलिनोइस (इलिनोइस, यू.सए.) के नेशनल सेंटर फॉर सुपरकंप्यूटिंग एप्लीकेशंस (एन.सी.एस.ए.) ने एक काफी उन्नत वेब ब्राउजर 'मोजेक' जारी किया था विकास-टोली का नेतृत्व मार्क एंड्रिसेन ने किया था। पढ़ाई पूरी करने के बाद एंड्रिस्सेन कैलिफोर्निया चला गया था, जहाँ उसकी मुलाकात उस वक्त के काफी चर्चित कंप्यूटर वैज्ञानिक व उद्यमी जिम क्लार्क से ही हुई थे, जो सिलिकॉन ग्राफिक्स सिस्टम्स (बाद में, एस.जी.आई.) से अलग हुए थे। क्लार्क को मोजेक ब्राउजर में भारी वाणिज्यिक संभावना दिखाई पड़ी थी। क्लार्क ने प्रारंभिक धन लगाया और कुछ अन्य निवेशकों को साथ लेकर, 4 अप्रैल, 1994 को माउंटेन व्यू (कैलिफोर्निया) में मोजेक कम्युनिकेशंस कॉरपोरेशन की स्थापना हो गई। कंपनी में मार्क एंड्रिसेन को सह-संस्थापक व उपाध्यक्ष बनाया गया था। कंपनी ने 13 अक्तूबर, 1994 को अपना पहला उत्पाद 'मोजेक नेटस्केप 0.9' जारी किया था। लेकिन 'मोजेक' नाम पर यूनिवर्सिटी ऑफ इलिनोइस ने नाराजगी जताई थी। लिहाजा, 14 नवंबर, 1994 को कंपनी का नाम बदलकर 'नेटस्केप कम्युनिकेशंस' और उत्पाद का नाम बदलकर 'नेटस्केप नेविगेटर' कर दिया गया। 'नेटस्केप नेविगेटर' ने बाजार में आने के पहले साल में वेब ब्राउजर बाजार के 90 फीसदी उपयोगकर्ताओं को अपनी तरफ आकर्षित कर लिया था।

इसकी सफलता का अनुमान इस तथ्य से लगाया जा सकता है कि जब 9 अगस्त 1995 को आई.पी.ओ. जारी करने अंतिम समय में नेटस्केप कम्युनिकेशन ने अपने प्रस्तावित शेयरों की कीमत को 14 से दोगुना कर 28 डॉलर प्रति शेयर कर दिया था। फिर भी, पहले कारोबारी दिन के दौरान जल्द ही प्रति शेयर मूल्य 75 डॉलर की ऊँचाई पर पहुँच गया और 58.25 डॉलर पर बंद हुआ था। सिर्फ एक दिन के भीतर नेटस्केप कम्युनिकेशन, जिसने अब तक कोई कारोबारी मुनाफा हासिल नहीं किया था, का बाजार मूल्यांकन 290 करोड़ डॉलर के स्तर पर चला गया था। इतना ही नहीं, वर्ष 1995 की हर तिमाही में कंपनी का राजस्व दोगुना होता चला गया था—पहली तिमाही में 50 लाख डॉलर, दूसरी में 1 करोड़ डॉलर, तीसरी में 2 करोड़ डॉलर और अंतिम तिमाही में 4 करोड़ डॉलर नतीजतन 19 फरवरी, 1996 के अंतरराष्ट्रीय संस्करण अंक में 'टाइम' पत्रिका ने इस

घटना को आवरण-कथा बनाया और आवरण-पृष्ठ पर 'द गोल्डन गीक्स' संबोधित करते हुए मार्क एंड्रिसेन का संपूर्ण चित्र 'नंगे पाँव' प्रकाशित किया था। इसके बाद, मार्क एंड्रिसेन को इंटरनेट युग का 'पोस्टर बॉय' कहा जाने लगा था।

अगस्त 1995 को आई.पी.ओ. जारी करने अंतिम समय में नेटस्केप कम्युनिकेशन ने अपने प्रस्तावित शेयरों की कीमत को 14 से दोगुना कर 28 डॉलर प्रति शेयर कर दिया था। फिर भी, पहले कारोबारी दिन के दौरान जल्द ही प्रति शेयर मूल्य 75 डॉलर की ऊँचाई पर पहुँच गया और 58.25 डॉलर पर बंद हुआ था।

वेब ब्राउजर की तलाश—वैसे तो वर्ष 1994 की शुरुआत में ही माइक्रोसॉफ्ट मुख्यालय में खलबली मचनी शुरू हो चुकी थी और इसके लिए आनन-फानन में विशेष टीम का गठन किया गया था। लेकिन अब तक काफी देर हो चुकी थी, बाजार के नए खिलाड़ी काफी आगे जा चुके थे। लिहाजा, उनके स्तर को पकड़ने के लिए बुनियादी अनुसंधान का रास्ता न केवल कठिन था, बल्कि उसमें काफी समय लगने वाला था। लिहाजा, अब बाजार में उपलब्ध तकनीक को खरीदना ही आसान विकल्प था। इस दिशा में माइक्रोसॉफ्ट की पहली ठोस प्रतिक्रिया सितंबर 1994 में सामने आई थी, जब उसने सी.एम.जी. इनफॉरमेशन सर्विसेज (अब मोडसलिंक ग्लोबल सलूशंस) की सहयोगी कंपनी बुकलिंक से विंडोज 95 व एम.एस.एन. के लिए 20 लाख डॉलर की एकमुश्त राशि पर ब्राउजर टेक्नोलॉजी का सोर्स-कोड खरीदने का प्रस्ताव रखा था। लेकिन बुकलिंक के सह-संस्थापक डेविड वेथरेल को राशि काफी कम लगी थी; और महज दो महीने के भीतर नवंबर 1994 में ए.ओ.एल. (पहले अमेरिका ऑनलाइन) ने अपने 7.10 लाख शेयर, जिसका बाजार मूल्य उस वक्त करीब 3 करोड़ डॉलर था, के बदले बुकलिंक का वेब ब्राउजर तकनीक खरीद लिया था।

वेब ब्राउजर का सौदा हाथ से निकल जाने के बाद माइक्रोसॉफ्ट ने बुकलिंक से इंटरनेट तकनीक का एक-दूसरे औजार का लाइसेंस हासिल किया था, जिसके तहत बुकलिंक ने माइक्रोसॉफ्ट वर्ड के लिए 'इंटरनेट असिस्टेंट' विकसित किया था। इसके जरिए माइक्रोसॉफ्ट वर्ड के उपयोगकर्ता को इंटरनेट डॉक्यूमेंट बनाने के लिए 'एस.टी.एम.एल.' के इस्तेमाल से मुक्ति मिल गई थी।

लेकिन, विंडोज 95 के लिए वेब ब्राउजर जरूरी था और उसकी तलाश जारी थी। इस बीच, नेटस्केप नेविगेटर बाजार में आ चुका था उसे खरीदने की

गुंजाइश नहीं बन पा रही थी। लिहाजा उसकी एक प्रतिस्पर्धी कंपनी स्पाईग्लास इन्कॉरपोरेशन (शेंपेन, इलिनोइस, यू.एस.ए.) से संपर्क साधा गया था, जिसने मई 1994 में एन.सी.एस.ए. से अपना खुद का वेब ब्राउजर विकसित करने के लिए 'मोजेक' का लाइसेंस हासिल किया था। असल में, छह माह पहले जब स्पाईग्लास ने माइक्रोसॉफ्ट को इस बाबत संपर्क किया था तो उसे मना कर दिया गया था। लिहाजा अब जब खुद माइक्रोसॉफ्ट का प्रस्ताव आया तो स्पाईग्लास ने उत्साहित होकर 21 दिसंबर, 1994 को 'इंटरनेट एक्प्लोरर' नाम से माइक्रोसॉफ्ट के लिए वेब ब्राउजर विकसित करने का समझौता कर लिया था। इस अनुबंध के तहत माइक्रोसॉफ्ट ने स्पाईग्लास को तिमाही शुल्क के रूप में साल भर में कुल 50 लाख डॉलर के भुगतान और प्रति प्रतिलिपि रॉयल्टी देने का वायदा किया था।

इंटरनेट एक्प्लोरर बनाम नेटस्केप नेविगेटर—अब माइक्रोसॉफ्ट के हाथ में वेब ब्राउजर का एक विकल्प हाथ आ गया था और अब वह इस बाजार में कोहराम मचाने की तैयारियों में जुट गई थी। अगस्त 1995 में, इंटरनेट-एक्प्लोरर का पहला संस्करण 1.0 को विंडोज 95 के जुड़वाँ संस्करण 'विंडोज 95 प्लस' के साथ खुदरा बाजार में पेश किया गया था और विंडोज 95 के साथ मुफ्त में ओ.ई.एम. कंप्यूटर निर्माताओं को बेचा गया था। बाद के अन्य संस्करण भी इसी तरह जारी किए जा रहे थे, यानी सीधे तौर पर माइक्रोसॉफ्ट को इसकी बिक्री से कोई आमदनी नहीं हो रही थी और वह स्पाईगलास को तिमाही शुल्क के अलावा कोई रॉयल्टी का भुगतान नहीं कर रही थी।

ऐसे में, जब अगस्त 1996 में माइक्रोसॉफ्ट ने इंटरनेट एक्सप्लोरर 3.0 को जारी किया तो स्पाईग्लास ने उसे संविदात्मक लेखा-परीक्षण (कॉंट्रैक्चुअल ऑडिट) की कानूनी धमकी दे दी। फिर 22 जनवरी, 1997 को माइक्रोसॉफ्ट ने स्पाईग्लास को 80 लाख डॉलर (वर्ष 1998 तक के शुल्क व रॉयल्टी के रूप में) का भुगतान किया था और नए अनुबंध में स्पाईग्लास का संविदात्मक लेखा-परीक्षण का अधिकार निरस्त कर दिया गया था। इंटरनेट एक्सप्लोरर 7.0 (18 अक्तूबर, 2006) से पहले के सभी संस्करणों में स्पाईग्लास का उल्लेख सोर्स कोड के मूल अनुज्ञप्तिदाता (लाइसेंसर) रूप में किया जाता रहा था।

इस बीच 26 मई, 1995 को बिल गेट्स ने अपने अधिकारियों को 'इंटरनेट ज्वार की लहर' नामक सात पृष्ठों का एक ऐतिहासिक आंतरिक ज्ञापन भेजा था। इस विस्तृत ज्ञापन में गेट्स ने इंटरनेट क्रांति की नब्ज को समय रहते समझ पाने और उसके मुताबिक तकनीकी विकास करने में माइक्रोसॉफ्ट की असफलता

को स्वीकार किया था। उस ज्ञापन में नेटस्केप व नेटस्केप नेविगेटर का उल्लेख 'इंटरनेट पर नए प्रतियोगी का जन्म' के रूप में करते हुए गेट्स ने अपनी टीम को ललकारा था कि वे इंटरनेट से जुड़े हरेक कारोबार में छा जाने की तैयारी करें।

सन् 1998 में माइक्रोसॉफ्ट के खिलाफ एंटीट्रस्ट मुकदमे में अमेरिकी न्याय विभाग की ओर से गवाह के रूप में पेश किए गए इंटेल के उपाध्यक्ष स्टीवन मैकगेडी ने इसी ज्ञापन का उल्लेख करते हुए कहा था कि किस तरह माइक्रोसॉफ्ट ने नेटस्केप को पूरी तरह तबाह करने की योजना बनाई थी।

असल में, अक्तूबर 1997 में इंटरनेट एक्सप्लोरर 4.0 को नेटस्केप नेविगेटर के खात्मे के अचूक हथियार के रूप में भारी-भरकम प्रचार अभियान के साथ बाजार में उतारा गया था। डेस्क टॉप कंप्यूटर बाजार के 90 फीसदी बाजार पर माइक्रोसॉफ्ट के विंडोज ऑपरेटिंग सिस्टम का कब्जा था और उन उपभोक्ताओं को नेटस्केप नेविगेटर जैसी तमाम खूबियोंवाला वेब ब्राउजर मुफ्त में दिया जा रहा था। ऐसे में भले ही नेटस्केप के पास आई.पी.ओ. से जुटाई गई अच्छी-खासी पूँजी की ताकत आ गई थी, लेकिन माइक्रोसॉफ्ट जैसे महारथी के खिलाफ कुछ भी कर पाना उसके लिए मुश्किल साबित हो रहा था। उसके पास एकमात्र उत्पाद व राजस्व का स्रोत नेटस्केप नेविगेटर ही था, जो मुफ्त इंटरनेट एक्सप्लोरर के सामने घुटने टेकने लगा था। उसके खरीदारों की संख्या धड़ाम से गिर गई थी।

अपनी नाक बचाने और अपने दीवाने ग्राहकों को साथ जोड़े रखने की कोशिशों के तहत 23 फरवरी, 1998 को नेटस्केप ने एक ओपन सोर्स परियोजना मोजिला का शुभारंभ किया था। इसका नामकरण नेटस्केप नेविगेटर के मूल सॉफ्टवेयर स्रोत 'मोजेक' और जापानी विज्ञान कथा के मशहूर समुद्री राक्षस पात्र 'गोजिला' के सम्मिश्रण से किया गया था। इस खुले मंच के पहले उत्पाद के रूप में नेटस्केप कम्यूनिकेटर 4.0 का सोर्स कोड जारी किया गया था। भविष्य में इसी शृंखला का मोजिला फायरफॉक्स लोकप्रिय ओपन सोर्स वेब ब्राउजर के रूप में विकसित हुआ और इंटरनेट एक्सप्लोरर की बाजार हिस्सेदारी को भारी नुकसान पहुँचाकर बदला लेने में सफल भी हुआ था। लेकिन उस वक्त माइक्रोसॉफ्ट द्वारा जारी इंटरनेट एक्सप्लोरर संस्करणों की बढ़त को रोक पाना मुश्किल था।

इस बीच, मई 1998 में अमेरिकी न्याय विभाग ने माइक्रोसॉफ्ट के खिलाफ एंटी-ट्रस्ट मुकदमा दाखिल कर दिया था। हालाँकि नेटस्केप कम्युनिकेशन इसमें वादी के रूप में शामिल नहीं हुआ था, लेकिन उसके कर्मचारियों ने माइक्रोसॉफ्ट के खिलाफ सबूत जुटाने में न्याय विभाग की काफी मदद की थी। फिर अक्तूबर

1998 में, नेटस्केप ने 10 लाख डॉलर में वेब डायरेक्टरी साइट याहू का अधिग्रहण किया और उसे 'ओपन डायरेक्टरी प्रोजेक्ट' का नाम देकर उसके डाटाबेस को खुला सामग्री लाइसेंस के अंतर्गत जारी किया था।

आखिरकार 24 नवंबर, 1998 को ए.ओ.एल. (अमेरिका ऑनलाइन) ने कर-मुक्त शेयर अदला-बदली (स्टॉक स्वैप) के जरिए नेटस्केप कम्युनिकेशंस के अधिग्रहण का ऐलान कर दिया था। उस वक्त नेटस्केप के कुल शेयरों का बाजार मूल्य 420 करोड़ डॉलर था; लेकिन जब 17 मार्च, 1999 को ए.ओ.एल. में नेटस्केप के विलय का सौदा बंद हुआ था तो उन शेयरों का बाजार मूल्य 1,000 करोड़ डॉलर हो चुका था। अधिग्रहण के दौरान नेटस्केप के सॉफ्टवेयर उत्पादों का विकास व विपणन 'सन-नेटस्केप अलाएंस' के जरिए 'आई-प्लेनेट' ब्रांड नाम किया शुरू किया गया था और यह मार्च 2002 तक जारी रहा था।

इस बीच, माइक्रोसॉफ्ट ने इंटरनेट एक्सप्लोरर का 5.0 (1999) व 6.0 (2001) संस्करणों के जरिए वेब ब्राउजर बाजार पर आधिपत्य जमाने में कामयाब हो चुका था और वर्ष 2002 में उसकी बाजार हिस्सेदारी 95 फीसदी के स्तर पर पहुँच चुकी थी। जब एंटी-ट्रस्ट मुकदमे में यह साबित हो गया कि माइक्रोसॉफ्ट ने अपने एकाधिकार ताकत का गलत इस्तेमाल किया तो ए.ओ.एल. ने क्षतिपूर्ति के लिए उसके खिलाफ एक मुकदमा दायर कर दिया था। यह मुकदमा मई 2003 में खत्म हुआ था, जब माइक्रोसॉफ्ट ने ए.ओ.एल. को 75 करोड़ डॉलर का भुगतान किया था और कुछ तकनीकों की साझेदारी के लिए सहमत हुआ था। इस समझौते में माइक्रोसॉफ्ट द्वारा सात वर्षों के लिए ए.ओ.एल. को इंटरनेट एक्सप्लोरर के उपयोग व वितरण का रॉयल्टी-मुक्त लाइसेंस जारी करना भी शामिल था। यह समझौता नेटस्केप की ताबूत में अंतिम कील साबित हुआ था, जब 15 जुलाई, 2003 को टाइम वार्नर (पहले ए.ओ.एल. टाइम वार्नर) ने नेटस्केप को भंग कर दिया था।

अन्य इंटरनेट कारोबार में प्रवेश—लेकिन वर्ष 1995 में उस ज्ञापन के तहत सिर्फ नेटस्केप ही नहीं, इंटरनेट से जुड़े तमाम कारोबार पर माइक्रोसॉफ्ट की नजर थी। अगस्त में इंटरनेट एक्सप्लोरर के पहले मुफ्त संस्करण 1.0 के जरिए नेटस्केप की जड़ें खोदने की दिशा में पहला कदम बढ़ाने के साथ-साथ ऑनलाइन सेवाओं के बाजार में ए.ओ.एल. (अमेरिका ऑनलाइन) के मुकाबले में एम.एस.एन. (माइक्रोसॉफ्ट नेटवर्क; अब विंडो लाइव) को पेश किया गया था। फिर 15 जुलाई, 1996 को, 24 घंटे चलनेवाले एक केबल-न्यूज टेलीविजन चैनल—एम.एस.एन.

बीसी की स्थापना की गई थी। यह नेशनल ब्रॉडकास्ट कॉरपोरेशन (एन.बी.सी.; अब एन.बी.सी. यूनिवर्सल) के साथ एक संयुक्त उद्यम था। इसमें 50 फीसदी हिस्सेदारी के लिए माइक्रोसॉफ्ट ने 22.10 करोड़ डॉलर का निवेश किया था। करीब 20 करोड़ की लागत से एस.एस.एन.बी.सी. का अत्याधुनिक स्टूडियो (सेकोकस, न्यू जर्सी, यू.एस.ए.) में तैयार किया गया था। उस वक्त केबल न्यूज नेटवर्क (सीएनएन) के मुकाबले में एम.एस.एन.बी बाजार में लाया गया था।

सन् 1996 में ही माइक्रोसॉफ्ट ने ऑनलाइन पत्रिका 'स्लेट' (स्लेट.कॉम) की स्थापना की, जो वर्तमान मामले व संस्कृति से जुड़े विश्लेषण पर केंद्रित थी। 30 स्थायी कर्मचारियोंवाली इस ऑनलाइन पत्रिका से जाने-माने पत्रकार व लेखकों को जोड़ा गया था और माइक्रोसॉफ्ट ने इसे विकसित करने पर करीब 2 करोड़ डॉलर का निवेश किया था। दिसंबर 2004 में स्लेट वॉशिंगटन पोस्ट कंपनी के स्वामित्व में चली गई थी और इस सौदे की कीमत 1.5 से 2 करोड़ डॉलर के बीच आँकी गई थी।

6 अप्रैल, 1997 को माइक्रोसॉफ्ट ने 42.50 करोड़ डॉलर में 'वेब टी.वी. नेटवर्क्स' (अब एम.एस.एन. टी.वी.) का अधिग्रहण किया था, जो सेट-टॉप बॉक्स के जरिए उपभोक्ताओं को टेलीविजन पर इंटरनेट की सेवाएँ प्रदान करता था। उस वक्त वेब टी.वी. एक क्रांतिकारी कदम था, जिसकी शुरुआत एप्पल मैकिंटोश में खास योगदान करनेवाले दो प्रोग्रामारों—रूस लीक व गोल्डमैन ने जुलाई 1995 में पॉलो आल्टो (कैलिफोर्निया) के एक छोटे स्टोरेज भवन के आधे हिस्से में की थी। माइक्रोसॉफ्ट के सह-संस्थापक पॉल एलन ने शुरुआती धन लगाया था। माइक्रोसॉफ्ट के अधिग्रहण से वेब टी.वी. के तीनों सह-संस्थापकों में हरेक को 6.40 करोड़ डॉलर की राशि मिली थी। अप्रैल 1997 में वेब टी.वी. के सिर्फ 56 हजार अभिदाता (सब्सक्राइबर) थे, जो अप्रैल 1998 में 3.25 लाख और मई 1999 में करीब आठ लाख हो गए थे। 1998 में कंपनी फायदे में आ गई थी और 2004 तक के कुल 8 वर्षों में कंपनी का कुल राजस्व 130 करोड़ डॉलर के ऊपर चला गया था। वर्ष 2005 में वेब टी.वी. 65 फीसदी सकल लाभ (ग्रोसा प्रॉफिट) के साथ 15 करोड़ डॉलर का सालाना राजस्व के स्तर पर था, जब एम.एस.एन. ने इसे बंद कर दिया था।

हॉटमेल का अधिग्रहण व बेहतर ई-मेल सेवा की कोशिशें—दिसंबर 1998 में, माइक्रोसॉफ्ट ने एम.एस.एन. की ई-मेल सेवाओं को और ज्यादा बेहतर बनाने की दिशा में करीब 40 करोड़ डॉलर की कीमत पर हॉटमेल को खरीद लिया था।

सबीर भाटिया व जैक स्मिथ ने 4 जुलाई, 1996 को हॉटमेल की बहुचर्चित सेवा का शुभारंभ किया था। तकनीकी खूबियों के कारण दिसंबर 1997 में हॉटमेल के उपयोगकर्ताओं की संख्या 85 लाख हो गई थी। एम.एस.एन. के बेड़े में आने के बाद, इसका नाम 'एम.एस.एन. हॉटमेल' हो गया था। इसकी सेवाओं को दुनिया के तमाम देशों में स्थानीयकृत किया गया था। लिहाजा यह जल्द ही काफी लोकप्रिय हो गया था और फरवरी 1999 में एम.एस.एन. हॉटमेल के उपयोगकर्ताओं की संख्या 3 करोड़ हो गई थी।

उसके बाद वर्ष 1999 व 2001 में हॉटमेल को पासवर्ड हैकिंग की समस्याओं से जूझना पड़ा था। फिर 2004 में गूगल की जीमेल मैदान में आई थी, जिसमें न केवल ज्यादा भंडारण स्थान (स्टोरेज स्पेस) दिया गया था, बल्कि उस वक्त की सबसे प्रचलित ई-मेल सेवाओं—एम.एस.एन. हॉटमेल व याहू मेल के मुकाबले उसकी गति काफी तेज थी। जीमेल की अन्य उन्नत खूबियों ने उपयोगकर्ताओं के बहुत बड़े समुदाय को अपनी ओर आकर्षित किया था। एम.एस.एन. हॉटमेल को भी लगातार उन्नत बनाने की कोशिशें की गईं, लेकिन जीमेल की बढ़त को रोकना मुश्किल था।

फिर 7 मई, 2007 को हॉटमेल का नाम बदलकर विंडोज लाइव हॉटमेल कर दिया गया था। उस वक्त दुनिया भर में हॉटमेल के 28 करोड़ इ-मेल अकाउंट थे, जिसे नई प्रणाली पर लाने की प्रक्रिया अक्तूबर 2007 तक चली थी।

वर्ष 2011 तक विंडोज लाइव हॉटमेल को दुनिया की 36 भाषाओं में उपलब्ध कराया जा चुका था। 4 जुलाई, 2011 को माइक्रोसॉफ्ट ने बड़ी धूमधाम से एम.एस.एन. हॉटमेल की 15वीं सालगिरह मनाई थी। अगले दिन कंपनी ने अपने आधिकारिक ब्लॉग (ब्लॉग्स.टेकनेट.कॉम) पर दावा किया था कि एम.एस.एन. हॉटमेल प्रतिदिन 550 मेसेज को सँभालता है और प्रतिमाह 36 करोड़ अद्वितीय उपयोगकर्ताओं को आकर्षित कर ब्रह्मांड की सबसे बड़ा मुफ्त ई-मेल सेवा हो गया है।

31 जुलाई, 2012 को विंडोज लाइव हॉटमेल को नए प्लेटफॉर्म आउटलुक.कॉम पर लाने की प्रक्रिया शुरू कर दी गई थी और 3 अप्रैल, 1913 को सभी पुराने इ-मेल अकाउंट उपयोगकर्ताओं को आउटलुक.कॉम का विकल्प देकर नए प्लेटफॉर्म पर स्थानांतरित कर दिया गया था। इस नए प्लेटफॉर्म पर माइक्रोसॉफ्ट ने इंटरनेट आधारित अपनी तमाम सेवाओं—कैलेंडर, स्काई ड्राइव, पीपल, स्काइप आदि को एकीकृत कर असीमित भंडारण स्थान (अनलिमिटेड

स्टोरेज स्पेस) प्रदान किया है। कंपनी के दावे के मुताबिक मई 2013 में आउटलुक.कॉम पर सक्रिय उपयोगकर्ताओं की संख्या 40 करोड़ थी।

इंटरनेट सर्च-इंजन कारोबार में दखल—वर्ष 1998 की तीसरी तिमाही में, माइक्रोसॉफ्ट ने 'एम.एस.एन. सर्च' नाम से सर्च इंजन कारोबार में प्रवेश किया था, जिसमें सर्च इंजन, इंडेक्स व वेब-क्रॉलर शामिल थे। इस सर्च इंजन पर पूछी गई जानकारियों के खोज-परिणामों (सर्च रिजल्ट्स) के लिए माइक्रोसॉफ्ट के पास अपना डाटा-बेस नहीं था, बल्कि यह सेवा उस वक्त की सबसे बड़ी इंटरनेट सर्विस प्रोवाइडर कंपनी इंकटोमी कॉरपोरेशन (2002 में याहू द्वारा अधिगृहीत) के जरिए प्रदान की गई थी। निर्देशिका (डायरेक्टरी) व विज्ञापन-सूचीकरण सेवाओं के लिए रीडर्स डाइजेस्ट स्वामित्ववाली ऑनलाइन विज्ञापन कंपनी लुकस्मार्ट को अनुबंधित किया गया था। वर्ष 1999 में इंकटोमी की सेवाएँ बंद कर खोज-परिणामों के लिए अल्टाविस्टा को अनुबंधित किया गया था। (19 फरवरी, 2003 को अल्टाविस्टा को ओवरट्रू सर्विसेज ने 14 करोड़ डॉलर में खरीदा था। फिर 13 जुलाई, 2003 को याहू ने ओवरट्रू सर्विसेज को, जो पहले गो.कॉम थी, 163 करोड़ डॉलर में खरीद लिया था।)

इसी दौरान माइक्रोसॉफ्ट ने अपना खुद का संपूर्ण सर्च इंजन विकसित करने का काम शुरू कर दिया था, जिसका बीटा संस्करण नवंबर 2004 में और पूर्ण संस्करण अप्रैल 2005 में चालू किया गया था। लेकिन तब भी चित्र खोज (इमेज सर्च) की सेवा बाहरी स्वीडिश कंपनी पिकसर्च (2 अरब फोटो सूची के साथ गूगल व याहू की प्रतिस्पर्धी) से ली जा रही थी। लेकिन 8 मार्च, 2006 को विंडोज लाइव सर्च का बीटा संस्करण चालू कर दिया गया था और अंत में 11 सितंबर, 2006 से एम.एस.एन. सर्च को बंद कर उसे विंडो लाइव सर्च से बदल दिया गया। अब माइक्रोसॉफ्ट ने अपना इमेज सर्च अल्गोरिथ्म्स विकसित कर लिया था और पिकसर्च की सेवा बंद कर दी थी।

21 मार्च, 2007 को माइक्रोसॉफ्ट ने सर्च इंजन विकास परियोजना को विंडोज लाइव की सेवाओं से अलग करने की घोषणा की थी। अब उसका नाम बदलकर 'लाइव सर्च' कर दिया गया था और उसका माइक्रोसॉफ्ट के एक अन्य सेवा उत्पाद माइक्रोसॉफ्ट एडसेंटर में विलय कर दिया गया था। वर्ष 2006 से पहले तक एम.एस.एन. सर्च पर प्रकाशित होनेवाले विज्ञापन ओवरट्रू सर्विसेज के जरिए आ रहे थे। लेकिन उसके बाद माइक्रोसॉफ्ट ने 'माइक्रोसॉफ्ट एडसेंटर' नाम से अपना विज्ञापन विपणन नेटवर्क विकसित किया था, जिसके जरिए सर्च इंजन मार्केटिंग (पे

पर क्लिक, कास्ट पैर इंप्रेशन, सर्च एनालिटिक्स, वेब एनालिटिक्स आदि), इंटरनेट मार्केटिंग (सर्च इंजन ऑप्टिमाइजेशन, सोशल मीडिया मार्केटिंग, इ-मेल मार्केटिंग, रेफरल मार्केटिंग, कंटेंट मार्केटिंग व नेटिव मार्केटिंग), डिस्प्ले एडवरटाइजिंग (कॉण्टेक्सचुअल एडवरटाइजिंग, बिहेवियरल टार्गेटिंग) और मोबाइल मार्केटिंग की सेवाएँ शुरू की गई थीं।

21 मार्च, 2007 को माइक्रोसॉफ्ट ने सर्च इंजन विकास परियोजना को विंडोज लाइव की सेवाओं से अलग करने की घोषणा की थी। अब उसका नाम बदलकर 'लाइव सर्च' कर दिया गया था और उसका माइक्रोसॉफ्ट के एक अन्य सेवा उत्पाद माइक्रोसॉफ्ट एडसेंटर में विलय कर दिया गया था।

इस बीच गूगल सर्च इंजन बाजार का बादशाह बन चुका था। याहू उससे काफी पीछे चला गया था और लाइव सर्च तीसरे स्थान पर संघर्ष कर रहा था। इस बेहद प्रतिस्पर्धी बाजार में अपनी हिस्सेदारी बढ़ाने के लिए माइक्रोसॉफ्ट ने लाइव सर्च के साथ कई अन्य सेवाएँ शुरू व बंद की थीं और उसके पुनर्गठित करने का सिलसिला जारी रखा था। फिर 3 जून, 2009 को लाइव सर्च को आधिकारिक तौर पर उसका नाम बदलकर 'बिंग' कर दिया गया था। इसके जरिए माइक्रोसॉफ्ट ने सर्च इंजन कारोबार को एक नई दिशा देने की कोशिश शुरू की थी और इस ब्रांड को खास तौर पर अमेरिकी उपयोगकर्ताओं के बीच स्थापित करने के लिए करीब 10 करोड़ डॉलर का भारी-भरकम विज्ञापन अभियान भी चलाया गया था।

इस बीच 1 फरवरी, 2008 को माइक्रोसॉफ्ट ने याहू को अधिगृहीत करने के लिए 46.6 अरब डॉलर का प्रस्ताव किया था, जो स्वीकार नहीं हुआ। फिर 29 जुलाई, 2009 को माइक्रोसॉफ्ट ने याहू के साथ 10 वर्षीय सौदा किया था, जिसके तहत याहू सर्च इंजन की जगह बिंग के ले लेने की घोषणा की गई थी। इस सौदे में तत्काल कोई नकद भुगतान नहीं किया गया था; बल्कि माइक्रोसॉफ्ट द्वारा यातायात अधिग्रहण लागत (ट्रैफिक एक्वीजिशन कास्ट/टी.ए.सी.) के रूप में पहले पाँच वर्षों तक याहू को उसके कुल विज्ञापन राजस्व का 88 फीसदी दिया जाना तय किया गया था। समझौता अवधि के दौरान 'याहू! सर्च' का अपना मौजूदा उपयोगकर्ता अंतराफलक (यूजर इंटरफेस) को बनाए रखने की इजाजत दी गई थी; लेकिन अंत में उस पर 'पावर्ड बाय बिंग' (ट्रेडमार्क) की ब्रांडिंग किया जाना तय हुआ था।

इस समझौते से माइक्रोसॉफ्ट व याहू दोनों को कई मायनों में फायदा हुआ उन्हें एक बड़ा साझा मंच तो मिला ही, ज्यादा विज्ञापन राजस्व जुटाने में मदद मिली। लेकिन याहू के बड़े उपयोगकर्ताओं के आधार का बिंग को ज्यादा फायदा मिला। अकेडमिक एड्स (टोरंटो, ऑस्ट्रेलिया) के सर्वेक्षण के मुताबिक, जुलाई 2013 में अंतरराष्ट्रीय सर्च इंजन बाजार में 84 फीसदी हिस्सेदारी के साथ गूगल पहले स्थान पर था, जबकि बिंग की 8 फीसदी और याहू 5 फीसदी हिस्सेदारियों के दूसरे-तीसरे स्थान पर थे।

कानूनी विवादों के बीच व्यापार-विस्तार जारी

20वीं सदी के अंतिम दशक में माइक्रोसॉफ्ट ने जिस तरह अपने कारोबार का व्यापक विस्तार किया था, उससे अमेरिकी बुद्धिजीवी समुदाय—खास तौर पर बौद्धिक संपदा को सार्वजनिक क्षेत्र में लाने के पैरोकार—नाराज हो उठे थे। उनके बीच यह धारणा पुख्ता होने लगी थी कि माइक्रोसॉफ्ट का वास्तविक लक्ष्य सूचना वितरण के हरेक प्रणाली/माध्यम को नियंत्रित करना और इस प्रकार से सूचना-सामग्रियों व विषय-वस्तुओं के प्रवाह को नियंत्रित करने का साधन प्रदान करना था। ऐसे मुखर विरोधियों में प्रतिस्पर्धी कंपनियों का वह समूह तो था ही, जिसका माइक्रोसॉफ्ट ने सीधे तौर पर नुकसान पहुँचाया था, बल्कि अमेरिकी बहुराष्ट्रीय कंपनियों के प्रमुखों के बीच भी माइक्रोसॉफ्ट व बिल गेट्स घबराहट का कारण बन चुका था।

इस बीच 'फॉर्च्यून' पत्रिका (27 अप्रैल, 1998) ने 'माइक्रोसॉफ्ट—क्या आपकी कंपनी इसका अगला भोजन है?' शीर्षक से कारपोरेट अमेरिका की घबराहट को उजागर किया था। अपने इस आलेख में डेविड किर्क पैट्रिक ने साफ किया था कि 'फॉर्च्यून' 500 सूची के अधिकांश महारथी इस बात से चिंतित थे कि माइक्रोसॉफ्ट अपनी ऐतिहासिक बढ़त को बनाए रखने के लिए पता नहीं कब किसका अधिग्रहण करेगा।

मसलन, बैंक ऑफ अमेरिका के सी.ई.ओ. डेविड कल्टर का कहना था, 'हाँ, वे एक विशाल प्रतिस्पर्धी हैं। वे कहते तो यही हैं कि वे एक सॉफ्टवेयर कंपनी हैं, लेकिन वह कहने की बाते हैं।''इसी तरह वाल्ट डिज्नी के सी.ई.ओ. माइकल आइजनर ने पिछले साल कहा था, ''आम बुद्धिमत्ता यही है कि फिलहाल यदि किसी व्यक्ति को लेकर चिंतित होने की जरूरत है तो वह है गेट्स (बिल)...मुझे लगता है कि हमें सावधान रहना चाहिए।'' इसी तरह, न्यूज कॉरपोरेशन के सी.ई.ओ. रूपर्ट मर्डोक ने कहा था, ''संचार के व्यापार में सब लोग, मेरे सहित, माइक्रोसॉफ्ट के लिए पागल हैं।''

जबकि माइक्रोसॉफ्ट की प्रतिस्पर्धी कंपनी 'सन माइक्रोसिस्टम्स' के सह-संस्थापक स्कॉट मैकनेली का कहना था, "इंटरनेट व इलेक्ट्रॉनिक बाजार के प्रवेश बिंदुओं के स्वामित्व से माइक्रोसॉफ्ट के पास लोगों के इंटरनेट और उसके प्रतिनिधित्ववाले सभी पहुँच बनाने के साधनों पर हिंसक व अपवर्जनात्मक नियंत्रण करने की शक्ति है।" मैकनेअली के सुर में सुर मिलानेवालों की संख्या लगातार बढ़ रही थीं। माइक्रोसॉफ्ट व बिल गेट्स की लगातार बढ़ती ताकतों के खिलाफ मानो सभी संचार-माध्यमों—अखबार, पत्रिका, टेलीविजन, इंटरनेट ने मोर्चा खोल दिया था और एक जन-आंदोलन जैसा माहौल बन रहा था।

माइक्रोसॉफ्ट पर कानूनी गिरफ्त का सिलसिला—वास्तव में, आई.बी.एम. से तकरार शुरू होने तथा माइक्रोसॉफ्ट की स्पष्ट बढ़त के बाद से ही तथा उसे कानूनी गिरफ्त में लेने की कोशिशें वर्ष 1990 में ही शुरू हो चुकी थीं। लेकिन माइक्रोसॉफ्ट की रफ्तार कमजोर पड़ने की बजाय लगातार तेज होती गई। बाजार को लगातार रौंदते जा रहे माइक्रोसॉफ्ट के खिलाफ स्वाभाविक रूप से दुश्मनों की संख्या भी बढ़ती चली गई थी। कानून को उस पर शिकंजा कसने के पुख्ता आधार भी मिलते चले गए थे और वर्ष 1994 में माइक्रोसॉफ्ट के खिलाफ अमेरिकी न्याय विभाग का बहुचर्चित अविश्वास (एंटी ट्रस्ट) मुकदमा कायम हो चुका था। फिर भी, माइक्रोसॉफ्ट तनिक भी नहीं ठहरा नहीं था। उसने लंबी चलनेवाली कानूनी जाँच प्रक्रिया के समय को अवसर के रूप में इस्तेमाल किया और बाजार पर एकाधिकार जमाने का उसका साम्राज्यवादी रुख तीखा ही होता चला गया था। अंतिम कानूनी काररवाई तो होनी ही थी, जो वर्ष 1998 के मध्य में जाकर शुरू हुई थी।

इस दौरान, माइक्रोसॉफ्ट की बढ़त की कहानी हम पढ़ चुके हैं। अब प्रमुख कानूनी घटनाओं पर नजर डालते हैं—

जून 1990—अमेरिकी संघीय व्यापार आयोग (यू.एस. फेडरल ट्रेड कमीशन/एफ.टी.सी.) ने पी.सी. सॉफ्टवेयर बाजार में माइक्रोसॉफ्ट-आई.बी.एम. के बीच के संभावित मिलीभगत की जाँच शुरू की।

अगस्त 1993—संघीय व्यापार आयोग की दो जाँचों के गतिरोध से निराश अमेरिकी न्याय विभाग ने मामले को अपनी सीधी देखरेख में ले लिया और माइक्रोसॉफ्ट द्वारा डॉस ऑपरेटिंग सिस्टम के वितरण-विपणन में बरते जा रहे व्यापार-व्यवहार की जाँच पर ध्यान केंद्रित किया।

जुलाई 1994—न्याय विभाग के अविश्वास-आरोपों को सुलझाने के लिए माइक्रोसॉफ्ट ने एक सहमति-हुक्मनामा (कंसेंट डिक्री) पर हस्ताक्षर किए, जो

कंपनी को प्रतिस्पर्धा को कुचलने के लिए अपने ऑपरेटिंग सिस्टम के प्रभुत्व का इस्तेमाल करने से रोकती थी।

अप्रैल 1995—न्याय विभाग ने यह दावा करते हुए कि गठजोड़ इलेक्ट्रॉनिक चेक बुक बाजार में प्रतिस्पर्धा को मिटा देना चाहता है, माइक्रोसॉफ्ट व इनट्यूट के विलय को रोकने के लिए मुकदमा दाखिल कर दिया। सप्ताह के भीतर माइक्रोसॉफ्ट ने अपनी विलय योजना को खारिज कर दिया था।

अगस्त 1995—महीनों की कानूनी लड़ाई के बाद संयुक्त राज्य अमेरिका कोलंबिया जिला न्यायालय (वॉशिंगटन डीसी) के न्यायाधीश थॉमस पेनफील्ड जैक्सन ने आधिकारिक तौर पर वर्ष 1994 के सहमति-हुक्मनामे को मंजूरी दे दी।

19 अगस्त, 1997—न्याय विभाग एक बार फिर अपनी निगाह में माइक्रोसॉफ्ट को लाया। इस बार सरकार यह निश्चित करना चाहती थी कि माइक्रोसॉफ्ट द्वारा एप्पल कंप्यूटर में 15 करोड़ डॉलर का निवेश या इंटरनेट स्ट्रीमिंग प्रौद्योगिकियों का विकास करनेवाली तीन कंपनियों में उसकी शेयर हिस्सेदारियाँ कहीं प्रतिस्पर्धा को कुचलना तो नहीं चाहती थीं।

16 अक्तूबर, 1997—यूरोपियन कमीशन के अधिकारियों ने माइक्रोसॉफ्ट के खिलाफ अपनी जाँच शुरू करने की घोषणा की।

27 अक्तूबर, 1997—न्याय विभाग ने 1995 के सहमति-हुक्मनामा के कथित उल्लंघन के लिए माइक्रोसॉफ्ट के खिलाफ प्रतिदिन 10 लाख डॉलर की माँग करनेवाली एक शिकायत याचिका दायर की। शिकायत में दावा किया गया था कि माइक्रोसॉफ्ट पी.सी. निर्माताओं को विंडोज 95 का लाइसेंस प्राप्त करने में सक्षम होने से पहले उनके हार्डवेयर उत्पादों के साथ इंटरनेट-एक्सप्लोरर वेब ब्राउजर को बंडल करने की माँग से अपनी सीमाओं का उल्लंघन करती थी।

7 नवंबर, 1997—टेक्सास माइक्रोसॉफ्ट के खिलाफ मुकदमा दायर करनेवाला पहला राज्य बन गया। आरोप लगाया गया था कि माइक्रोसॉफ्ट अपने व्यापार भागीदारों के साथ गैर-प्रकटीकरण समझौते के माध्यम से उसकी जाँच में रुकावट डाल रहा था।

24 नवंबर, 1997—यूरोपीय कमीशन के अधिकारियों के साथ एक विवाद को हल करने के लिए माइक्रोसॉफ्ट ने अपने प्रतिद्वंद्वी ऑपरेटिंग सिस्टम निर्माता कंपनी—सांताक्रूज ऑपरेशन इन्कॉरपोरेशन, इंक, के साथ एक समझौते को बदल दिया।

11 दिसंबर, 1997—एक प्रारंभिक निषेधाज्ञा (प्रिलिमिनारी इंजंक्शन) में न्यायाधीश जैक्सन ने माइक्रोसॉफ्ट को पी.सी. निर्माताओं को विंडोज 95 के साथ

इंटरनेट एक्सप्लोरर को भेजने की आवश्यकता को रोकने का आदेश दिया। लेकिन, अदालत की अवमानना के मामले चलाने और अपने 1995 के अदालत के आदेश के कथित उल्लंघन के लिए प्रतिदिन 10 लाख डॉलर का दंड देने के न्याय विभाग/सरकार के अनुरोध को न्यायाधीश जैक्सन ने खारिज कर दिया।

15 दिसंबर, 1997—माइक्रोसॉफ्ट ने उक्त प्रारंभिक निषेधाज्ञा के खिलाफ अपील की।

19 दिसंबर, 1997—अपनी ही अदालत में आयोजित एक प्रदर्शन में, न्यायाधीश जैक्सन ने इंटरनेट एक्सप्लोरर के डेस्कटॉप आइकन की स्थापना को रद्द किया।

13 जनवरी, 1998—अदालत की अवमानना का मामला खुला। एक सरकारी गवाह ने बहस की कि इंटरनेट एक्सप्लोरर की स्थापना को रद्द करना आसान था, जबकि माइक्रोसॉफ्ट के गवाह ने बहस की कि वह कितना कठिन था। अदालत में दिए गए बयान के दौरान माइक्रोसॉफ्ट को वकीलों को न्यायाधीश जैक्सन ने बार-बार फटकार लगाई।

17 फरवरी, 1998—टेक्सास के एक न्यायाधीश माइक्रोसॉफ्ट के पक्ष में आ गए और कहा कि कंपनी ने राज्य की जाँच में बाधा नहीं पहुँचाई थी।

3 मार्च, 1998—बिल गेट्स ने माइक्रोसॉफ्ट के व्यापार-व्यवहार की जाँच कर रही सीनेट न्यायपालिका समिति के सामने गवाही दी। विरोधी पक्ष के लोगों ने भी पैनल के समक्ष गवाहियाँ दी थीं। उनमें नेटस्केप कम्युनिकेशन के संस्थापक मैकनेअली व जेम्स बार्क्सडेल भी थे, जिन्होंने माइक्रोसॉफ्ट पर एकाधिकारवादी व्यापार व्यवहार के आरोप लगाए थे और सख्त काररवाई की माँग की थी।

लेकिन गेट्स ने माइक्रोसॉफ्ट के पक्ष को जोरदार तरीके से रखा था। गेट्स ने कहा था, ''सॉफ्टवेयर उद्योग की सफलता सरकार विनियमन द्वारा नहीं, बल्कि आजादी और जानने, नया करने तथा श्रेष्ठ होने की बुनियादी मानव की इच्छा से संचालित हो रहा है। क्या उद्योग की सफलता जारी रहेगी? मेरा भरोसा है कि सवाल का जवाब जोरदार तरीके से 'हाँ' में दिया जा सकता है, बशर्ते कि सरकार नवाचार को पुनर्गठित न करे।''

सुनवाई के बाद सीनेट न्यायपालिका समिति के सभापति ओर्रिन जी हैच (उटाह के सीनेटर, रिपब्लिकन पार्टी) ने माइक्रोसॉफ्ट के खिलाफ काररवाई किए जाने का संकेत दिया था और कहा था कि माइक्रोसॉफ्ट को एकाधिकार कानून की भावना को समझना होगा और उसके साथ ही जीना सीखना होगा।

22 जनवरी, 1998—अवमानना मामले का सामना करते हुए माइक्रोसॉफ्ट ने कंप्यूटर निर्माताओं को इंटरनेट एक्सप्लोरर के आइकन बिना विंडोज 95 को स्थापित करने की स्वतंत्रता देने के समझौते पर हस्ताक्षर किए।

12 मई, 1998—अपील अदालत ने निर्देश दिया कि माइक्रोसॉफ्ट के खिलाफ निषेधाज्ञा विंडोज 98 के लिए लागू नहीं होनी चाहिए और माइक्रोसॉफ्ट को अपने नए उत्पाद के शुभारंभ के साथ आगे बढ़ने की अनुमति दे दी। 2-1 के बहुमत से उक्त अपील अदालत ने निर्देश दिया कि माइक्रोसॉफ्ट ऑपरेटिंग सिस्टम में जो चाहे एकीकृत कर सकता है, जब तक कि यह उपभोक्ताओं को लाभ पहुँचाता है।

14 मई, 1998—माइक्रोसॉफ्ट, न्याय विभाग एवं 20 राज्यों ने घोषणा की थी कि उनके बीच समझौते की बातचीत चल रही थी, ताकि बड़े पैमाने पर अविश्वास मुकदमे से बचा जा सके।

माइक्रोसॉफ्ट के रेडमोंड मुख्यालय में सभी पक्षों के वकीलों के बीच जो गोपनीय समझौता वार्त्ता शुरू हुई थी, उससे यही उम्मीद की जा रही थी कि मामला रफा-दफा कर दिया जाएगा। हालाँकि अभी भी यह रहस्य बना हुआ है कि आखिरकार ऐसा क्या हुआ कि मामला बनते-बनते बिगड़ गया था। हालाँकि, जनभावना को सहलाने की कोशिशों में अधिकांश मीडिया मानो बिल गेट्स व माइक्रोसॉफ्ट को तबाह करने की कोशिशों में जुटी हुई थी, लेकिन जॉन हेइलमान जैसे कुछ पत्रकारों ने इसके पीछे की सच्चाई को बारीकी से समझने की कोशिश की थी। बाद में, इसी विषय पर हेइलमान की 'प्राइड बिफोर द फॉल—द ट्रायल्स ऑफ बिल गेट्स एंड दि इंड ऑफ माइक्रोसॉफ्ट एरा' (कॉलिंस बिजनेस, जनवरी 2001) नामक किताब भी प्रकाशित हुई थी।

हेइलमान के उस वक्त के शोध आलेखों से साफ होता है कि उस वक्त माइक्रोसॉफ्ट व बिल गेट्स के खिलाफ एक भयानक व्यापारिक साजिश रची गई थी। गेट्स के बड़बोलेपन ने भी उसके पक्ष में सहानुभूति रखनेवाले लोगों, खास तौर पर न्याय विभाग के अधिकारियों, को नाराज किया था। याद रहे कि उस वक्त संयुक्त राज्य अमेरिका के राष्ट्रपति बिल क्लिंटन और 22 वर्षीया व्हाइट हाउस प्रशिक्षु मोनिका लेविंस्की के बीच यौन संबंध का मामला जोरों पर था। मामला उजागर होने के बाद 26 जनवरी, 1998 को क्लिंटन ने सार्वजनिक तौर पर इससे इनकार किया था और उसके बाद उनके खिलाफ महाभियोग लाने की राजनीतिक गतिविधियाँ चरम पर थीं। ऐसे में, माना जाता है कि सेक्स स्कैंडल से आम जनता का ध्यान हटाने के लिए माइक्रोसॉफ्ट के खिलाफ अविश्वास मुकदमे को कायम

18 मई, 1998 को अमेरिकी न्याय विभाग के 20 राज्यों के महाधिवक्ताओं के समूह ने माइक्रोसॉफ्ट के खिलाफ शेर्मन अधिनियम के उल्लंघन के आरोपों में दो अविश्वास मुकदमे दाखिल किए थे। सरकार ने दावों की एक श्रृंखला प्रदर्शित कर माइक्रोसॉफ्ट की ओर से प्रतिस्पर्धा विरोधी व्यवहार का एक व्यापक स्वरूप साबित करने की माँग की।

करने और खास तौर पर बिल गेट्स को प्रताड़ित करने की राजनीतिक साजिश भी रची गई थी।

माइक्रोसॉफ्ट के खिलाफ दो अविश्वास मुकदमे कायम—फिर 18 मई, 1998 को अमेरिकी न्याय विभाग के 20 राज्यों के महाधिवक्ताओं (अटॉर्नी जनरल) के समूह ने माइक्रोसॉफ्ट के खिलाफ शेर्मन अधिनियम के उल्लंघन के आरोपों में दो अविश्वास मुकदमे (एंटी-ट्रस्ट केसेस) दाखिल किए थे। सरकार ने दावों की एक श्रृंखला प्रदर्शित कर माइक्रोसॉफ्ट की ओर से प्रतिस्पर्धा विरोधी व्यवहार का एक व्यापक स्वरूप साबित करने की माँग की, जिनमें निम्नलिखित दावे प्रमुख थे—

कि, माइक्रोसॉफ्ट का ऑपरेटिंग सिस्टम के बाजार पर एकाधिकार था।

कि, कंपनी ने उस एकाधिकार का उपयोग दूसरी कंपनियों को अपनी प्रतिस्पर्धी कंपनियों के उत्पादों (खास तौर पर नेटस्केप ब्राउजर) को बेचने से रोकने के साधन के रूप में इस्तेमाल किया।

कि, माइक्रोसॉफ्ट के लिए नेटस्केप के उत्पाद खरीदने से ग्राहकों को रोकने के एक साधन के रूप में ऑपरेटिंग सिस्टम विंडोज 98 में अपने स्वयं के ब्राउजर बंडल करना गैर-कानूनी था।

कि, कंपनी ने प्रतियोगियों के साथ बाजारों को विभाजित करने का इरादा रखा।

कि, माइक्रोसॉफ्ट ने 'सन माइक्रोसिस्टम्स' द्वारा विकसित जावा प्रोग्रामिंग भाषा को नष्ट करने का इरादा रखा, जिसे उसने विंडोज के लिए एक खतरे के रूप में देखा था; और अंत में,

कि, माइक्रोसॉफ्ट के व्यवसाय-व्यवहार उपभोक्ताओं के लिए हानिकारक थे।

इस मामले पर संचार-माध्यमों का ध्यान केंद्रित था, खबरों व विश्लेषणों का तूफान-सा आ गया था। सरकार व सभी विरोधी पक्षों की साख दाँव पर लगी हुई थी, तो माइक्रोसॉफ्ट के लिए यह उसके अस्तित्व का सवाल बना हुआ था। यदि माइक्रोसॉफ्ट जीत जाता तो उसकी बेहद आक्रामक पूँजीवादी छवि को कानूनी आशीर्वाद मिल जाता और ऐसा होने देने के लिए न तो वादी पक्ष तैयार था और न

ही आम जनता को ऐसा स्वीकार होने वाला था। दूसरी तरफ, क्या माइक्रोसॉफ्ट को घुटने टेककर हार मान लेनी चाहिए थी? यदि कंपनी ऐसा करती तो उसे विंडोज के सारे सोर्स कोड प्रतिस्पर्धियों को लाइसेंस करने पड़ते, यानी माइक्रोसॉफ्ट को अपने ही हाथों से अपने एकाधिकार को ध्वस्त करना पड़ता; या फिर उसके सामने खुद को टुकड़े-टुकड़े कर देने की नौबत आ जाती और बाजार पर उसकी गंभीर पकड़ बिखर जाती।

वास्तव में, माइक्रोसॉफ्ट व उसके संस्थापक बिल गेट्स द्वारा पैदा किए गए भय व आक्रोश ही तो कंपनी की मिथकीय स्थिति व डिजिटल युग के अवतार के रूप में गेट्स की भूमिका के वसीयतनामे थे। गेट्स की बेशुमार व्यक्तिगत दौलत (वर्ष 1999 के शुरू में करीब 50 अरब डॉलर) ने उसे लगातार सरकारी जाँच का विषय बना दिया था; तो उसके विरोधियों ने उसके खिलाफ इंटरनेट पर घृणा फैलानेवाले मोर्चे, जैसे कि 'द सोसाइटी फॉर प्रिवेंशन ऑफ बिल गेट्स गेटिंग एवरीथिंग', खोले जा चुके थे।

इस मामले में अदालत की आगे की काररवाई और माइक्रोसॉफ्ट कानूनी संघर्ष-कथा के महत्त्वपूर्ण घटनाक्रम इस प्रकार थे—

21 मई, 1998—माइक्रोसॉफ्ट ने सुनवाई को देर करने का निवेदन किया।

22 मई, 1998—न्यायाधीश ने 8 सितंबर को सुनवाई की तारीख निश्चित की।

23 जून, 1998—एक संघीय अपील अदालत ने नियम दिया कि माइक्रोसॉफ्ट ने विंडोज 95 के साथ इंटरनेट एक्सप्लोरर को जोड़कर सरकार के साथ पहले के समझौते का उल्लंघन नहीं किया था।

23 जुलाई, 1998—ओरेकल कॉरपोरेशन के सह-संस्थापक लॉरी एलिसन, आई.बी.एम. के लोटस डेवलपमेंट यूनिट के प्रमुख जेफरी पपौस, रियल नेटवर्क्स के मुख्य कार्यकारी रॉबर्ट ग्लासर सहित कुछ अन्य विरोधी कंपनियों के अधिकारियों ने सीनेट न्यायपालिका समिति के सामने माइक्रोसॉफ्ट के खिलाफ काररवाई की माँग करते हुए गवाही दी। रॉबर्ट ग्लासर ने सनसनी भरा एक नया आरोप लगाया था कि माइक्रोसॉफ्ट का विंडोज मीडिया प्लेयर उसके रियल प्लेयर को नुकसान पहुँचा रहा था। इसके उलट, तमाम आरोपों को खारिज करते हुए माइक्रोसॉफ्ट व उसके गृह प्रांत वॉशिंगटन के सीनेटरों ने न्यायपालिका समिति के सभापति ओरिन जी. हैच पर पक्षपात-जाँच का आरोप लगाया। माइक्रोसॉफ्ट की प्रतिद्वंद्वी कंपनी नोवेल कॉरपोरेशन हैच के उटाह प्रांत से संबंधित थी।

28 जुलाई, 1998—माइक्रोसॉफ्ट ने दोनों अविश्वास मुकदमों को 'पूरी तरह

निराधार' करार दिया। साथ ही कंपनी ने 20 राज्यों के मुकदमे के कुछ अंशों को अपनी संघीय कॉपीराइट सुरक्षा का उल्लंघन करार देते हुए उनके खिलाफ जवाबी मुकदमा दाखिल किया।

31 जुलाई, 1998—अदालत में एक प्रस्ताव दाखिल कर न्याय विभाग के अविश्वास मुकदमा मामले के अधिकारियों ने दावा किया कि माइक्रोसॉफ्ट उन्हें जरूरी सबूत जुटाने से रोक रहा था। उसके न तो उसके चेयरमैन बिल गेट्स लगातार दो दिनों तक पूछताछ के लिए तैयार हो रहे हैं, न ही विंडोज 95 व 98 के सॉर्स-कोड को उजागर कर रहा है और न ही इस मामले में अपेक्षित अपने 17 कर्मचारियों को गवाही देने की इजाजत दे रहा है।

11 अप्रैल, 1998—न्यायाधीश जैक्सन ने न्याय विभाग को बिल गेट्स व माइक्रोसॉफ्ट के अन्य अधिकारियों के परीक्षण पूर्व साक्षात्कारों के लिए सार्वजनिक आयोजन की इजाजत दे दी और इसकी तैयारी के मद्देनजर अदालती परीक्षण की तारीख 8 सितंबर से बढ़ाकर 23 सितंबर मुकर्रर किया। न्यूयॉर्क टाइम्स, सिएटल टाइम्स जैसे कुछ मीडिया संस्थानों के प्रतिनिधियों ने भी इस मामले में आम लोगों की दिलचस्पी के मद्देनजर अदालत से सार्वजनिक परीक्षण (पब्लिक ट्रायल) का अनुरोध किया था। चूँकि माइक्रोसॉफ्ट को इस आदेश के खिलाफ अपील करने का हक था, इसलिए उसने उक्त आदेश के खिलाफ अपील की थी।

इस आयोजन के लिए न्याय विभाग को भारी इंतजाम करना था और उसकी तैयारियाँ भी की जा रही थीं। दुनिया की सबसे धनी शख्सियत बिल गेट्स को आम जनता के बीच सार्वजनिक रूप से प्रताड़ित करने का रास्ता बिल्कुल साफ हो गया था। माइक्रोसॉफ्ट-विरोधियों व बिल गेट्स से चिढ़नेवालों की कानूनी साजिश सफल होती दिखाई पड़ रही थी। वे बिल गेट्स की सार्वजनिक फजीहत का आनंद लेने का मनसूबा पाल रहे थे। अमेरिकी न्याय विभाग/ सरकार से कथित साँठ-गाँठ करनेवाले मीडिया संस्थान दुनिया भर में अपनी लोकप्रियता बढ़ाने की तैयारियों में जुटे हुए थे। अब सबकी नजर माइक्रोसॉफ्ट की अपील के फैसले पर टिकी हुई थी। लेकिन सौभाग्य से बिल गेट्स इस सार्वजनिक अपमान से बच निकलने में कामयाब हो गए थे।

19 अगस्त, 1998—संघीय अपील अदालत ने निचली अदालत के फैसले को रद्द कर दिया और बंद कमरे में परीक्षण-पूर्व साक्षात्कारों की ही इजाजत दी। अपील अदालत ने माइक्रोसॉफ्ट के तर्क को मान लिया था कि सार्वजनिक गवाहियाँ 'मीडिया सर्कस' व 'आनंदोत्सव' जैसा माहौल बनाएगी, कंपनी का व्यापार-रहस्य उजागर होगा और आधुनिक अविश्वास मामले में 'साक्ष्य जुटान प्रचार अधिनियम-

1913' (पब्लिसिटी इन टेकिंग ऑफ एविडेंस एक्ट-1913) का इस्तेमाल नहीं किया जाना चाहिए था।

25 अगस्त, 1998—अमेरिकी न्याय विभाग ने एक नए मामले की जाँच शुरू की कि कहीं माइक्रोसॉफ्ट ने गैर-कानूनी रूप से इंटेल कॉरपोरेशन और एप्पल कंप्यूटर पर दबाव तो नहीं बनाया था। इस मामले में 'न्यूयॉर्क टाइम्स' (2 अगस्त, 1995) में इंटेल के चेयरमैन एंड्रू एस. ग्रोव और माइक्रोसॉफ्ट के चेयरमैन बिल गेट्स की तीन घंटे की मुलाकात की खबर को आधार बनाया गया था। उसी समय के आस-पास माइक्रोसॉफ्ट ने इंटेल की प्रतिद्वंद्वी कंपनी डिजिटल इक्विपमेंट कॉरपोरेशन (डी.ई.सी.) ने 10 करोड़ डॉलर के निवेश की घोषणा की थी।

27 अगस्त, 1998—माइक्रोसॉफ्ट के रेडमोंड मुख्यालय में बिल गेट्स की बहुचर्चित गवाही की काररवाई हुई थी, जिसकी वीडियो फिल्म को बाद में अदालत में पेश किया गया था।

8 सितंबर, 1998—अपने 48 पृष्ठों के कानूनी खुलासे में माइक्रोसॉफ्ट ने न्याय विभाग एवं 20 राज्यों के महाधिवक्ताओं पर आरोप लगाया कि वे हताशा में कंपनी का भविष्य अंधकार में डालने की कोशिशों में ज्यादा-स-ज्यादा कीचड़ उछाल रहे हैं—और अनुरोध किया था कि सरकार के अविश्वास मुकदमे को अदालत से बाहर फेंक दिया जाना चाहिए।

11 सितंबर, 1998—न्याय विभाग व माइक्रोसॉफ्ट के वकीलों ने संयुक्त रूप से अदालती परीक्षण को तीन सप्ताहों के लिए टालने का निवेदन किया, ताकि कंप्यूटर उद्योग के 20 अन्य गवाह अधिकारियों से परीक्षण-पूर्व साक्षात्कार किए जा सकें।

14 सितंबर, 1998—न्यायाधीश जैक्सन ने माइक्रोसॉफ्ट के दो अविश्वास मुकदमों को अदालत से बाहर फेंक दिए जाने के अनुरोध को खारिज कर दिया और कहा कि विवाद में अदालती परीक्षण बुलाने के लिए पर्याप्त तथ्य हैं, जैसे कि माइक्रोसॉफ्ट के अधिकारियों के बीच गोपनीय इलेक्ट्रॉनिक मेल।

17 सितंबर, 1998—न्यायाधीश जैक्सन ने अविश्वास मामले में सरकारी वकीलों द्वारा सबूत के दायरे को सीमित करने के माइक्रोसॉफ्ट के अनुरोध को खारिज कर दिया।

1 अक्तूबर, 1998—अदालत में इंटरनेशनल डाटा कॉर्प का ताजा आँकड़ा पेश किया गया कि जुलाई 1998 में माइक्रोसॉफ्ट का इंटरनेट एक्सप्लोरर 43.8 फीसदी हिस्सेदारी के साथ वेब ब्राउजर बाजार में नंबर 1 स्थान हासिल कर चुका था और तीन साल पहले 80 फीसदी बाजार हिस्सेदारीवाले नेटस्केप नेविगेटर महज 41.5 फीसदी रह गया था। यह आँकड़ा न्याय विभाग द्वारा सबूत के तौर पर पेश किया गया था कि

किस तरह माइक्रोसॉफ्ट अपने प्रतिस्पर्धी उत्पादों के बाजार पर कब्जा कर रहा था।

19 अक्तूबर, 1998—अदालत ने अविश्वास मामले के परीक्षण के पहले दिन की उद्घाटन बहसों को सुना।

20 अक्तूबर, 1998—नेटस्केप सी.ई.ओ. जिम बार्क्सडेल साक्षी कठघरे में पेश हुए।

9 नवंबर, 1998—बिल गेट्स ने एक वीडियो टेप बयान में गवाही दी। गेट्स ने साफ इनकार किया था कि उसने कभी भी इंटेल को सॉफ्टवेयर व्यापार बाहर रखने का इरादा जाहिर किया था।

17 नवंबर, 1998—सन माइक्रोसिस्टम्स को एक महत्त्वपूर्ण जीत हासिल हुई, जब अदालत ने माइक्रोसॉफ्ट को जावा के असंगत उत्पादों की बिक्री को रोकने का निर्देश दिया। इस बीच, दक्षिण कैरोलिना प्रांत ने यह कहते हुए कि इंटरनेट बाजार में पर्याप्त प्रतिस्पर्धा है, माइक्रोसॉफ्ट के खिलाफ अविश्वास मुकदमा के बाहर चला गया।

12 जनवरी, 1999—सरकारी मुकदमे का अंतिम दिन। जब मामला अपने चरम पर था, सरकार के आर्थिक गवाहों ने स्वीकार किया कि माइक्रोसॉफ्ट ने अब तक ऐसा कुछ नहीं किया था, जो उपभोक्ताओं को नुकसान पहुँचाए।

13 जनवरी, 1999—परीक्षण का बचाव-चरण शुरू हुआ।

2 फरवरी, 1999—सरकारी वकील ने माइक्रोसॉफ्ट पर अदालत में प्रदर्शित वीडियो टेप सबूत से छेड़छाड़ का आरोप लगाया।

4 मार्च, 1999—माइक्रोसॉफ्ट के गृह राज्य वॉशिंगटन के सीनेटर स्लेड गोर्टोन (रिपब्लिकन पार्टी) ने कहा कि न्याय विभाग बहुत आगे चला गया था और उसे मामले को खत्म कर देना चाहिए।

10 मार्च, 1999—माइक्रोसॉफ्ट एक गोपनीय ज्ञापन बाहर आया, जिसमें आरोप लगाया गया था कि प्रेस अदालती परीक्षण के तथ्यों की बजाय बिल गेट्स पर ध्यान केंद्रित कर रहा था।

30 मार्च, 1999—दोनों पक्षों के वकील समझौता वार्त्ता के लिए जुटे।

1 जून, 1999—अविश्वास मुकदमे में परीक्षण का दूसरा दौर शुरू हुआ।

7 जून, 1999—आई.बी.एम. अधिकारी ग्रे नोरिस ने गवाही दी कि किस तरह माइक्रोसॉफ्ट ने कंपनी को धमकाने की कोशिश की थी।

24 जून, 1999—आठ महीने से अधिक समय तक चले 78 दिनों की गवाही के बाद परीक्षण स्थगित कर दिया गया।

21 सितंबर, 1999—अपने समापन बहस में सरकार व माइक्रोसॉफ्ट दोनों ने

एक-दूसरे पर धोखाधड़ी करने के आरोप लगाए।

5 नवंबर, 1999—न्यायाधीश थॉमस पेनफील्ड जैक्सन ने अपना प्रारंभिक तथ्य निष्कर्ष जारी किया, जिसमें उन्होंने कहा कि 'एक्स 86' आधारित व्यक्तिगत कंप्यूटर परिचालन प्रणाली बाजार पर माइक्रोसॉफ्ट के दबदबे से एकाधिकार का गठन हुआ था और उस एकाधिकार के खतरों को कुचलने के लिए माइक्रोसॉफ्ट ने एप्पल, जावा, नेटस्केप, लोटस नोट्स, रियल नेटवर्क्स, लिनक्स और दूसरों पर कार्रवाइयाँ की हैं।

19 नवंबर, 1999—न्यायाधीश जैक्सन ने समझौते की प्रक्रिया को गति देने के लिए रिचर्ड पोसनर (मुख्य न्यायाधीश, 7वीं अमेरिकी सर्किट अपील अदालत) को मध्यस्थ नियुक्त किया।

30 नवंबर, 1999—चालू अविश्वास मुकदमों में समझौते की संभावना की तलाश के लिए न्यायाधीश रिचर्ड पोसनर ने माइक्रोसॉफ्ट व न्याय विभाग दोनों पक्षों के प्रतिनिधियों को बातचीत के लिए बुलाया।

सन् 1998 में माइक्रोसॉफ्ट ने 14 अरब डॉलर से अधिक का कारोबार किया था और बिल गेट्स का मनोबल चट्टानी सख्ती का प्रदर्शन कर रहा था। गेट्स व माइक्रोसॉफ्ट की विशाल फौज किसी भी हालत में और किसी भी कीमत पर न तो झुकने को तैयार थी और न ही कंपनी के विजय-अभियान की चाल को धीमा करने का जरा सा भी संकेत दे रही थी।

अब तक साफ हो गया है कि अमेरिकी न्याय विभाग के जरिए यानी तत्कालीन अमेरिकी सरकार के समर्थन में चोट खाए प्रतिद्वंद्वियों ने माइक्रोसॉफ्ट के खिलाफ कितना बड़ा कानूनी जाल बुना था। इसके बावजूद सन् 1998 में माइक्रोसॉफ्ट ने 14 अरब डॉलर से अधिक का कारोबार किया था और बिल गेट्स का मनोबल चट्टानी सख्ती का प्रदर्शन कर रहा था। गेट्स व माइक्रोसॉफ्ट की विशाल फौज किसी भी हालत में और किसी भी कीमत पर न तो झुकने को तैयार थी और न ही कंपनी के विजय-अभियान की चाल को धीमा करने का जरा सा भी संकेत दे रही थी। वर्ष 1998 में माइक्रोसॉफ्ट ने करीब 4,000 नई भर्तियाँ कीं और उसका राजस्व 29 फीसदी बढ़त के साथ 19.75 अरब डॉलर का हो गया। कंपनी की शुद्ध आय, वर्ष 1998 के मुकाबले 73 फीसदी बढ़कर 7.79 अरब डॉलर के स्तर पर पहुँच गई थी।

□

8

चौतरफा विस्तार और बढ़ती जटिलताएँ

कानूनी अड़चनों के बीच माइक्रोसॉफ्ट ने अभूतपूर्व बढ़त दर्ज करते हुए 21वीं सदी का स्वागत किया था। पर्सनल कंप्यूटर (पी.सी.) के बुनियादी सॉफ्टवेयर (भाषा, परिचालन प्रणाली व अनुप्रयोग) बाजार पर माइक्रोसॉफ्ट की बादशाहत इस हद तक बढ़ चुकी कि किसी के लिए उसके मुकाबले में खड़ा होना मुश्किल था। अविश्वास मुकदमों की आड़ में माइक्रोसॉफ्ट की बढ़त को रोकने की कोशिशें अंततः नाकामयाब साबित हुई थीं। सरसरी तौर पर देखें तो लगता है कि अविश्वास मुकदमों से निपटने में माइक्रोसॉफ्ट को भारी नुकसान हुआ था लेकिन तथ्य यह है कि दावेदारों को उनकी मुँहमाँगी कीमत देकर कंपनी ने उत्पादों के स्वामित्व से जुड़ी कानूनी बाधाओं को भी हमेशा के लिए खत्म कर लिया था।

बुनियादी सॉफ्टवेयर उत्पादों की लंबी शृंखला माइक्रोसॉफ्ट के लिए अलौकिक वरदान 'कामधेनु गाय' साबित हुई थी, जिसकी सेवा की बदौलत 21वीं सदी में माइक्रोसॉफ्ट की दौलत व ताकत का अंतरराष्ट्रीय स्तर पर विस्तार होना था। नई सदी में अब तक माइक्रोसॉफ्ट नायाब व क्रांतिकारी सॉफ्टवेयर उत्पाद लाने के मामले में बिल्कुल असफल साबित हुई है। इस दौरान अपने उत्पादों में लगातार सुधार करना, नए तरीके से बाजार में पेश कर उनके प्रति उपभोक्ताओं की दिलचस्पी को बनाए रखना ही माइक्रोसॉफ्ट की बड़ी कामयाबी रही है। अन्य कामयाबियाँ धन की ताकत की बदौलत आई हैं।

चाहे जो भी हो, जिस तरीके से हो, 21वीं सदी में मामूली घट-बढ़ के साथ माइक्रोसॉफ्ट के साम्राज्य में विस्तार ही हुआ है। जरा माइक्रोसॉफ्ट के वित्तीय प्रदर्शन के इन आँकड़ों पर गौर फरमाएँ—

वित्त वर्ष (30 जून)	राजस्व (अरब डॉलर)	शुद्ध आय (अरब डॉलर)	कर्मचारियों की संख्या
2000	22.96	7.35	39,170
2001	25.29	7.34	48,030
2002	28.36	5.35	50,621
2003	32.18	7.53	54,468
2004	36.83	8.16	57,086
2005	39.78	12.25	61,000
2006	44.28	12.59	71,172
2007	51.12	14.06	78,565
2008	60.42	17.68	91,259
2009	58.43	14.56	92,736
2010	62.48	18.76	88,596
2011	69.94	23.15	90,412
2012	73.72	16.97	94,290
2013	77.84	21.86	99,139

21वीं सदी का स्वागत और कानूनी निपटारा

एक तरफ कानूनी उलझनें और दूसरी तरफ व्यापारिक कामयाबियाँ माइक्रोसॉफ्ट व बिल गेट्स के जुझारूपन के पक्के सबूत हैं। अभी अविश्वास मुकदमों पर अंतिम फैसला आना था, लेकिन गेट्स नया इतिहास रचने में लगा हुआ था। नई सदी के पहले साल का माइक्रोसॉफ्ट ने जमकर स्वागत किया था और अपने प्रतिद्वंद्वियों को परोक्ष रूप से चुनौती देने के लिए गेट्स ने ऐतिहासिक अधिग्रहणों को अंजाम दिया था।

7 जनवरी, 2000 को माइक्रोसॉफ्ट ने शेयर अदला-बदली के जरिए विसिओ कॉरपोरेशन का अधिग्रहण किया था। इस सौदे में विसिओ के शेयर-धारकों को एक शेयर के बदले माइक्रोसॉफ्ट का 0.45 शेयर दिया गया था, जिनका कुल बाजार मूल्य करीब 150 करोड़ डॉलर आँका गया था। यह तब तक का माइक्रोसॉफ्ट

का सबसे बड़ा अधिग्रहण था। विसिओ कॉरपोरेशन व्यापार आरेखण (बिजनेस डायग्रामिंग) व तकनीकी चित्रांकन (टेक्निकल ड्राइंग) सॉफ्टवेयर बनानेवाली सबसे बड़ी कंपनी के रूप में उभरकर सामने आई थी। अधिग्रहण के बाद इसका नाम 'माइक्रोसॉफ्ट विसो' रखा गया था और उसके तमाम संस्करण माइक्रोसॉफ्ट ऑफिस सुइट के अंतर्गत जारी किए गए।

फिर 24 जनवरी, 2000 को माइक्रोसॉफ्ट ने टेलीविजन क्षेत्र में विस्तार की योजनाओं के मद्देनजर इंटरटेनर इन्कॉरपोरेशन में 5.60 करोड़ डॉलर का निवेश किया था। इस तरह, विडियो-ऑन-डिमांड सेवा देनेवाली इस कंपनी में माइक्रोसॉफ्ट 20 फीसदी से ज्यादा हिस्सेदारी रखनेवाला सबसे बड़ा शेयरधारक बन गया था।

17 फरवरी, 2000 को विंडोज 2000 का खुदरा संस्करण बाजार में पेश कर दिया गया, जिसका थोक संस्करण कंप्यूटर निर्माताओं को 15 दिसंबर, 1999 को ही जारी किया जा चुका था। असल में, माइक्रोसॉफ्ट विंडोज एक्सपी के ऑपरेटिंग सिस्टम बाजार में अपनी बादशाहत एक नया दौर शुरू करने की तैयारियों में जुटा हुआ था।

3 अक्तूबर, 2000 को माइक्रोसॉफ्ट ने 13.50 करोड़ डॉलर में कोरेल कॉरपोरेशन का 2.40 करोड़ शेयर खरीदा था। इस हिस्सेदारी खरीद से कोरेल पर माइक्रोसॉफ्ट का कोई सीधा कानूनी नियंत्रण नहीं हो सका था। फिर भी, बहुत साफ था कि इस निवेश के जरिए माइक्रोसॉफ्ट ने कोरेल के नुकसान की भरपाई करने की कोशिश की थी। वास्तव में माइक्रोसॉफ्ट वर्ड के चलते कोरेल के वर्ड परफेक्ट को बाजार में काफी नुकसान हुआ था। साथ ही, यह आशंका जताई गई थी कि इस निवेश के जरिए माइक्रोसॉफ्ट लिनक्स ऑपरेटिंग सिस्टम के विकास की राह में रोड़ा अटकाना चाहता था, जिसमें कोरेल उस वक्त काफी दिलचस्पी ले रहा था।

इतना ही नहीं, वर्ष 2000 में माइक्रोसॉफ्ट में 9,000 नए कर्मचारियों की बहाली हुई थी और उसके कुल कर्मचारियों की संख्या 48,030 हो गई थी। इसका सीधा असर माइक्रोसॉफ्ट की शुद्ध आय पर हुआ था, जो वर्ष 2001 में 22 फीसदी गिरकर 7.35 अरब डॉलर पर सिमट गया था; हालाँकि उसका राजस्व 10 फीसदी बढ़कर 25.29 अरब डॉलर के स्तर पर पहुँच गया था।

सी.ई.ओ. पद त्याग और समाज सेवा पर जोर—13 जनवरी, 2000 को एक रणनीति फैसला करते हुए बिल गेट्स ने माइक्रोसॉफ्ट के मुख्य कार्यकारी अधिकारी (सी.ई.ओ.) का पद अपने विश्वासनीय दोस्त स्टीव बामर को सौंप

देने का फैसला किया; लेकिन कंपनी के असल कामकाज—सॉफ्टवेयर विकास पर सीधे नियंत्रण के लिए खुद के लिए 'चीफ सॉफ्टवेयर आर्किटेक्ट' की रचना करवाई। गेट्स ने निदेशक मंडल के चेयरमैन का पद भी अपने पास ही जारी रखा था। लिहाजा व्यावहारिक तौर पर कोई खास बदलाव नहीं आया था। बामर पहले से ही प्रेसिडेंट का पद सँभाल रहे थे और सी.ई.ओ. की जिम्मेदारी उन पर डालकर वास्तव में गेट्स ने खुद के लिए एक कानूनी ढाल बनाने की कोशिश की थी।

7 जून, 2000 को अदालत ने मामले के हल के रूप में माइक्रोसॉफ्ट को दो इकाइयों—एक परिचालन प्रणाली का उत्पादन करे और दूसरी अन्य सॉफ्टवेयर घटकों का, में बाँटने का आदेश दे दिया।

इसके अलावा, गेट्स ने अपनी सामाजिक छवि को सुधारने की दिशा में भी कदम बढ़ाने की भविष्य की योजना पर अमल शुरू किया था। सन् 1997 में 9.40 करोड़ डॉलर के शेयर उपहार से स्थापित विलियम एच. गेट्स फाउंडेशन की स्थापना हुई थी; फिर वर्ष 1999 में उसका नाम बदलकर बिल एंड मिलिंडा गेट्स फाउंडेशन कर दिया गया था और वर्ष 2000 में गेट्स लर्निंग फाउंडेशन का भी उसी में विलय कर दिया गया। अब गेट्स ने फाउंडेशन को 12.60 करोड़ डॉलर का अतिरिक्त अनुदान दिया था।

माइक्रोसॉफ्ट को दो कंपनियों में बाँटने का आदेश—3 अप्रैल, 2000 को न्यायाधीश जैक्सन ने माइक्रोसॉफ्ट के खलाफ अविश्वास मामले में अपने फैसले का दूसरा हिस्सा कानून का निष्कर्ष, जारी किया था। इसका पहला हिस्सा—प्रारंभिक तथ्य निष्कर्ष के रूप में 5 नवंबर, 1999 को ही आ चुका था। ताजे कानूनी निष्कर्ष के मुताबिक भी माइक्रोसॉफ्ट ने शेरमन अविश्वास अधिनियम की धारा 1 व 2 का उल्लंघन करते हुए एकाधिकार धारण किया था, एकाधिकार धारण की कोशिश की थी। फिर 7 जून, 2000 को अदालत ने मामले के हल के रूप में माइक्रोसॉफ्ट को दो इकाइयों—एक परिचालन प्रणाली का उत्पादन करे और दूसरी अन्य सॉफ्टवेयर घटकों का, में बाँटने का आदेश दे दिया।

इस मामले में निम्न घटनाएँ प्रमुख थीं

18 जनवरी, 2000—माइक्रोसॉफ्ट ने आधिकारिक तौर पर न्यायाधीश जैक्सन के 5 नवंबर, 1999 के फैसले का जवाब दिया, जिसमें कंपनी ने कहा कि व्यापक पैमाने पर प्रतियोगिता उसे एकाधिकार शक्ति धारण करने से रोकती थी।

25 जनवरी, 2000—न्याय विभाग एवं राज्य के अभियोजकों ने माइक्रोसॉफ्ट के जवाब का खंडन पेश करते हुए कहा कि माइक्रोसॉफ्ट इस निष्कर्ष से बचने की कोशिश कर रही है कि वह एकाधिकार धारण करती है और कि उसने उस शक्ति का गैर-कानूनी इस्तेमाल किया है।

1 फरवरी, 2000—माइक्रोसॉफ्ट ने अपना अंतिम जवाब दाखिल किया, जिसमें उसने ए.ओ.एल.-टाइम वार्नर के विलय की ओर उँगली उठाते हुए उसे प्रमुख कारण बताया था कि अविश्वास मामले को क्यों बाहर फेंक देना चाहिए।

22 फरवरी, 2000—दोनों पक्षों ने कानूनी निष्कर्ष पर अंतिम बहस को पूरा किया।

24 मार्च, 2000—न्यायाधीश जैक्सन ने कहा कि वह अपना फैसला सुनाने से पहले मध्यस्थ रिचर्ड पोसनर को या फिर दोनों पक्षों को संयुक्त तौर पर सुनना चाहते हैं। इससे अंतिम क्षणों की वार्त्ता को उकसावा मिला था।

28 मार्च, 2000—न्यायाधीश जैक्सन ने दोनों पक्षों को समझौते पर पहुँचने की अंतिम तारीख 6 अप्रैल तय की।

1 अप्रैल, 2000—मध्यस्थ न्यायाधीश पोसनर ने घोषणा की कि मध्यस्थता वार्त्ता ध्वस्त हो चुकी है।

3 अप्रैल, 2000—समझौता वार्त्ता ध्वस्त हो जाने के दो दिन बाद न्यायाधीश जैक्सन ने कानूनी निष्कर्ष के रूप में अपना फैसला दे दिया कि माइक्रोसॉफ्ट ने अविश्वास कानूनों का उल्लंघन किया था और उद्योग के प्रतिद्वंद्वियों पर अपनी पकड़ मजबूत रखने के लिए लगातार काररवाई की थी। माइक्रोसॉफ्ट ने तत्काल उस फैसले के खिलाफ अपील दाखिल की थी।

5 अप्रैल, 2000—न्यायाधीश जैक्सन ने माइक्रोसॉफ्ट की अपील के मद्देनजर मामले के जुर्माना चरण पर शीघ्र सुनवाई के लिए 24 मई की तारीख निश्चित की।

28 अप्रैल, 2000—सरकारी पक्ष के वकीलों ने अपनी तरफ से प्रस्तावित जुर्माना दाखिल किया, जिसमें न्यायाधीश जैक्सन से अविश्वास कानूनों के तोड़ने की सजा के तौर पर माइक्रोसॉफ्ट को दो कंपनियों में विभाजित करने की गुजारिश की गई थी।

10 मई, 2000—माइक्रोसॉफ्ट ने जवाब दाखिल किया और विभाजन योजना के जवाबी प्रस्ताव पेश किए।

17 मई, 2000—न्याय विभाग ने अपने मूल विभाजन प्रस्ताव का बचाव दाखिल किया।

22 मई, 2000—माइक्रोसॉफ्ट ने जवाब दाखिल किया, जिसमें कंपनी के विभाजन प्रस्ताव के खिलाफ तर्क दिए गए थे।

24 मई, 2000—न्यायाधीश ने माइक्रोसॉफ्ट को बहस के लिए ज्यादा वक्त देने से मना कर दिया और संकेत दिया कि वह विभाजन के पक्ष में अपना फैसला दे सकते हैं।

25 मई, 2000—न्यायाधीश जैक्सन ने सरकारी वकीलों के अंतिम विभाजन प्रस्ताव की समय-सीमा निर्धारित की।

1 जून, 2000—न्यायाधीश जैक्सन ने सरकारी समय-सीमा को 5 जून तक बढ़ाए जाने की मंजूरी दी।

6 जून, 2000—माइक्रोसॉफ्ट ने अंतिम कानूनी प्रस्ताव जमा किया।

7 जून, 2000—न्यायाधीश जैक्सन ने माइक्रोसॉफ्ट को दो कंपनियों में विभाजित करने का फैसला सुना दिया।

लेकिन ऐसा होना नहीं था। अब न्यायाधीश जैक्सन की जल्दबाजी को लेकर सवाल उठने लगे थे। बहुत साफ था कि न्याय विभाग के प्रस्ताव को ही फैसले में लागू किया गया था, जो बिल क्लिंटन सरकार के इशारे पर एकतरफा काम कर रहा था। खैर, आगे की काररवाई इस प्रकार रही—

14 जून, 2000—माइक्रोसॉफ्ट ने अपील अदालत से निवेदन किया कि जब तक यह फैसला नहीं आ जाता कि मामला सीधे अमेरिकी सर्वोच्च न्यायालय में चलेगा कि नहीं, निचली अदालत द्वारा कंपनी के विभाजन आदेश पर बहस को स्थगित कर दिया जाए।

20 जून, 2000—मामले को सीधे अमेरिकी सर्वोच्च न्यायालय में भेज दिया गया। न्यायाधीश जैक्सन ने भी माइक्रोसॉफ्ट के विभाजन के अपने फैसले व प्रतिबंधों को ठंडे बस्ते में डाल दिया।

26 सितंबर, 2000—अमेरिकी सर्वोच्च न्यायालय ने माइक्रोसॉफ्ट अविश्वास मामले की सीधी अपील पर सुनवाई नहीं करेगा और मामले को कोलंबिया जिला अपील अदालत को वापस भेज दिया।

11 अक्तूबर, 2000—अपील अदालत ने आगामी फरवरी माह में माइक्रोसॉफ्ट मामले पर मौखिक बहस की सुनवाई का समय निकाला।

जब 12 दिसंबर को पुनर्गणना मामले में अमेरिकी सर्वोच्च न्यायालय ने जॉर्ज डब्ल्यू. बुश के पक्ष में फैसला सुनाया था तो माइक्रोसॉफ्ट मुख्यालय में उम्मीदों की लहर दौड़ गई थी। 20 जनवरी, 2001 को बुश ने अमेरिका के राष्ट्रपति का पदभार सँभाल लिया था। आगे अदालत की कारवाई में दिलचस्प मोड़ आ गया था और माइक्रोसॉफ्ट पर कारवाई करने की बजाय मामला समझौते की दिशा में बढ़ गया था।

अंततः अमेरिकी अविश्वास मुकदमों में समझौता—7 नवंबर, 2000 को अमेरिकी राष्ट्रपति का चुनाव संपन्न हो चुका था। चुनाव प्रचार के दौरान मीडिया के सवालों पर बुश ने माइक्रोसॉफ्ट के खिलाफ न्याय विभाग की कारवाई को उद्योग-विरोधी बताया था और उम्मीद की जा रही थी कि यदि बुश चुनाव जीत जाते हैं तो मामला पलट सकता है। ऐसे में, जब 12 दिसंबर को पुनर्गणना मामले में अमेरिकी सर्वोच्च न्यायालय ने जॉर्ज डब्ल्यू. बुश के पक्ष में फैसला सुनाया था तो माइक्रोसॉफ्ट मुख्यालय में उम्मीदों की लहर दौड़ गई थी। 20 जनवरी, 2001 को बुश ने अमेरिका के राष्ट्रपति का पदभार सँभाल लिया था। आगे अदालत की कारवाई में दिलचस्प मोड़ आ गया था और माइक्रोसॉफ्ट पर कारवाई करने की बजाय मामला समझौते की दिशा में बढ़ गया था। अदालती कारवाई से संबंधित निम्न घटनाएँ महत्त्वपूर्ण थीं—

6 फरवरी, 2001—अमेरिकी कोलंबिया जिला अपील अदालत ने न्यायाधीश थॉमस पेनफील्ड जैक्सन के व्यवहार के खिलाफ सुनवाई का कार्यक्रम तय किया। (वास्तव में न्यायाधीश जैक्सन ने अदालत के बाहर पत्रकारों से निजी मुलाकात में बिल गेट्स की तुलना 'नेपोलियन' से की थी और अन्य आपत्तिजनक टिप्पणियाँ दी थीं।)

27 फरवरी, 2001—संघीय अपील अदालत में दो दिनों की मौखिक बहस खत्म हुई। न्यायाधीशों ने कंपनी को तोड़ने के फैसले पर शक जताया, लेकिन सुझाया कि अविश्वास कानून के उल्लंघन का असल मामला खड़ा हो सकता था।

14 मार्च, 2001—न्यायाधीश जैक्सन ने माइक्रोसॉफ्ट के खिलाफ एक जातीय पूर्वाग्रह मामले को अस्वीकार कर दिया। (यह एक अलग मामला था। माइक्रोसॉफ्ट के एक पूर्व कर्मचारी ने माइक्रोसॉफ्ट पर जातीय भेदभाव का आरोप लगाते हुए 500 करोड़ डॉलर के मुआवजे का मुकदमा दायर किया था, जिसकी सुनवाई संयोगवश न्यायाधीश जैक्सन के पास आ गई थी।) माइक्रोसॉफ्ट ने न्यायाधीश जैक्सन को ऐसा करने का निवेदन किया था।

19 अप्रैल, 2001—यूरोपियन कमीशन ने माइक्रोसॉफ्ट द्वारा अनुबंध में बदलाव करने के बाद डिजिटल केबल मामले की अविश्वास जाँच को गिरा दिया।

28 जून, 2001—संघीय अपील अदालत ने माइक्रोसॉफ्ट को तोड़ने के परीक्षण न्यायाधीश थॉमस पेनफील्ड जैक्सन के आदेश उलट दिए, लेकिन उसने माइक्रोसॉफ्ट द्वारा संघीय अविश्वास कानून को तोड़ने संबंधी कुछ निष्कर्षों में योग्य पाया।

8 अगस्त, 2001—माइक्रोसॉफ्ट ने सर्वोच्च न्यायालय में यह तर्क देते हुए अपील की कि अपील अदालत को न्यायाधीश जैक्सन के निष्कर्षों को सही नहीं ठहराना चाहिए था, खास तौर पर तब जब खुद अपील अदालत ने न्यायाधीश जैक्सन की मीडिया में अनुचित टिप्पणियाँ करने की आलोचना की थी।

18 अगस्त, 2001—संघीय अपील अदालत ने नियम दिया कि माइक्रोसॉफ्ट के सर्वोच्च न्यायालय में अपील के बावजूद जिला अदालत में मामले को आगे बढ़ाया जा सकता था।

24 अगस्त, 2001—अपील अदालत ने मुकदमे को वापस कोलंबिया जिला अदालत के पास भेज दिया और थॉमस पेनफील्ड जैक्सन की जगह मामले की आगे की सुनवाई व जुर्माना सुनिश्चित करने के लिए एक नया न्यायाधीश नियुक्त किया।

29 अगस्त, 2001—नए न्यायाधीश कोलीन कोलर कोटेली ने मामले के मुख्य बिंदुओं को शुरू करने और यह कैसे आगे बढ़े, तय करने के लिए सभी पक्षों को आदेश दिया। 21 सितंबर को अदालत में सभी पक्षों का मिलना निश्चित था।

6 सितंबर, 2001—न्याय विभाग ने घोषणा की कि वह माइक्रोसॉफ्ट को तोड़ने की माँग नहीं करेगा।

10 अक्तूबर, 2001—अमेरिकी सर्वोच्च न्यायालय ने माइक्रोसॉफ्ट की अविश्वास मामले की समीक्षा की अपील को खारिज कर दिया और संघीय अपील अदालत की व्यवस्था कि कंपनी ने पर्सनल कंप्यूटर परिचालन प्रणाली बाजार में गैर-कानूनी तरीके से अपनी एकाधिकार शक्ति का दुरुपयोग किया था, ज्यों-के-त्यों छोड़ दिया।

12 अक्तूबर, 2001—माइक्रोसॉफ्ट मामले के निरीक्षक संघीय न्यायाधीश ने मध्यस्थ के तौर पर बोस्टन यूनिवर्सिटी के कानून के प्राध्यापक व वैकल्पिक विवाद समाधान (अल्टरनेटिव डिस्प्यूट रिसॉलुशन) विशेषज्ञ एरिक ग्रीन को नियुक्त किया।

2 नवंबर, 2001—माइक्रोसॉफ्ट व अमेरिकी न्याय विभाग ने घोषणा की कि वे बंदोबस्त समझौते पर पहुँच चुके हैं, जो लंबे चले अविश्वास मुकदमे को समाप्त कर देगा। बंदोबस्त-प्रस्ताव माइक्रोसॉफ्ट के लिए नए नियम बनाएगा, जिसका नतीजा हजारों कंपनियों को प्रभावित करेगा, जिनके कार्यक्रम (प्रोग्राम) माइक्रोसॉफ्ट विंडोज परिचालन प्रणाली पर चलाते हैं। बंदोबस्त के तहत माइक्रोसॉफ्ट को विंडोज सॉफ्टवेयर कोड के अंश प्रतिद्वंद्वियों को मुहैय्या कराना होगा, ताकि वे सुनिश्चित कर सकें कि उनके उत्पाद परिचालन प्रणाली के साथ काम कर सकते हैं। माइक्रोसॉफ्ट को कंप्यूटर निर्माताओं को सोच-विचारकर चुनाव करने (पिक एंड चूज) की भी अनुमति देनी पड़ेगी कि वे उसके उत्पादों में से किन्हें अपनी मशीनों पर स्थापित करना चाहते हैं और वह भी माइक्रोसॉफ्ट के प्रतिशोध के डर के बिना।

6 नवंबर, 2001—नौ प्रांतों ने घोषित किया कि वे बंदोबस्त समझौते के इच्छुक नहीं हैं। प्रांतों ने कहा कि उनका इरादा माइक्रोसॉफ्ट के खिलाफ प्रतिबंधों को एक साथ अदालत में उठाना है।

14 नवंबर, 2001—यूरोपीय संघ के प्रतिस्पर्धा मंत्री मारियो मोंटी ने संकेत दिया कि अमेरिकी न्याय विभाग के साथ माइक्रोसॉफ्ट का जिस बंदोबस्त समझौता पर पहुँचा था, वह संभवत: यूरोपीय नियामकों की चिंताओं को संबोधित नहीं करता था। यूरोपियन कमीशन ने माइक्रोसॉफ्ट मामले की सुनवाई को दिसंबर की सूची में डाल दिया।

15 नवंबर, 2001—बंदोबस्त-समझौता से बाहर रहनेवाले प्रांतों को रिझाने के लिए माइक्रोसॉफ्ट ने कहा कि वह अब तक इकट्ठा हुए प्रांतों को वकीलों के शुल्क सहित सभी अदालती लागतों का भुगतान करेगा। कंपनी ने इस प्रस्ताव को स्वीकार करने के लिए प्रांतों को 10 दिन का समय दिया।

21 नवंबर, 2001—एक सौ से ज्यादा निजी अविश्वास मुकदमों का बंदोबस्त करने की कोशिश में माइक्रोसॉफ्ट गरीब बच्चों के स्कूलों को 1 अरब डॉलर मूल्य की नकदी, कंप्यूटर व सॉफ्टवेयर प्रदान करने पर सहमत हो गया।

4 दिसंबर, 2001—एटी.टी. ब्रॉडबैंड की खरीद के लिए माइक्रोसॉफ्ट 'बोली युद्ध' (बिडिंग वार) में कूद पड़ा। वह इतनी मूल्यवान् संपत्ति को अपने पुराने प्रतिद्वंदी एओएल टाइम वार्नर के हाथों में जाने देने से रोकना चाहता था।

7 दिसंबर, 2001—अविश्वास मुकदमे को आगे उठानेवाले राज्यों ने घोषित किया कि वे सिफारिश करेंगे कि माइक्रोसॉफ्ट को अपने विंडोज परिचालन

प्रणाली के सस्ते संस्करण पेश करने लिए मजबूर किया जाय और संघीय अभियोजकों की सहमति से ज्यादा सख्ती के साथ उसकी निगरानी की जाए।

12 दिसंबर, 2001—माइक्रोसॉफ्ट ने एक रिपोर्ट दाखिल की, जिसमें अपने खिलाफ अविश्वास मुकदमे से संबंधित किसी समर्थन-जुटाव गतिविधि को सूचीबद्ध नहीं किया गया था। इससे आलोचकों व प्रतिद्वंद्वियों की प्रतिक्रियाएँ तीखी हो गई थीं, जो महसूस कर रहे थे कि माइक्रोसॉफ्ट ने प्रकटीकरण कानून का उल्लंघन किया था।

20 दिसंबर, 2001—कामकास्ट और एटी×टी के बीच 72 अरब डॉलर में केबल कारोबारों के विलय की सहमति हुई।

22 दिसंबर, 2001—माइक्रोसॉफ्ट ने अविश्वास मुकदमे की सुनवाई को चार महीने की देरी का अनुरोध दाखिल किया।

12 जनवरी, 2002—संघीय न्यायाधीश ने माइक्रोसॉफ्ट के एक सौ से ज्यादा निजी अविश्वास मुकदमों के बंदोबस्त के बदले सार्वजनिक स्कूलों को उन्नत बनाने के लिए कंप्यूटर व सॉफ्टवेयर के 1 अरब डॉलर मूल्य के दान के प्रस्ताव को खारिज कर दिया।

23 जनवरी, 2002—ए.ओ.एल. टाइम वार्नर ने माइक्रोसॉफ्ट के खिलाफ अदालत में जाने का फैसला किया।

25 जनवरी, 2002—अविश्वास वकीलों व शिक्षाविदों के समूह—अमेरिकन इंस्टीट्यूट ने माइक्रोसॉफ्ट के समुचित रूप से समर्थन-जुटाव गतिविधियों की जानकारी नहीं देने के बारे में शिकायत दाखिल की।

1 मार्च, 2002—कारपोरेट प्रतिद्वंद्वियों, अविश्वास मामलों के विद्वानों और प्रांतीय अभियोजकों की तरफ से की जा रही सार्वजनिक आलोचनाओं के मद्देनजर अमेरिकी न्याय विभाग व माइक्रोसॉफ्ट ने अविश्वास बंदोबस्त सौदे में कई बदलावों की घोषणा की।

7 मार्च, 2002—माइक्रोसॉफ्ट व न्याय विभाग ने संघीय न्यायाधीश से अपने बंदोबस्त सौदे को शीघ्रता से अनुमोदित करने का अनुरोध किया।

9 मार्च, 2002—सन माइक्रोसिस्टम्स ने अपनी कंप्यूटर कार्यक्रम भाषा (प्रोग्रामिंग लैंग्वेज)—जावा के वितरण को जाम कर देने का आरोप लगाते हुए माइक्रोसॉफ्ट के खिलाफ मुकदमा दायर किया।

18 मार्च, 2002—कोलंबिया जिला अदालत की सुनवाई में प्रांतीय अभियोजकों ने माइक्रोसॉफ्ट के विरुद्ध ज्यादा सख्त प्रतिबंधों की माँग की।

26 मार्च, 2002—माइक्रोसॉफ्ट अविश्वास मुकदमे के न्यायाधीश कोलीन कोलर कोटेली ने न्याय विभाग को इस सवाल का जवाब तय करने के लिए आमंत्रित किया कि क्या बंदोबस्त प्रस्ताव पर हस्ताक्षर न करनेवाले राज्यों को ज्यादा सख्त प्रतिबंधों को लागू करने का अधिकार है?

15 अप्रैल, 2002—माइक्रोसॉफ्ट ने न्यायाधीश कोलीन कोलर कोटेली से अविश्वास मुकदमा को खारिज करने का अनुरोध किया।

24 अप्रैल, 2002—बिल गेट्स ने गवाही दी। वह इस बार बदला हुआ-सा नजर आ रहा था और काररवाई के दौरान अधिकतर शांत था।

10 मई, 2002—अदालत के ताजे सुनवाई चक्र में माइक्रोसॉफ्ट के वकीलों ने अपने विरोधी तर्कों पर विराम लगा दिया और यह जानने की कोशिश कि कंपनी अविश्वास कानून के उल्लंघन का निपटारा किस प्रकार किया जाना चाहिए।

12 जून, 2002—न्यायाधीश कोलीन कोलर कोटेली ने माइक्रोसॉफ्ट की अविश्वास मुकदमे को माँग को खारिज कर दिया।

6 अगस्त, 2002—माइक्रोसॉफ्ट ने न्याय विभाग के बंदोबस्त के पालन की घोषणा कर दी; हालाँकि अभी न्यायाधीश कोलीन कोलर कोटेली द्वारा बंदोबस्त को अनुमोदित किया जाना बाकी था।

1 नवंबर, 2002—न्यायाधीश कोलीन कोलर कोटेली ने प्रांतीय अभियोजकों के माइक्रोसॉफ्ट पर न्याय विभाग के साथ उसके बंदोबस्त से ज्यादा सख्त प्रतिबंधों की माँग को खारिज कर दिया और अपना फैसला दिया कि प्रस्तावित बंदोबस्त टुन्नी अधिनियम—जो कि अविश्वास बंदोबस्तों के आदर्शों की समीक्षा पेश करता है, के अंतर्गत जरूरी सार्वजनिक हितों का पालन करता है।

4 नवंबर, 2002—यूरोपियन कमीशन ने अपने इरादे को दुबारा निश्चित किया कि वह माइक्रोसॉफ्ट के खिलाफ यूरोपीय संघ के कानून के मुताबिक अपनी खुद की जाँच करेगा। कमीशन के प्रवक्ता ने कहा कि उसकी जाँच का मामला तथ्यात्मक व कानूनी दोनों रूपों में अमेरिकी मामले से अलग है।

8 नवंबर, 2002—माइक्रोसॉफ्ट ने अपने अविश्वास मुकदमे में अदालत-द्वारा अनुमोदित प्रतिबंधों का पालन करने के शुरुआती कदम उठाए।

29 नवंबर, 2002—मैसाचुसेट्स प्रांत ने कहा कि वह माइक्रोसॉफ्ट के खिलाफ अविश्वास मुकदमा आगे बढ़ाएगा।

23 दिसंबर, 2002—न्यायाधीश कोलीन कोलर कोटेली ने नियम दिया कि माइक्रोसॉफ्ट जब पर्सनल कंप्यूटर के लिए अपने दबंग विंडोज परिचालन

प्रणाली का वितरण करे तो उसमें एक धुर विरोधी के सॉफ्टवेयर को जरूर शामिल करना चाहिए।

10 जनवरी, 2003—माइक्रोसॉफ्ट ने कहा कि उसने अपने खिलाफ सबसे बड़े उपभोक्ता अविश्वास मुकदमे का बंदोबस्त कर लिया है और उसके लिए वह माइक्रोसॉफ्ट सॉफ्टवेयर खरीदनेवाले 1.30 करोड़ कैलिफोर्नियां निवासियों व कारोबारों को कुल 110 करोड़ डॉलर मूल्य के 'वाउचर' देने पर सहमत हो गया है, जिनका उपयोग कोई भी कंप्यूटर या सॉफ्टवेयर खरीदने में किया जा सकता है।

5 मई, 2003—'वॉशिंगटन पोस्ट' में खबर आई कि पूर्व न्यायाधीश रॉबर्ट एच बोर्क अमेरिकी अपील अदालत (जिला कोलंबिया सर्किट) में माइक्रोसॉफ्ट अविश्वास मामले में बंदोबस्त व सहमति हुक्मनामे को चुनौती देनेवाले दो उद्योग-व्यापार समूहों की तरफ से बहस करेंगे।

27 मार्च, 2003—न्याय विभाग ने बंदोबस्त न करनेवाले दो प्रांतों द्वारा आगे की कानूनी लड़ाई में हिस्सा नहीं लेने का ऐलान किया।

29 मई, 2003—माइक्रोसॉफ्ट ने अपने खिलाफ अविश्वास मुकदमे को गिराने के लिए ए.ओ.एल. टाइम वार्नर को 75 करोड़ डॉलर के भुगतान को सहमत हो गया।

30 जून, 2004—अमेरिकी अपील अदालत ने सर्वसम्मति से न्याय विभाग के बंदोबस्त समझौते का अनुमोदन कर दिया और प्रतिबंधों के अपर्याप्त होने की आपत्तियों को खारिज कर दिया।

यूरोपीय संघ बनाम माइक्रोसॉफ्ट—इस बीच 25 मार्च, 2004 को यूरोपीय संघ ने माइक्रोसॉफ्ट के खिलाफ अविश्वास मामले में कंपनी को एकाधिकार के दुरुपयोग का दोषी पाया और 49.7 करोड़ यूरो (करीब 79.4 करोड़ डॉलर) का जुर्माना ठोंकते हुए विंडोज मीडिया प्लेयर के बिना विंडोज एक्सपी का नया संस्करण जारी करने का आदेश दिया था। 12 जुलाई, 2006 को यूरोपीय संघ ने माइक्रोसॉफ्ट पर 28.05 करोड़ यूरो (44.85 करोड़ डॉलर) का अतिरिक्त जुर्माना लगाया था। फिर 27 फरवरी, 2008 को यूरोपीय संघ ने मार्च 2004 के आदेश का पालन न करने के आरोप में 89.9 करोड़ यूरो (करीब 144 करोड़ डॉलर) का दूसरा जुर्माना ठोंका था। माइक्रोसॉफ्ट की अपील पर जून 2012 में यूरोपीय संघ की अदालत ने जुर्माने में 3.90 करोड़ यूरो की माफी कर दी थी।

सरकारी अविश्वास मुकदमों के अलावा माइक्रोसॉफ्ट पेटेंट से जुड़े दर्जनों मुकदमे लड़ता आ रहा है। कानूनी विवाद निपटसने के लिए माइक्रोसॉफ्ट ने कई

कंपनियों में निवेश किया तो कइयों के साथ भारी मुआवजा चुकाकर मामले को निपटाया था। जानी-मानी खोजी पत्रिका 'दि इन्क्वायरर' (14 जुलाई, 2005) ने अनुमान लगाया था कि उस वक्त तक माइक्रोसॉफ्ट ने सरकारी व निजी मामलों के निपटारों एवं निवेश पर कुल करीब 900 करोड़ डॉलर खर्च कर चुका था।

विंडोज एक्सपी का दबदबा और एक्सबॉक्स का धमाल

कानूनी विवादों के बीच कंप्यूटर परिचालन प्रणाली बाजार पर कब्जा जमाए रखने की रणनीति के तहत माइक्रोसॉफ्ट ने नई परिचालन प्रणाली विंडोज एक्सपी की तैयारी काफी पहले शुरू कर दी थी। नामकरण में 'एक्सपी' का मतलब उपयोगकर्ताओं के अनुभव (यूजर एक्सपीरियंस) से जुड़ा बताया गया था। इसका ओ.ई.एम. संस्करण 24 अगस्त, 2001 को कंप्यूटर निर्माताओं को जारी कर दिया गया था, जबकि उसका खुदरा संस्करण दो माह बाद 25 अक्तूबर को अंतरराष्ट्रीय बाजार में पेश किया गया। इस शृंखला का अनुप्रयोग सॉफ्टवेयर माइक्रोसॉफ्ट ऑफिस का खुदरा संस्करण 31 मई, 2001 को ही जारी किया जा चुका था।

वास्तव में, एमएस-डॉस आधारित विंडोज, जिसे विंडोज 9 एक्स शृंखला (विंडोज 95, विंडोज 98 व विंडोज मी-2000) के रूप में जाना जाता है, परिचालन प्रणाली बाजार में माइक्रोसॉफ्ट को बादशाहत की स्थिति में लाया था; लेकिन अविश्वास मुकदमों के चलते इसका भविष्य खतरे में पर रहा था। लिहाजा माइक्रोसॉफ्ट ने परिचालन प्रणाली को पूरी तरह से नए रूप में पेश करने का फैसला किया था। इसके विकास के लिए माइक्रोसॉफ्ट ने विंडोज एनटी के संकेत-लिपि आधार (कोड बेस) को चुना था, जिसके आधार पर विंडोज 2000 को भी पेश किया गया था, जो ज्यादा कामयाब नहीं रहा। लिहाजा उसे आगे और विकसित कर विंडोज एक्सपी के रूप में भारी-भरकम प्रचार अभियान के साथ अंतरराष्ट्रीय बाजार में पेश किया गया था। आगे के सभी विंडोज संस्करण—विंडोज सर्वर 2003, विंडोज विस्टा, विंडोज होम सर्वर, विंडोज सर्वर 2008, विंडोज 7, विंडोज सर्वर 2008 आर 2, विंडोज 8, विंडोज फोन 8, विंडोज आरटी व विंडोज सर्वर 2012 सभी एनटी कोड बेस पर विकसित होने वाले थे।

याद रहे कि जुलाई 1993 में, माइक्रोसॉफ्ट ने विंडोज एनटी को पहली बार पेशेवर उपयोगकर्ताओं की जरूरतों के मद्‌देनजर बाजार में उतारा था। यह शक्तिशाली उच्च स्तरीय भाषा ('सी', 'सी ++' व 'असेंबली') पर आधारित प्रोसेसर-स्वतंत्र, बहु-प्रक्रमण (मल्टी-प्रोसेसिंग), बहु उपयोगकर्ता (मल्टी-यूजर)

परिचालन प्रणाली थी। उस वक्त विपणन उद्देश्यों के लिए नई प्रौद्योगिकी के लिए इसके नाम में 'एनटी' (न्यू टेक्नोलॉजी) जोड़ा गया था लेकिन इसका अब ऐसा कोई विशिष्ट अर्थ नहीं रह गया है। यह एमएस डॉस पर आधारित विंडोज के उपभोक्ता संस्करणों के लिए पूरक के इरादे से पेश किया गया था। विंडोज एनटी पहला पूरी तरह से 32 बिट संस्करण था, जबकि उस वक्त माइक्रोसॉफ्ट की अन्य परिचालन प्रणालियाँ—विंडोज 3.1 एक्स व विंडोज 9 एक्स, 16 बिट/32 बिट के संकर संस्करण (हाइब्रिड एडिशन) थे।

'माइक्रोसॉफ्ट उत्पाद सक्रियण' प्रक्रिया की काफी आलोचना भी होती रही है कि माइक्रोसॉफ्ट इस नियंत्रण के जरिए उपयोगकर्ता की निजता का उल्लंघन कर सकता है, क्योंकि इसके जरिए कंप्यूटर पर होनेवाले हरेक काम पर भी निगरानी रखी जा सकती है।

विंडोज एक्सपी के ग्राफिकल यूजर इंटरफेस (जी.यू.आई.) को दुबारा डिजाइन किया गया था। माइक्रोसॉफ्ट ने इसे पिछले संस्करणों के मुकाबले काफी आकर्षक व उपयोगकर्ता अनुकूल (यूजर फ्रेंडली) बताकर प्रचारित किया था। इसमें कंपनी ने 'डी.एल.एल. हेल' या 'डिपेंडेंसी हेल' नाम से बदनाम दिक्कतों को दूर करने की कोशिश की थी। डायनेमिक लिंक लाइब्रेरी (डी.एल.एल.) प्रोग्राम के चलते विंडोज के पिछले संस्करणों में कई अनुप्रयोग ठीक से काम नहीं करते थे और इस समस्या को माइक्रोसॉफ्ट पर जानबूझकर बनाए रखने का आरोप लगाया जाता रहा था। माइक्रोसॉफ्ट एक्सपी में दूसरे अनुप्रयोगों को (माइक्रोसॉफ्ट के खुद के नहीं थे) भी साथ-साथ स्थापित करने की सुविधा दी गई थी। यह अविश्वास मुकदमों के जरिए माइक्रोसॉफ्ट पर लगाए प्रतिबंधों का नतीजा था।

लेकिन माइक्रोसॉफ्ट हर हाल में अपने उत्पादों के उपयोग को नियंत्रित करना चाहता था; लिहाजा, उसने पहली बार अवैध रूप से नकल को रोकने के नाम पर विंडोज एक्सपी में 'माइक्रोसॉफ्ट उत्पाद सक्रियण' (माइक्रोसॉफ्ट प्रोडक्ट एक्टिवेशन), एक डिजिटल राइट प्रोग्राम (डी.आर.एम.) को भी शामिल किया था। इस प्रक्रिया के जरिए माइक्रोसॉफ्ट हरेक उपयोगकर्ता को 'अंत उपयोगकर्ता लाइसेंस अनुबंध' (इंड यूजर लाइसेंस एग्रीमेंट) को लागू करने के लिए बाध्य करता है। इस अनुबंध के तहत उपयोगकर्ता को स्थापित किए जानेवाले प्रोग्राम की 'उत्पाद चाबी' एवं अपने कंप्यूटर हार्डवेयर की जानकारी माइक्रोसॉफ्ट को प्रसारित करनी पड़ती है। इन जानकारियों की बदौलत माइक्रोसॉफ्ट लाइसेंस की

वैधता की पुष्टि कर प्रोग्राम के इस्तेमाल को पूरी तरह से रोक सकता है या फिर उसमें बाधा पहुँचा सकता है। 'माइक्रोसॉफ्ट उत्पाद सक्रियण' प्रक्रिया की काफी आलोचना भी होती रही है कि माइक्रोसॉफ्ट इस नियंत्रण के जरिए उपयोगकर्ता की निजता का उल्लंघन कर सकता है, क्योंकि इसके जरिए कंप्यूटर पर होनेवाले हरेक काम पर भी निगरानी रखी जा सकती है। इसके अलावा, इस प्रोग्राम के विकास में माइक्रोसॉफ्ट पर पेटेंट कानून के उल्लंघन के आरोप लगे और उसे वर्ष 2006 में 'जेड 4 टेक्नोलॉजीज' को 14.20 करोड़ डॉलर का, तथा 2009 में, यूनिलॉक कॉरपोरेशन को 38.80 करोड़ डॉलर के मुआवजे भुगतने पड़े।

तमाम आलोचनाओं के बावजूद विंडोज एक्सपी ने अंतरराष्ट्रीय बाजार में धूम मचाई थी और महज दो महीने में उसकी 1.70 करोड़ प्रतियाँ बिकी थीं। वह कितना प्रभावी साबित हुई, इसका अनुमान इस तथ्य से लागाया जा सकता है कि जनवरी 2006 में उसकी 40 करोड़ प्रतियाँ इस्तेमाल में थीं। जनवरी 2007 नें विंडोज विस्टा के आने के बाद 30 जून, 2008 को उसकी बिक्री को बंद कर दिया गया था और उसका उपयोग घटना शुरू हो गया था। फिर भी, अगस्त 2013 में सभी परिचालन प्रणालियों के बीच विंडोज एक्सपी की अंतरराष्ट्रीय उपयोग हिस्सेदारी 39.51 फीसदी (स्रोत—मार्केटशेयर.कॉम/ नेट एप्लीकेशन) के उच्च स्तर पर बनी हुई थी। माइक्रोसॉफ्ट की घोषणा के मुताबिक 8 अप्रैल, 2014 से विंडोज एक्सपी का विस्तारित समर्थन खत्म कर दिया जाना था।

एक्सबॉक्स से गेम कंसोल बाजार में धमाल—15 नवंबर, 2001 को माइक्रोसॉफ्ट ने एक्सबॉक्स के साथ छठी पीढ़ी के वीडियो गेम कंसोल बाजार में भी अपना पहला कदम बढ़ाया था। पहले चरण में इसे उत्तरी अमेरिका के बाजारों में पेश किया गया था; फिर वर्ष 2002 में 22 फरवरी को जापान में और 14 मार्च को ऑस्ट्रेलिया, यूरोप, एशिया व अन्य बाजारों में। इसका मुकाबला वीडियो गेम कंसोल बाजार पर एकाधिकार जमानेवाली जापानी कंपनियों के उत्पादों—सोनी समूह के प्लेस्टेशन 2, सेगा कॉरपोरेशन के ड्रीमकास्ट और नाइनटेंडो कंपनी के गेमक्यूब से था। वर्ष 1996 में अटारी जगुआर का उत्पादन बंद होने के बाद एक्सबॉक्स किसी अमेरिकी कंपनी द्वारा विकसित पहला वीडियो गेम कंसोल था।

11 सितंबर, 2001 को वर्ल्ड ट्रेड सेंटर पर हुए आतंकी हमले के गमगीन माहौल के बावजूद माइक्रोसॉफ्ट ने एक्सबॉक्स का विंडोज एक्सपी के समानांतर भारी-भरकम प्रचार अभियान चलाया था और पहले तीन महीने में इसकी 15.30 लाख इकाइयाँ बिकी थीं, जो प्रतिस्पर्धी उत्पादों के मुकाबले एक रिकॉर्ड साबित

हुआ था। नवंबर 2005 में माइक्रोसॉफ्ट ने इस शृंखला का दूसरा कंसोल—एक्सबॉक्स 360 जारी किया था। माइक्रोसॉफ्ट के मुताबिक 10 मई, 2006 तक एक्सबॉक्स की कुल 2.40 करोड़ इकाइयाँ—अमेरिका में 1.60 करोड़, यूरोप में 60 लाख एवं जापान में 20 लाख—बिकी थीं; जबकि सोनी के प्लेस्टेशन 2 की 13 करोड़ प्रतियाँ व नाइनटेंडो के गेमक्यूब की 2.10 करोड़ प्रतियाँ। बिक्री के मामले में एक्सबॉक्स हमेशा प्लेस्टेशन 2 (कंपनी के आँकड़ों के मुताबिक 31 जनवरी, 2011 तक कुल 15 करोड़ इकाइयाँ) के मुकाबले काफी पीछे रहा, सिर्फ एक मौका—अप्रैल 2004 को छोड़कर, जब वह उत्तरी अमेरिका में पहले स्थान पर आ गया था। फिर भी, खास तौर पर उत्तरी अमेरिका के बाजारों में एक्सबॉक्स ने हमेशा अपना दूसरा स्थान बनाए रखा और कुल मिलाकर उसकी गिनती अपनी पीढ़ी के अन्य वीडियो गेम कंसोल के मुकाबले एक सफल उत्पाद के रूप में होती है।

वास्तव में 1998 में, माइक्रोसॉफ्ट की डायरेक्टएक्स टीम ने विंडोज प्लेटफॉर्म पर एक वीडियो गेम कंसोल विकसित करने का फैसला किया था। सन् 1994 से माइक्रोसॉफ्ट 'डायरेक्टएक्स' ब्रांड नाम से मल्टीमीडिया संबंधी 'अनुप्रयोग कार्यक्रम-निर्माण अंतराफलक' (एप्लीकेशन प्रोग्रामिंग इंटरफेस/ ए.पी.आई.) की एक शृंखला विकसित कर रही थी, जिसके तहत डायरेक्ट 3डी, डायरेक्ट ड्रा, डायरेक्ट म्यूजिक, डायरेक्ट प्ले, डायरेक्ट साउंड आदि अनुप्रयोगों को विंडोज संस्करणों की विशेषताओं के तौर पर पेश किया गया था। उस वक्त सोनी समूह की ओर से प्लेस्टेशन 2 को बाजार में लाने की तैयारी की गई थी, जो विंडोज प्लेटफॉर्म पर वीडियो गेम विकसित करनेवालों को अपनी ओर खींच रहा था। फिर माइक्रोसॉफ्ट ने अपनी टीम को डायरेक्टएक्स ग्राफिक टेक्नोलॉजी के आधार पर 'डायरेक्ट एक्सबॉक्स' नाम से अपना कंसोल विकसित करने को हरी झंडी दी थी।

माइक्रोसॉफ्ट के पास वीडियो गेम कंसोल विकास के नाम पर सिर्फ यही पूर्व अनुभव था कि उसने सेगा कॉरपोरेशन के ड्रीमकास्ट कंसोल के साथ विंडोज सी.ई. (इलेक्ट्रॉनिक्स उपकरणों के लिए माइक्रोसॉफ्ट द्वारा विकसित विशेष प्रकार की परिचालन प्रणाली) की अनुकूलता के लिए काम किया था। कंसोल को आधुनिकतम तकनीक व डिजाइन से लैस करने में काफी वक्त लगा था। विपणन विभाग ने बाजार परीक्षण के दौरान 'डायरेक्ट एक्सबॉक्स' की जगह सिर्फ 'एक्सबॉक्स' ब्रांड नाम को ही उपभोक्ताओं का समर्थन मिला था, लिहाजा उसी को अपनाने का फैसला हुआ। माइक्रोसॉफ्ट ने एक्सबॉक्स की उच्च गुणवत्ता को

सुनिश्चित करने के लिए इसके उत्पादन का ठेका अंतरराष्ट्रीय बाजार की जानी-मानी इलेक्ट्रॉनिक्स मैन्युफैक्चरिंग सर्विसेज (ई.एम.एस.) कंपनी—फ्लेक्सट्रॉनिक्स इंटरनेशनल को देने का फैसला हुआ था। एक्सबॉक्स के उपयोग में आनेवाले इलेक्ट्रॉनिक्स घटकों के चुनाव और अंतिम उत्पाद के निर्माण में फ्लेक्सट्रॉनिक्स के उत्पादन अनुभव का भी माइक्रोसॉफ्ट को लाभ मिला था।

वर्ष 1999 के अंत में एक मीडिया मुलाकात में बिल गेट्स ने पहली बार वीडियो गेम कंसोल बाजार में उतारने की माइक्रोसॉफ्ट की मंशा एवं तैयारी के बारे में सार्वजनिक तौर पर कहा था। गेट्स का कहना था कि नए जमाने के मल्टीमीडिया सम्मिलन के मद्देनजर गेमिंग उपकरण का निर्माण जरूरी हो गया था और यदि माइक्रोसॉफ्ट इस दिशा में कदम आगे नहीं बढ़ाता तो अपने प्रतिस्पर्धियों से काफी पीछे रह जाता। खैर, 10 मार्च, 2000 को, गेम डेवलपर कॉन्फ्रेंस (सैन जोस, कैलिफोर्निया) में, बिल गेट्स ने एक्सबॉक्स की आधिकारिक घोषणा करते हुए कहा था, 'एक सॉफ्टवेयर कंपनी के रूप में हमारी ताकत का निर्माण करते हुए एक्सबॉक्स खेल-विकासकर्ताओं को एक शक्तिशाली मंच और खेल-शौकीनों को एक अविश्वसनीय अनुभव प्रदान करेगा। हम चाहते हैं कि एक्सबॉक्स दुनिया के बेहतरीन व सर्वाधिक रचनाशील खेल विकासकर्ताओं के लिए पसंदीदा मंच बने।''

कंसोल की तकनीक को लेकर सम्मेलन में जुटे श्रोताओं (खेल विकासकर्ताओं) पर काफी प्रभाव पड़ा था। उस वक्त सेगा कॉरपोरेशन के ड्रीमकास्ट कंसोल की बिक्री घट रही थी और सोनी के प्लेस्टेशन 2 को जापान में उतारने की तैयारियाँ चल रही थीं। लेकिन एक्सबॉक्स को विकसित करने में काफी वक्त लग रहा था। कंसोल के साथ जारी किए जानेवाले गेम्स के लिए माइक्रोसॉफ्ट को एक संभावनाशील कंपनी की तलाश थी। 19 जून, 2000 को माइक्रोसॉफ्ट ने वीडियो गेम विकासकर्ता कंपनी बुंगी सॉफ्टवेयर प्रोडक्ट कॉरपोरेशन (शिकागो) का अधिग्रहण किया था; लेकिन माइक्रोसॉफ्ट के गेम डिवीजन के अंतर्गत बुंगी स्टूडियोज के रूप में उसने अपना स्वतंत्र अस्तित्व बनाए रखा था। इस अधिग्रहण राशि को गोपनीय रखा गया था लेकिन कथित तौर पर इस सौदे की अनुमानित राशि 3 करोड़ डॉलर बताई गई थी।

मई 1991 में बुंगी की स्थापना शिकागो विश्वविद्यालय में अंतर-स्नातक (गणित व कंप्यूटर विज्ञान) के छात्र एलेक्स सेरोपियन ने की थी। कुछ समय बाद सेरोपियन ने अपने ही विश्वविद्यालय के एक अन्य छात्र जैसन जोंस को

अपना हिस्सेदार बना लिया था। एप्पल मैकिंटोश के लिए विकसित बुंगी की विज्ञान-कथा शृंखला मैराथन ट्राइलॉजी—मैराथन (1994), मैराथन 2—दुरंडल (1995) व मैराथन इनफिनिटी (1996) काफी लोकप्रिय हुई थी और माइक्रोसॉफ्ट की झोली में गिरने से पहले बुंगी एप्पल के लिए ही दूसरी विज्ञान कथा शृंखला 'हेलो' विकसित कर रहा था। इस बीच बुंगी ने वास्तविक समय रणनीति (रियल टाइम टैक्टिस) वीडियो गेम शृंखला—मिथ—के कई अंक प्रकाशित किए थे और थर्ड पर्सन एक्शन गेम 'ओनी' का विकास चल रहा था। बुंगी के अधिग्रहण से एप्पल के तत्कालीन अंतरिम मुख्य कार्यकारी अधिकारी स्टीव जॉब्स काफी नाराज हुए थे; क्योंकि 21 जुलाई, 1999 को, मैकवर्ल्ड कॉन्फ्रेंस एंड एक्सपो (सैन फ्रांसिस्को) में जॉब्स ने बुंगी के सह-संस्थापक जैसन जोंस का परिचय कराते हुए 'हेलो' की घोषणा की थी।

फिर 3 जनवरी, 2001 को कंजूमर इलेक्ट्रॉनिक्स शो (लॉस वेगास) में एक्सबॉक्स का आधिकारिक तौर पर गेट्स व अतिथि पेशेवर पहलवान रॉक द्वारा जनता के लिए अनावरण किया गया था। फिर 16 मई, 2001 को इलेक्ट्रॉनिक्स एंटरटेनमेंट एक्सपोजिशन (लॉस एंजिल्स) में एक्सबॉक्स की कीमत तथा जारी करने की तिथि घोषित की गई थी। अंतत: 15 नवंबर, 2001 को बुंगी स्टूडियो द्वारा विकसित वीडियो गेम शृंखला के उद्घाटन संस्करण—हेलो कॉम्बैट इवोल्व्ड, के साथ एक्सबॉक्स को उत्तरी अमेरिकी बाजारों में उतारा गया था। 'हेलो' शृंखला के गेम्स एक्सबॉक्स के लिए सोने के अंडे देनेवाली मुरगी साबित हुई थी।

एक्सबॉक्स पहला वीडियो गेम कंसोल था, जिसकी मूल बनावट में ही हार्ड डिस्क ड्राइव (इंटेल पेंटियम III सी.पी.यू.) की सुविधा स्थापित की गई थी; लिहाजा कंसोल में एक्सबॉक्स के इंटरनेट संस्करण एक्सबॉक्स लाइव से गेम को डाउनलोड कर कंसोल में ही 'सेव' किया जा सकता था। इसके अलावा, एक्सबॉक्स ही पहला कंसोल था, जिसमें खिलाड़ी को बेहतर मल्टीचैनल ऑडियो अनुभव देने के लिए पहली बार डॉल्बी इंटरेक्टिव कंटेंट—इनकोडिंग टेक्नोलॉजी को पेश किया गया था। व्यक्तिगत कंप्यूटर (पी.सी.) हार्डवेयर पर आधारित होने के चलते एक्सबॉक्स अपने समकक्ष उत्पादों के मुकाबले ज्यादा बड़ा व भारी था, जिसमें ट्रे-लोडिंग डीवीडी रोम भी शामिल था। व्यक्तिगत-कंप्यूटर तकनीक पर आधारित होने के चलते गेमिंग उत्पादों के आंतरिक विकास में एक्सबॉक्स काफी लाभप्रद साबित हुआ था। इसके जरिए वीडियो गेम्स की रचना व विकास करनेवाले गेम-लेखकों/ प्रोग्रामरों के लिए माइक्रोसॉफ्ट के लोकप्रिय डायरेक्टएक्स

15 नवंबर, 2002 को माइक्रोसॉफ्ट ने ऑनलाइन गेमिंग सेवा—'एक्सबॉक्स' लाइव शुरू की थी। इस सेवा के तहत अभिदाता को दुनिया भर के अन्य अभिदाताओं के साथ ऑनलाइन एक्सबॉक्स खेल खेलने की अनुमति दी गई थी और वे एक्सबॉक्स के हार्ड-ड्राइव पर सीधे नई चीजों को डाउनलोड कर सकते थे।

(ए.पी.आई. समूह) की त्वरित ग्राफिक्स-लाइब्रेरी और विंडोज आधारित अन्य ए.पी.आई. का लाभ उठाना आसान हो गया था। यानी पर्सनल कंप्यूटर के लिए विंडोज प्लेटफॉर्म पर विकसित किए जा रहे वीडियो गेम्स को एक्सबॉक्स पर चलाना बिल्कुल आसान हो गया था।

पहले से ही गलाकाट प्रतिस्पर्धावाले वीडियो गेम कंसोल बाजार में पाँव जमाने के लिए माइक्रोसॉफ्ट ने 50 करोड़ डॉलर का विपणन बजट बनाया था और लागत से काफी कम 299 डॉलर प्रति इकाई (उत्तरी अमेरिका) के खुदरा मूल्य पर एक्सबॉक्स को पेश किया था। बिजनेस वीक पत्रिका (21 नवंबर, 2005) ने आई-सप्लाई के हवाले से एक्सबॉक्स की शुरुआती उत्पादन लागत का अनुमान 323 डॉलर प्रति इकाई लगाया था। अन्य खर्चों को मिलाकर एक्सबॉक्स को उपभोक्ताओं तक पहुँचाने के लिए माइक्रोसॉफ्ट को प्रति इकाई 100 से 125 डॉलर के नुकसान का अनुमान लगाया गया था। माइक्रोसॉफ्ट द्वारा शुरू किए गए मूल्य-युद्ध व भारी शुरुआती बिक्री का ही नतीजा था कि एक्सबॉक्स के बाजार में आने के महज छह महीने के भीतर (मई 2002 में) सोनी समूह ने उत्तरी अमेरिका में प्लेस्टेशन की कीमत 299 डॉलर से घटाकर 199 डॉलर प्रति इकाई (नाइनटेंडो के गेम क्यूब के बराबर) कर दिया था। सोनी समूह की घबराहट का अंदाजा इस तथ्य से लगाया जा सकता है कि उसने ऐसा तब किया था, जब प्लेस्टेशन 2 की बाजार हिस्सेदारी करीब दो-तिहाई थी।

इस बीच 15 नवंबर, 2002 को माइक्रोसॉफ्ट ने ऑनलाइन गेमिंग सेवा—'एक्सबॉक्स' लाइव शुरू की थी। इस सेवा के तहत अभिदाता (सब्सक्राइबर) को दुनिया भर के अन्य अभिदाताओं के साथ ऑनलाइन एक्सबॉक्स खेल खेलने की अनुमति दी गई थी और वे एक्सबॉक्स के हार्ड-ड्राइव पर सीधे नई चीजों को डाउनलोड कर सकते थे। इस सेवा को शुरू करने के दो महीने के भीतर 2.50 लाख अभिदाताओं ने पंजीकरण कराया था। अभिदाताओं की संख्या जुलाई 2004 में 10 लाख हो गई थी, जो जुलाई 2005 में 20 लाख, जुलाई 2007 में

30 लाख से ऊपर और मई 2009 में 2 करोड़ से ऊपर चली गई। माइक्रोसॉफ्ट ने दावा किया था कि फरवरी 2013 में अभिदाताओं की संख्या 4.60 करोड़ से ऊपर चली गई थी।

एक्सबॉक्स 360 व एक्सबॉक्स वन—माइक्रोसॉफ्ट ने अपना दूसरा वीडियो गेम कंसोल 22 नवंबर, 2005 को उत्तरी अमेरिका में उतारा था और मार्च 2003 तक विश्व के अन्य बाजारों में। उत्पादन देर से शुरू होने के चलते इसकी आपूर्ति कम हुई थी। यह सातवीं पीढ़ी का वीडियो गेम कंसोल था, जिसके मुकाबले करीब साल भर बाद नवंबर 2006 में बाजार में आए सोनी के 'प्लेस्टेशन 3' एवं नाइनटेंडो के 'वी' हुआ था। अपने पूर्वज एक्सबॉक्स के मुकाबले एक्सबॉक्स 360 की बिक्री काफी तेज हुई थी। 17 अक्तूबर, 2013 तक इसकी 8 करोड़ प्रतियाँ बिक चुकी थीं और यह इतिहास में सातवाँ सबसे अधिक बिकनेवाला वीडियो गेम कंसोल बन चुका था।

[वीडियो गेम कंसोल की बिक्री का ऐतिहासिक क्रम इस प्रकार है—1. वर्ष 2000 में जारी सोनी-प्लेस्टेशन 2 (15.50 करोड़ प्रतियाँ); 2. वर्ष 2004 में जारी नाइनटेंडो डीएस (15,39,60,000 प्रतियाँ); 3. क्रमशः वर्ष 1989 व 1998 में जारी नाइनटेंडो—गेमब्वॉय व गेमब्वॉय (11,86,90,000 प्रतियाँ); 4. वर्ष 1994 में जारी सोनी प्लेस्टेशन (10,24,90,000); 5. वर्ष 2006 में जारे नाइनटेंडो- वी (10.03 करोड़ प्रतियाँ); 6. वर्ष 2001 में जारी नाइनटेंडो गेमब्वॉय एडवांस (8,15,10,000 प्रतियाँ). 6 नवंबर, 2013 को सोनी समूह ने प्लेस्टेशन 3 की कुल बिक्री 8 करोड़ पहुँच जाने का दावा किया था। इस तरह माइक्रोसॉफ्ट एक्सबॉक्स 360 के बराबर हो गया था। फिर भी, ऐतिहासिक क्रम एक्सबॉक्स 360 को सातवें और प्लेस्टेशन 3 को आठवें स्थान पर रखा गया था।]

एक्सबॉक्स 360 में माइक्रोसॉफ्ट ने आई.बी.एम. द्वारा खास तौर पर डिजाइन किए गए तीन कोर वाले 'जेनॉन' सी.पी.यू. का इस्तेमाल किया था और 20, 60, 120, 250 या 320 जी.बी. भंडारण क्षमतावाले हार्ड डिस्क ड्राइव के विभिन्न विकल्प पेश किए गए थे। शुरुआती मशीनों में कई प्रकार की तकनीकी समस्याएँ आई थीं; मशीन असफल होने की दर काफी ज्यादा थीं; विभिन्न सर्वेक्षणों में यह दर 22 से 54 फीसदी तक आँकी गई थी और कंपनी को जमानत अवधि को बढ़ाना पड़ा था। इसी कारण माइक्रोसॉफ्ट ने इसके दो विकसित संस्करण जारी किए थे—एक्सबॉक्स 360 एस (14 जून, 2010) एवं एक्सबॉक्स 360 ई (10 जून, 2013)।

इस बीच नवंबर 2010 में माइक्रोसॉफ्ट ने 50 करोड़ डॉलर के विपणन बजट के साथ एक गति संवेदन निवेश युक्ति (मोशन सेंसिंग इनपुट डिवाइस)—किनेक्ट को पेश किया था। यह एक्सबॉक्स 360 के लिए एक वेब कैमरा शैली का बाहरी उपकरण है, जो उपयोगकर्ताओं को गेम कंट्रोलर को छुए बिना ही प्राकृतिक उपयोगकर्ता अंतराफलक (नेचुरल यूजर इंटरफेस) के जरिए इशारों तथा बोले गए आदेशों का उपयोग कर एक्सबॉक्स 360 को नियंत्रित करने में सक्षम बनाता है। किनेक्ट को नाइनटेंडो द्वारा वी के लिए पेश किए गए 'वी रिमोट प्लस', सोनी द्वारा प्लेस्टेशन 3 के साथ पेश किए गए 'प्लेस्टेशन मूव' और 'प्लेस्टेशन ऑय मोशन' बाह्य उपकरणों के मुकाबले में पेश किया गया था। बाजार में आने के 60 दिनों (4 नवंबर, 2010 से 3 जनवरी, 2011) के भीतर किनेक्ट की 80 लाख इकाइयाँ बिकी थीं और किनेक्ट को गिनीज वर्ल्ड रिकॉर्ड में सबसे तेज बिक्रीवाले उपकरण के रूप में दर्ज किया गया था। इस दौरान किनेक्ट की औसत दैनिक बिक्री 1,33,333 हो गई थी, जो बाजार में पेश होने की समतुल्य समयावधि में आईफोन व आईपैड को भी पीछे छोड़ दिया था। 12 फरवरी, 2013 तक किनेक्ट की 2.40 करोड़ इकाइयाँ बिक चुकी थीं।

हालाँकि एक्सबॉक्स 360 सातवीं पीढ़ी का सबसे अधिक बिक्रीवाला वीडियो गेम कंसोल का स्थान नहीं ग्रहण कर सका, लेकिन एक्सबॉक्स लाइव के जरिए इसने अपनी पीढ़ी में सबसे प्रभावी भूमिका अदा की। इसके लिए माइक्रोसॉफ्ट को भारी कीमत भी चुकानी पड़ी। बाजार की गलाकाट प्रतिस्पर्धा का मुकाबला करने के लिए एक्सबॉक्स की तरह एक्सबॉक्स 360 को भी उत्पादन लागत से करीब 125 डॉलर प्रति कम पर बाजार में पेश करना पड़ा था। बिजनेस वीक पत्रिका (21 नवंबर, 2005) ने आई–सप्लाई के हवाले से एक्सबॉक्स 360 के शुरुआती उच्च संस्करण में इस्तेमाल हुए मुख्य उपकरणों की संयोजन पूर्व लागत 470 डॉलर, तथा अन्य सामग्रियों (बिजली आपूर्ति उपकरण, केबल, कंट्रोलर्स आदि) की लागत 55 डॉलर आँकी थी। इस तरह कुल लागत 525 डॉलर प्रति इकाई आई थी, जबकि इसे 399 डॉलर के खुदरा मूल्य पर बाजार में उतारा गया था। इतना ही नहीं, तकनीकी खराबी के कारण एक्सबॉक्स 360 के जमानती प्रतिस्थापन (वारंटी रिप्लेसमेंट) पर माइक्रोसॉफ्ट को भारी घाटा हुआ था। 30 जून, 2007 के आय विवरण कंपनी ने 190 करोड़ डॉलर के नुकसान का प्रावधान किया था।

इससे पहले, 'फोर्ब्स' पत्रिका (13 सितंबर, 2005) के अनुमानों के मुताबिक वर्ष 2001 से 2005 तक चार वर्षों में माइक्रोसॉफ्ट को नए उत्पादों—एक्सबॉक्स कंसोल, एम.एस.एन. ऑनलाइन सेवा, वायरलेस व स्मॉल बिजनेस सॉफ्टवेयर के मद में कुल 700 करोड़ डॉलर का नुकसान हुआ था। इसमें से सबसे अधिक 400 करोड़ डॉलर का घाटा एक्सबॉक्स कंसोल के मद में आँका गया था। 'फोर्ब्स पत्रिका' (8 नवंबर, 2013) सहित तमाम संचार माध्यमों में मशहूर तकनीकी विश्लेषक रिक शेरलुंड (वैश्विक निवेश बैंक 'नोमुरा होल्डिंग्स' के अमेरिका प्रौद्योगिकी इक्विटी अनुसंधान दल के प्रबंध निदेशक) के हवाले से आई इस खबर ने तहलका मचा दिया था कि माइक्रोसॉफ्ट जिस एक्सबॉक्स कंसोल शृंखला कारोबार को सफलता के रूप में पेश करती आ रही थी, उसमें वह सालाना करीब 200 करोड़ डॉलर का घाटा उठाती रही है।

शेरलुंड के अनुमान के मुताबिक, माइक्रोसॉफ्ट इस विशाल घाटे को छुपाने के लिए अपने मनोरंजन व उपकरण कारोबार में एंड्रॉइड फोन की रॉयल्टी का 95 फीसदी (करीब 200 करोड़ डॉलर) को मिलाकर पेश करती रही है; जबकि एक्सबॉक्स प्लेटफॉर्म, विंडोज फोन व स्काइप के मद में कंपनी का कुल सालाना घाटा करीब 250 करोड़ डॉलर होता रहा है, जिसमें अकेले एक्सबॉक्स प्लेटफॉर्म का घाटा 200 करोड़ डॉलर हो सकता है। शेरलुंड के मुताबिक, एक्सबॉक्स को एक अच्छी उत्पाद-शृंखला व सफल उपभोक्ता फ्रैंचाइजी है; लेकिन यह काफी सारा धन भी बरबाद कर रही है, जो माइक्रोसॉफ्ट की उद्यमशील ताकत को विकर्षित कर रही है।

खैर, तमाम घाटे को बरदाश्त करते हुए 22 नवंबर, 2013 को माइक्रोसॉफ्ट ने एक्सबॉक्स शृंखला के नायाब उत्पाद 'एक्सबॉक्स वन' के साथ आठवीं पीढ़ी के वीडियो गेम बाजार में कदम बढ़ा दिया। इसका सीधा मुकाबला करीब साल भर पहले (नवंबर 2012 में) बाजार में आ चुके नाइनटेंडो के 'वी यू' से था और महज एक सप्ताह पहले ही (15 नवंबर, 2013) को बाजार में उतारे गए सोनी के प्ले स्टेशन 4 से था। ब्लूमबर्ग.कॉम के मुताबिक, बाजार में आने के सिर्फ एक दिन बाद (23 नवंबर, 2013 को) माइक्रोसॉफ्ट ने दावा किया था कि वह 12 देशों में एक्सबॉक्स वन की 10 लाख प्रतियाँ बेच चुकी थी; जबकि बाजार में आने के दो दिनों बाद (17 नवंबर, 2013) तक सोनी सिर्फ उत्तरी अमेरिका में ही प्लेस्टेशन 4 की 10 लाख प्रतियाँ बेचने का दावा कर चुकी थी।

माइक्रोसॉफ्ट ने एक्सबॉक्स वन को 499 डॉलर प्रति इकाई के खुदरा मूल्य पर बेचना शुरू किया था, जबकि प्लेस्टेशन 4 सिर्फ 399 डॉलर पर। सीनेट.कॉम (26 नवंबर, 2013) के मुताबिक, एक्सबॉक्स वन की उत्पादन लागत 471 डॉलर प्रति इकाई पड़ रही थी, जबकि प्लेस्टेशन 4 की 381 डॉलर। इस तरह माइक्रोसॉफ्ट व सोनी को क्रमश: 28 डॉलर व 18 डॉलर प्रति इकाई का लाभ मिल रहा था। नाइनटेंडो के वी यू का बुनियादी संस्करण 250 डॉलर व उच्च संस्करण 349 डॉलर प्रति इकाई की दर से उपलब्ध कराया जा रहा था और 30 सितंबर, 2013 तक उनकी 39.10 लाख प्रतियाँ बिक चुकी थीं। बाजार अनुसंधानकर्ता कंपनी एन.पी.डी. रूप के मुताबिक, वर्ष 2008 से 2012 के बीच विश्व वीडियो गेम कंसोल बाजार अपने कुल कारोबार में 32 फीसदी गिरावट के साथ 13.3 अरब डॉलर पर सिमट गया था। लिहाजा सभी कंपनियाँ उपभोक्ताओं को आकर्षित करने की हर संभव कोशिशें कर रही थीं।

बढ़ती जटिलताएँ, नए विंडोज व अन्य कारोबार

21वीं सदी की शुरुआती पाँच वर्षों में कानूनी विवादों के निपटारे के बीच माइक्रोसॉफ्ट ने जबरदस्त तरक्की की थी। विंडोज एक्सपी की सफलता से उत्साहित कंपनी ने 24 अप्रैल, 2003 को विंडोज सर्वर 2003 पेश किया था। इसके कई संस्करण जारी किए गए थे, जिनमें से हरेक एक खास आकार व प्रकार के व्यवसाय के लिए तैयार किया गया था। आमतौर पर सभी प्रकार के विंडोज सर्वर 2003 में फाइलें व प्रिंटर साझा करने की, एक अनुप्रयोग सर्वर की तरह काम करने की, संदेश कतारों की मेजबानी (होस्टिंग) करने की, ई-मेल सेवा प्रदान करने की, उपयोगकर्ता को प्रमाणित करने और कि अन्य तकनीकी सुविधाएँ प्रदान करने की क्षमता थी। कंपनी ने दावा किया कि यह उसकी अब तक की सबसे बड़ी सॉफ्टवेयर परियोजना थी, जो पिछले वर्ष 2000 के संस्करण के मुकाबले अधिक विश्वसनीय, अधिक प्रबंधनीय तथा अधिक लोगों के साथ समन्वय स्थापित कर काम करने की क्षमता रखनेवाल सॉफ्टवेयर था। इससे कंपनी की आमदनी में काफी इजाफा हुआ था।

वर्ष 2000 से 2005 के बीच माइक्रोसॉफ्ट के कर्मचारियों की संख्या 39,170 से बढ़कर 61,000 के स्तर पर चला गया था; राजस्व 22.96 अरब डॉलर से बढ़कर 39.78 अरब डॉलर और शुद्ध आय 7.35 अरब डॉलर से बढ़कर 12.25 अरब डॉलर हो चुका था। लेकिन अब तक माइक्रोसॉफ्ट 30 साल का हो चुका था उसमें

बड़ी उम्र की दिक्कतें भी शुरू हो चुकी थीं। उसका आकार काफी बड़ा हो चुका था और उसे सँभालने के लिए नौकरशाही का बड़ा जाल भी बुना जा चुका था, लिहाजा उत्पादकता की समस्या खड़ी हो रही थी।

'फोर्ब्स' पत्रिका (13 नवंबर, 2005) के मुताबिक, कंपनी अभी भी 10 साल पहले जारी किए जा चुके पुराने उत्पादों—विंडोज परिचालन प्रणालियों एवं बुनियादी डेस्कटॉप अनुप्रयोगों पर निर्भर थी, जो कुल बिक्री का 80 फीसदी और कुल लाभ का 140 फीसदी प्रदान कर रहे थे। नए उत्पाद—एक्सबॉक्स वीडियो गेम कंसोल, एम.एस.एन. ऑनलाइन सेवाएँ, वायरलेस व छोटे व्यवसाय सॉफ्टवेयर का संयुक्त घाटा चार सालों में 7 अरब डॉलर के ऊपर जमा हो चुका था। वेब सर्वर सॉफ्टवेयर में माइक्रोसॉफ्ट की हिस्सेदारी 20 फीसदी थी, जबकि मुफ्त अपाचे प्रोग्राम (लिनक्स का प्रकार) में कंपनी 70 फीसदी हिस्सेदारी के साथ 6 अरब डॉलर का राजस्व प्राप्त कर रही थी। सर्च इंजन तकनीक और उससे संबंधित विशेषताओं के मामले में माइक्रोसॉफ्ट गूगल व याहू से करीब दो साल पीछे चल रहा था, लिहाजा एम.एम.एन. 13 उपयोगकर्ताओं को ही आकर्षित कर पा रहा था।

आखिर गड़बड़ी कहाँ हुई थी? 'फोर्ब्स' ने साफ लिखा था कि करीब 40 अरब डॉलर की राजस्व आय और 61 हजार कर्मचारियों के साथ माइक्रोसॉफ्ट अकड़ी हुई मांसपेशियोंवाली व नौकरशाहीवाली कंपनी बन चुकी थी। मूर्ख बनानेवाली 14 घंटों के रणनीतिक सत्रों, अंतहीन कारोबारी समीक्षाओं, पावर पॉइंट स्लाइड्स के साथ अति व्यस्तताओं, श्रमसाध्य कार्य मूल्यांकनों तथा रोजाना सैकड़ों ई-मेल के बीच माइक्रोसॉफ्ट अजीबोगरीब दुनिया बन चुकी थी और प्रभागों के बीच भयंकर अंदरूनी कलह ने डिजाइन व उत्पाद जारी करने की प्रक्रिया को लँगड़ा कर दिया था। फोर्ब्स ने माइक्रोसॉफ्ट की स्थिति को 1980 के दशक में आई.बी.एम. से भी बदतर बताया था।

गेट्स की कंपनी के कामकाज से मुक्ति—माइक्रोसॉफ्ट के रोजाना के कारोबार को और ज्यादा पेशेवर दिखाने के लिहाज से 15 जून, 2006 को बिल गेट्स ने ऐलान किया था कि वह 31 जुलाई, 2008 तक खुद को कंपनी के रोजाना के कामकाज से अलग कर लेंगे और उसके बाद निदेशक बोर्ड के चेयरमैन तथा खास परियोजनाओं के सलाहकार के रूप में काम करेंगे। गेट्स के चीफ सॉफ्टवेयर आर्किटेक्ट के पद पर तत्काल प्रभाव से रे ओज्जी को नियुक्त किया गया था, जो 2005 में अपनी कंपनी नेटवर्क्स का माइक्रोसॉफ्ट द्वारा अधिग्रहण किए जाने के बाद चीफ टेक्निकल ऑफिसर के रूप में काम कर रहे थे। उस घोषणा में गेट्स ने

गेट्स के चीफ सॉफ्टवेयर आर्किटेक्ट के पद पर तत्काल प्रभाव से रे ओज्जी को नियुक्त किया गया था, जो 2005 में अपनी कंपनी नेटवर्क्स का माइक्रोसॉफ्ट द्वारा अधिग्रहण किए जाने के बाद चीफ टेक्निकल ऑफिसर के रूप में काम कर रहे थे।

साफ किया था कि रोजाना के कामकाज से अलग होने का मतलब कतई सेवा-निवृत्ति (रिटायरमेंट) नहीं था, बल्कि वह अब ज्यादा वक्त अपनी पत्नी मिलिंडा के साथ बिल एंड मिलिंडा गेट्स फाउंडेशन के कामकाज में लगाने वाले थे।

[ओज्जी को सोशल नेटवर्किंग सॉफ्टवेयर प्लेटफॉर्म—लोटस नोट्स, अब आइबीम नोट्स के रचनाकार के रूप में जाना जाता है। उन्होंने 31 दिसंबर, 2010 के बाद माइक्रोसॉफ्ट के पद से त्यागपत्र दे दिया था और जनवरी 2012 में उन्होंने अपनी नई कंपनी कोकोमो/टॉको शुरू की थी।]

विंडोज विस्टा का शुभारंभ व जटिलताएँ—विंडोज एक्सपी को जारी करने के पाँच वर्षों से भी ज्यादा समय बाद 30 जनवरी, 2007 को माइक्रोसॉफ्ट ने अपनी नई परिचालन प्रणाली विंडोज विस्टा को अंतरराष्ट्रीय बाजार में उतारा था। विंडोज विस्टा की सबसे बड़ी विशेषता उन्नत ग्राफिकल यूजर इंटरफेस (जी.यू.आई.) था, जिसे 'विंडोज एरो' के नाम से पुकारा गया था। 'एरो' की विशेषताओं को उसके नाम के अक्षरों से शुरू होनेवाले शब्दों—ऑथेंटिक (प्रामाणिक), एनर्जेटिक (ऊर्जावान्), रेफ्लेक्टिव (चिंतनशील) व ओपन (खुला) के अर्थ-गुणों से किया गया था। पहले के जी.यू.आई. के मुकाबले विंडोज एरो में काफी बदलाव किए गए थे, जिसने विंडोज अंतरफलक के कई तत्त्वों—उसके कामकाज का तरीका, नया दृश्य स्वरूप, स्क्रीन पर प्रकट होनेवाले रूप को दिखाने के लिए अंतराफलक के दिर्शा-निर्देश, अंतराफलक का संपूर्ण खांका (लेआउट) आदि—को प्रभावित किया था। इसके अलावा विंडोज विस्टा में नया खोज घटक—विंडो सर्च; दुबारा डिजाइन की गई उप—प्रणालियाँ नेटवर्किंग, ऑडियो, प्रिंट व डिस्प्ले और नया मल्टीमीडिया औजार—विंडोज डीवीडी मेकर को भी शामिल किया गया था। इसमें होम-नेटवर्कवाले कंप्यूटरों के बीच संचार के स्तर को बढ़ाया गया था और डॉटनेट फ्रेमवर्क के जरिए सॉफ्टवेयर कर्ताओं को पारंपरिक विंडोज एपीआईज के बिना भी अनुप्रयोग लिखने की अनुमति दी गई थी।

याद रहे कि सुरक्षा कमजोरियों और मैलवेयर, वायरस व बफर ओवरफ्लो के लिए समग्र संवेदनशीलता को लेकर विंडोज एक्सपी की आमतौर पर आलोचना की जाती रही थी। इसी कारण, माइक्रोसॉफ्ट की ओर से विंडोज विस्टा को लेकर

जिन बुनियादी उद्देश्यों के दावे किए गए थे, उनमें सबसे ऊपर विंडोज परिचालन प्रणाली में सुरक्षा की स्थिति को बेहतर बनाना था। सुरक्षा संबंधी सुधारों के लिए विंडोज विस्टा की तारीफ तो हुई थी, लेकिन इसे चलाने के लिए उच्च स्तरीय कंप्यूटर प्रणाली की जरूरतों, इसकी अधिक प्रतिबंधक लाइसेंस शर्तों, नकल रोकने के नाम पर नए डिजिटल अधिकार प्रबंधन (डी.आर.एम.) तकनीकों को शामिल करने, उपयोगकर्ता खाता (यूजर अकाउंट) को नियंत्रित करने के लिए कई प्रकार की प्राधिकरण (ऑथोराइजेशन) कोशिशों और विस्टा से पहले के अनेक हार्डवेयर व सॉफ्टवेयर के अनुकूल न होने के चलते काफी आलोचनाएँ भी हुई थीं।

नतीजतन, विंडोज एक्सपी के मुकाबले शुरुआती दौर में विंडोज विस्टा को अपनाने व संतुष्टि की दर काफी कम रही थी। हालाँकि, माइक्रोसॉफ्ट ने यह दावा कर अपनी पीठ थपथपाने की कोशिश कि की कि विंडोज विस्टा उम्मीद से अधिक लोकप्रिय साबित हुई थी। कंपनी का कहना था कि उसने तो दो वर्षों में 20 करोड़ उपयोगकर्ताओं का ही लक्ष्य रखा था, जबकि जनवरी 2009 में विंडोज विस्टा के इंटरनेट-उपयोगकर्ताओं की संख्या 30 करोड़ से ऊपर चली गई थी। खैर, विंडोज 7 (अक्तूबर 2009) को पेश करते समय विंडोज विस्टा के इंटरनेट उपयोगकर्ताओं की संख्या 40 करोड़ हो चुकी थी और करीब 19 फीसदी बाजार हिस्सेदारी के साथ वह विंडोज एक्सपी (63 फीसदी) के बाद दूसरे स्थान की सबसे अधिक उपयोग की जानेवाली परिचालन प्रणाली थी। लेकिन 22 अक्तूबर, 2010 को माइक्रोसॉफ्ट ने विंडोज विस्टा की खुदरा बिक्री को रोक दिया था और उसके एक साल बाद ओ.ई.एम. बिक्री को। जुलाई 2013 में विंडोज विस्टा की कुल उपयोग हिस्सेदारी 5.24 फीसदी के स्तर पर नीचे चली गई थी।

विंडोज 7 से धमक कायम रखने की कोशिशें—विंडोज विस्टा की जटिलताओं को दूर करने और परिचालन प्रणाली बाजार में अपनी धमक को बरकरार रखने की कोशिशों के तहत माइक्रोसॉफ्ट ने तीन साल के भीतर ही एक नई परिचालन प्रणाली—विंडोज 7 को पेश किया था। 22 जुलाई, 2009 को विंडोज 7 कंप्यूटर निर्माताओं के लिए जारी किया गया था और तीन माह बाद 22 अक्तूबर को इसकी खुदरा बिक्री शुरू हुई थी। विंडोज विस्टा के विपरीत माइक्रोसॉफ्ट ने विंडोज 7 को अन्य अनुप्रयोगों एवं हार्डवेयर के अनुकूल बनाने की कोशिशें की थीं। इसकी विशेषताओं में 'मल्टी-टच' (टच स्क्रीन) मदद, नए टास्क बार के साथ विंडोज शेल जी.यू.आई., होमग्रूप नामक घरेलू नेटवर्किंग प्रणाली और कार्य-प्रदर्शन में सुधार प्रमुख हैं। कुछ मानक अनुप्रयोगों—विंडोज कैलेंडर, विंडोज मेल, विंडोज

मूवी मेकर व विंडोज फोटो गैलरी—को इसमें शामिल नहीं किया था बल्कि विंडोज एसेंशियल्स के जरिए उन्हें अलग से मुफ्त में पेश किया गया था।

विंडोज 7 ने बिक्री के नए रिकॉर्ड बनाए थे। पूर्व आदेश बिक्री (प्री-ऑर्डर सेल) के मामले में यह अमेजन के इतिहास में सबसे ज्यादा कमाई करनेवाला बन गया था और हैरी पोटर शृंखला की सातवीं किताब का तब तक रिकॉर्ड तोड़ दिया था। नेट एप्लीकेशंस के मुताबिक, विंडोज 7 ने तीन सप्ताह से भी कम समय में 4 फीसदी की बाजार हिस्सेदारी के स्तर पर पहुँच गया था, जो स्तर हासिल करने में विंडोज विस्टा को सात महीने लगे थे। 4 मार्च, 2010 को माइक्रोसॉफ्ट ने घोषणा की थी कि उसने विंडोज 7 के 9 करोड़ लाइसेंस बेचे थे। 23 मार्च, 2010 तक यानी छह महीनों में—विंडोज 7 की 10 करोड़ प्रतियाँ बिक चुकी थीं और वह माइक्रोसॉफ्ट की सबसे तेज बिकनेवाली परिचालन प्रणाली बन चुकी थी। 23 जून, 2010 तक विंडोज 7 की 15 करोड़ प्रतियाँ बिक चुकी थीं और यह इतिहास की सबसे अधिक बिकनेवाली परिचालन प्रणाली बन गई थी। वह प्रति सेकंड सात प्रतियों की दर पर बिक रही थी। 22 जुलाई, 2010 तक विंडोज 7 की 17.50 करोड़ प्रतियाँ बिकी थीं, जो 21 अक्तूबर, 2010 को 24 करोड़ पहुँच गई। तीन माह बाद 27 जनवरी, 2011 को माइक्रोसॉफ्ट ने घोषित किया था कि विंडोज 7 की कुल बिक्री 30 करोड़ हो चुकी थी 12 जुलाई, 2011 को यह आँकड़ा 40 करोड़ के पार चला गया था। 9 जुलाई, 2012 तक नए कंप्यूटर के लिए ओ.ई.एम. लाइसेंस बिक्री सहित, विंडोज 7 की कुल बिक्री 63 करोड़ के पार पहुँच गई थी।

विंडोज फोन का विकास और नोकिया का अधिग्रहण—स्मार्ट फोन परिचालन प्रणाली बाजार में भी माइक्रोसॉफ्ट काफी पीछे रह गया था, लेकिन अक्तूबर-नवंबर 2010 में विंडोज फोन शृंखला पेश होने के बाद स्थिति बेहतर होने लगी थी। हालाँकि इसे माइक्रोसॉफ्ट द्वारा अप्रैल 2000 में विंडोज सी.ई. पर आधारित पॉकेट पी.सी., और बाद में विंडोज मोबाइल शृंखला का उत्तराधिकारी माना जाता है लेकिन यह पुराने प्लेटफॉर्म के लिए अनुकूलित नहीं है। विंडोज मोबाइल के विपरीत माइक्रोसॉफ्ट ने विंडोज फोन परिचालन प्रणाली को उपभोक्ता-केंद्रित बनाने की कोशिश है, न कि उद्यम-केंद्रित।

माइक्रोसॉफ्ट ने इस नई शृंखला स्मार्ट फोन परिचालन प्रणाली का विकास वर्ष 2003 में ही शुरू कर दिया था, लेकिन देरी होने के चलते उसे परियोजना को रद्द करना पड़ा था। वर्ष 2008 में एक बार फिर से विंडोज मोबाइल विकास दल को पुनर्गठित कर नई परिचालन प्रणाली के विकास का काम शुरू हुआ था और उसे

विंडोज फोन के रूप में वर्ष 2009 में पेश किया जाना था। लेकिन उसमें भी देरी हुई और माइक्रोसॉफ्ट ने उसकी जगह विंडोज मोबाइल 6.5 जारी किया था। फिर, माइक्रोसॉफ्ट ने पिछले संस्करणों के अनुप्रयोगों के साथ अनुकूलता की कोशिशों को त्यागकर बिल्कुल नई परिचालन प्रणाली विकसित करने का फैसला किया था। इस बार विकास-प्रक्रिया तेज थी और 15 फरवरी, 2010 को मोबाइल वर्ल्ड कांग्रेस (बार्सिलोना, केटलोनिआ, स्पेन) में इस शृंखला की पहली पेशकश—विंडोज फोन-7 की घोषणा की गई थी। फिर 22 अक्तूबर से 8 नवंबर, 2010 के बीच विंडोज फोन 7 को दुनिया भर में पेश किया गया था।

11 फरवरी, 2011 को लंदन में आयोजित एक संयुक्त संवाददाता सम्मेलन में माइक्रोसॉफ्ट के सी.ई.ओ. और नोकिया के सी.ई.ओ. ने दोनों कंपनियों के बीच एक साझेदारी की घोषणा की थी, जिसके तहत सिंबियन की जगह विंडोज फोन को नोकिया की प्राथमिक स्मार्ट फोन परिचालन प्रणाली बनाने का फैसला किया गया था। इस समझौते को एक नया वैश्विक मोबाइल पारिस्थितिकी तंत्र (इको-सिस्टम) विकसित कर एंड्राइड (गूगल व गूगल नेतृत्व वाला 84 कंपनियों का ओपन हैंडसेट अलाएंस) व आई.ओ.एस. (एप्पल) से मुकाबले की तैयारी के रूप में देखा गया था। असल में नोकिया को सैमसंग ने स्मार्ट फोन बाजार में और दूसरी तरफ गूगल ने माइक्रोसॉफ्ट को स्मार्ट फोन परिचालन प्रणाली बाजार में बुरी तरह परास्त किया था।

29 अक्तूबर, 2012 को माइक्रोसॉफ्ट ने स्मार्ट फोन परिचालन प्रणाली का नया संस्करण विंडोज फोन 8 पेश किया था, जिसमें 'मॉडर्न' (पहले 'मेट्रो') नामक डिजाइन भाषा की विशेषताओंवाला उपभोक्ता अंतराफलक (यूजर इंटरफेस) शामिल किया गया था। इसके अलावा, यह सॉफ्टवेयर तीसरे पक्ष व माइक्रोसॉफ्ट सेवाओं के साथ एकीकृत किया गया था और इसे चलाने की हार्डवेयर आवश्यकताओं को काफी कम रखने की कोशिश की गई थी।

2 सितंबर, 2013 को माइक्रोसॉफ्ट ने 3.79 अरब यूरो के नकद सौदे में नोकिया के उपकरण व सेवाओं से जुड़े सभी कारोबार खरीद लिये थे, साथ ही, नोकिया को पेटेंट लाइसेंस के लिए 1.65 अरब यूरो का अलग से नकद भुगतान किया था। इस तरह, माइक्रोसॉफ्ट ने नोकिया को कुल 5.44 अरब यूरो (करीब 7.20 अरब डॉलर) के नकद भुगतान का चौकानेवाला सौदा किया था। गौरतलब है कि माइक्रोसॉफ्ट ने नोकिया के जिन परिचालनों को खरीदा था, उसने 14.9 अरब यूरो (नोकिया के कुल कारोबार का करीब 50 फीसदी) का कारोबार किया था।

इस सौदे के लागू होते-होते फिनलैंड व दुनिया भर से करीब 32 हजार नोकिया कर्मचारी माइक्रोसॉफ्ट में स्थानांतरित होंगे।

स्काइप की ऐतिहासिक खरीद—अपने इंटरनेट आधारित कारोबार को मजबूत बनाने की दिशा में 10 मई, 2011 को माइक्रोसॉफ्ट ने 8.5 अरब डॉलर की आश्चर्यजनक ऐतिहासिक कीमत पर स्काइप टेक्नोलॉजीज (मुख्यालय लक्जमबर्ग, पश्चिमी यूरोप) को खरीदा था। स्काइप की परिचालन आय के मुकाबले 32 गुना ज्यादा कीमत अदा कर माइक्रोसॉफ्ट ने अब तक का सबसे बड़ा अधिग्रहण किया था। 'द फाइनेंशियल टाइम्स' अखबार ने इस घटना को एक नए 'टेक बबल' (तक्नीकी बुलबुला) कहा था।

अब इसे माइक्रोसॉफ्ट स्काइप डिवीजन के रूप में जाना जाता है, जो वी.ओ.आई.पी. (वाइस ओवर इंटरनेट प्रोटोकॉल), वीडियो कॉन्फ्रेंसिंग, इंस्टेंट मेसेजिंग की सेवाएँ प्रदान करती है। 25 फरवरी, 2012 को स्काइप ने घोषणा की थी कि उसके यूजर्स की संख्या 3.20 करोड़ से ऊपर हो चुकी थी, जो 5 मार्च, 2012 को 3.60 करोड़ और एक साल के भीतर 21 जनवरी, 2013 को 5 करोड़ से ऊपर चली गई थी।

विंडोज 8 का विकास व फीका प्रदर्शन—माइक्रोसॉफ्ट ने विंडोज 8 के विकास का काम विंडोज 7 को जारी करने से पहले ही शुरू कर दिया था। इसकी घोषणा कंजूमर इलेक्ट्रॉनिक्स शो-2011 (6-9 जनवरी, लॉस वेगास) में की कई थी और सितंबर 2011 से मई 2012 के बीच इसके तीन विमोचन पूर्व (प्री-रिलीज) संस्करण जारी किए गए थे। फिर 1 अगस्त, 2012 को विंडोज 8 का अंतिम संस्करण कंप्यूटर निर्माताओं को जारी किया गया था, जबकि खुदरा संस्करण 26 अक्तूबर, 2012 को।

माइक्रोसॉफ्ट ने विंडोज 8 में प्रमुख रूप से परिचालन प्रणाली के प्लेटफॉर्म—विंडोज एनटी में और टैबलेट पर इसके कार्य प्रदर्शन को बढ़ाने के लिए उपयोगकर्ता अंतराफलक में बदलाव किए गए थे। इन बदलावों में प्रमुख थे—मेट्रो डिजाइन पर आधारित स्पर्श अनुकूलित (टच ऑप्टीमाइज्ड) विंडोज शेल जी.यू.आई.; स्टार्ट स्क्रीन (जो कार्यक्रमों व गतिशील रूप से अद्यतन सामग्री को टाइल्स के ग्रिड पर दिखाता है); मोबाइल अनुप्रयोगों के विकास के लिए टचस्क्रीन इनपुट पर जोर देनेवाला एक नया प्लेटफॉर्म, ऑनलाइन सेवाओं के साथ एकीकरण (उपकरणों के बीच अनुप्रयोगों व बैठाव को समन्वित करने की क्षमता सहित) और नए सॉफ्टवेयर डाउनलोड करने व खरीदने के लिए ऑनलाइन स्टोर—विंडोज स्टोर. विंडोज 8

विंडोज फोन के रूप में वर्ष 2009 में पेश किया जाना था। लेकिन उसमें भी देरी हुई और माइक्रोसॉफ्ट ने उसकी जगह विंडोज मोबाइल 6.5 जारी किया था। फिर, माइक्रोसॉफ्ट ने पिछले संस्करणों के अनुप्रयोगों के साथ अनुकूलता की कोशिशों को त्यागकर बिल्कुल नई परिचालन प्रणाली विकसित करने का फैसला किया था। इस बार विकास-प्रक्रिया तेज थी और 15 फरवरी, 2010 को मोबाइल वर्ल्ड कांग्रेस (बार्सिलोना, केटलोनिआ, स्पेन) में इस श्रृंखला की पहली पेशकश—विंडोज फोन-7 की घोषणा की गई थी। फिर 22 अक्तूबर से 8 नवंबर, 2010 के बीच विंडोज फोन 7 को दुनिया भर में पेश किया गया था।

11 फरवरी, 2011 को लंदन में आयोजित एक संयुक्त संवाददाता सम्मेलन में माइक्रोसॉफ्ट के सी.ई.ओ. और नोकिया के सी.ई.ओ. ने दोनों कंपनियों के बीच एक साझेदारी की घोषणा की थी, जिसके तहत सिंबियन की जगह विंडोज फोन को नोकिया की प्राथमिक स्मार्ट फोन परिचालन प्रणाली बनाने का फैसला किया गया था। इस समझौते को एक नया वैश्विक मोबाइल पारिस्थितिकी तंत्र (इको-सिस्टम) विकसित कर एंड्राइड (गूगल व गूगल नेतृत्व वाला 84 कंपनियों का ओपन हैंडसेट अलाएंस) व आई.ओ.एस. (एप्पल) से मुकाबले की तैयारी के रूप में देखा गया था। असल में नोकिया को सैमसंग ने स्मार्ट फोन बाजार में और दूसरी तरफ गूगल ने माइक्रोसॉफ्ट को स्मार्ट फोन परिचालन प्रणाली बाजार में बुरी तरह परास्त किया था।

29 अक्तूबर, 2012 को माइक्रोसॉफ्ट ने स्मार्ट फोन परिचालन प्रणाली का नया संस्करण विंडोज फोन 8 पेश किया था, जिसमें 'मॉडर्न' (पहले 'मेट्रो') नामक डिजाइन भाषा की विशेषताओंवाला उपभोक्ता अंतराफलक (यूजर इंटरफेस) शामिल किया गया था। इसके अलावा, यह सॉफ्टवेयर तीसरे पक्ष व माइक्रोसॉफ्ट सेवाओं के साथ एकीकृत किया गया था और इसे चलाने की हार्डवेयर आवश्यकताओं को काफी कम रखने की कोशिश की गई थी।

2 सितंबर, 2013 को माइक्रोसॉफ्ट ने 3.79 अरब यूरो के नकद सौदे में नोकिया के उपकरण व सेवाओं से जुड़े सभी कारोबार खरीद लिये थे, साथ ही, नोकिया को पेटेंट लाइसेंस के लिए 1.65 अरब यूरो का अलग से नकद भुगतान किया था। इस तरह, माइक्रोसॉफ्ट ने नोकिया को कुल 5.44 अरब यूरो (करीब 7.20 अरब डॉलर) के नकद भुगतान का चौकानेवाला सौदा किया था। गौरतलब है कि माइक्रोसॉफ्ट ने नोकिया के जिन परिचालनों को खरीदा था, उसने 14.9 अरब यूरो (नोकिया के कुल कारोबार का करीब 50 फीसदी) का कारोबार किया था।

इस सौदे के लागू होते-होते फिनलैंड व दुनिया भर से करीब 32 हजार नोकिया कर्मचारी माइक्रोसॉफ्ट में स्थानांतरित होंगे।

स्काइप की ऐतिहासिक खरीद—अपने इंटरनेट आधारित कारोबार को मजबूत बनाने की दिशा में 10 मई, 2011 को माइक्रोसॉफ्ट ने 8.5 अरब डॉलर की आश्चर्यजनक ऐतिहासिक कीमत पर स्काइप टेक्नोलॉजीज (मुख्यालय लक्जमबर्ग, पश्चिमी यूरोप) को खरीदा था। स्काइप की परिचालन आय के मुकाबले 32 गुना ज्यादा कीमत अदा कर माइक्रोसॉफ्ट ने अब तक का सबसे बड़ा अधिग्रहण किया था। 'द फाइनेंशियल टाइम्स' अखबार ने इस घटना को एक नए 'टेक बबल' (तकनीकी बुलबुला) कहा था।

अब इसे माइक्रोसॉफ्ट स्काइप डिवीजन के रूप में जाना जाता है, जो वी.ओ.आई.पी. (वाइस ओवर इंटरनेट प्रोटोकॉल), वीडियो कॉन्फ्रेंसिंग, इंस्टेंट मेसेजिंग की सेवाएँ प्रदान करती है। 25 फरवरी, 2012 को स्काइप ने घोषणा की थी कि उसके यूजर्स की संख्या 3.20 करोड़ से ऊपर हो चुकी थी, जो 5 मार्च, 2012 को 3.60 करोड़ और एक साल के भीतर 21 जनवरी, 2013 को 5 करोड़ से ऊपर चली गई थी।

विंडोज 8 का विकास व फीका प्रदर्शन—माइक्रोसॉफ्ट ने विंडोज 8 के विकास का काम विंडोज 7 को जारी करने से पहले ही शुरू कर दिया था। इसकी घोषणा कंजूमर इलेक्ट्रॉनिक्स शो-2011 (6-9 जनवरी, लॉस वेगास) में की कई थी और सितंबर 2011 से मई 2012 के बीच इसके तीन विमोचन पूर्व (प्री-रिलीज) संस्करण जारी किए गए थे। फिर 1 अगस्त, 2012 को विंडोज 8 का अंतिम संस्करण कंप्यूटर निर्माताओं को जारी किया गया था, जबकि खुदरा संस्करण 26 अक्तूबर, 2012 को।

माइक्रोसॉफ्ट ने विंडोज 8 में प्रमुख रूप से परिचालन प्रणाली के प्लेटफॉर्म—विंडोज एनटी में और टैबलेट पर इसके कार्य प्रदर्शन को बढ़ाने के लिए उपयोगकर्ता अंतराफलक में बदलाव किए गए थे। इन बदलावों में प्रमुख थे—मेट्रो डिजाइन पर आधारित स्पर्श अनुकूलित (टच ऑप्टीमाइज्ड) विंडोज शेल जी.यू.आई.; स्टार्ट स्क्रीन (जो कार्यक्रमों व गतिशील रूप से अद्यतन सामग्री को टाइल्स के ग्रिड पर दिखाता है); मोबाइल अनुप्रयोगों के विकास के लिए टचस्क्रीन इनपुट पर जोर देनेवाला एक नया प्लेटफॉर्म, ऑनलाइन सेवाओं के साथ एकीकरण (उपकरणों के बीच अनुप्रयोगों व बैठाव को समन्वित करने की क्षमता सहित) और नए सॉफ्टवेयर डाउनलोड करने व खरीदने के लिए ऑनलाइन स्टोर—विंडोज स्टोर. विंडोज 8

में यू.एस.बी. 3.0, एडवांस्ड फॉर्मेट हार्ड ड्राइव, नियर फील्ड कम्युनिकेशंस व क्लाउड कंप्यूटिंग के लिए सॉफ्टवेयर मदद दी गई थी। इसके अलावा, विंडोज 8 की बनावट के भीतर एंटीवायरस को जोड़ा गया था और उसे फिशिंग व मैलवेयर फिल्टर—माइक्रोसॉफ्ट स्मार्ट स्क्रीन सेवाओं के साथ एकीकृत किया गया था।

कार्य प्रदर्शन संबंधी सुधारों, सुरक्षा संवर्द्धन और टचस्क्रीन उपकरणों के लिए बेहतर समर्थन को लेकर विंडोज 8 ने काफी तारीफ बटोरी थी; जबकि नए उपभोक्ता अंतराफलक की जटिलताओं के चलते उसकी तीखी आलोचना भी हुई थी। टचस्क्रीन की बजाय कीबोर्ड व माउस इस्तेमाल करने की स्थिति में विंडोज 8 का उपभोक्ता अंतराफलक काफी भ्रामक सीखने में कठिन साबित हुआ था। इन कमियों के बावजूद जनवरी 2013 तक विंडोज 8 के 8 करोड़ लाइसेंस बेचे जा चुके थे और जुलाई 2013 में उसके उपयोग की हिस्सेदारी विंडोज विस्टा से ऊपर 5.1 फीसदी के स्तर पर पहुँच गई थी। लेकिन विंडोज 7 के मुकाबले इसका प्रदर्शन फीका ही रहा था। फिर 17 अक्तूबर, 2013 को माइक्रोसॉफ्ट ने इसका संशोधित संस्करण विंडोज 8.1 पेश किया था।

माइक्रोसॉफ्ट सरफेस टैबलेट शृंखला—18 जून, 2012 को माइक्रोसॉफ्ट ने एक और ऐतिहासिक घोषणा की थी कि वह माइक्रोसॉफ्ट सरफेस शृंखला के टैबलेट कंप्यूटर बाजार में उतारने जा रही है। 'सरफेस' माइक्रोसॉफ्ट द्वारा खुद ही डिजाइन किए गए हार्डवेयर के साथ अपनी विंडोज परिचालन प्रणाली को एकीकृत करने की पहली बड़ी पहल थी। 26 अक्तूबर, 2012 को कंपनी ने सरफेस के दो मॉडल—सरफेस आर.टी. व सरफेस प्रो—पेश किए थे। इन टैबलेट की उत्पादन-सेवा पेगात्रों कॉरपोरेशन से ली गई थी।

सरफेस आर.टी. में नवीडिया टेग्रा 3 एस.ओ.सी. (सिस्टम ऑन चिप) का इस्तेमाल किया गया था, जो ए.आर.एम.वी. 7 सी.पी.यू. को ग्राफिक प्रोसेसिंग यूनिट (जी.पी.यू.) के साथ एकीकृत करता है। सरफेस प्रो में इंटेल कोर आई 5 प्रोसेसर का इस्तेमाल किया गया था। दोनों टैबलेट में 10.6 इंच (27 से.मी.) का स्क्रीन लगाया गया था, जिसका अभिमुख अनुपात 16.9 था। दोनों टैबलेट में माइक्रोसॉफ्ट के 'क्लियर टाइप' एच.डी. प्रदर्शन-तकनीक का इस्तेमाल हुआ था और दोनों के स्क्रीन खरोंच व दरार प्रतिरोधी शीशा—गोरिल्ला ग्लास—से बने थे। सरफेस टैबलेट के साथ दो प्रकार के कीबोर्ड कवर पेश किए गए थे—टच कवर व टाइप कवर—जिनमें से दोनों एक चुंबकीय पट्टी के जरिए उपकरण से जुड़ते थे। उपकरण के साथ जोड़ने पर दोनों सुरक्षा आवरण का काम करते हैं और खोलने पर कीबोर्ड की तरह।

सरफेस आर.टी. में नवीडिया टेग्रा 3 एस.ओ.सी. का इस्तेमाल किया गया था, जो ए.आर.एम.वी. 7 सी.पी.यू. को ग्राफिक प्रोसेसिंग यूनिट के साथ एकीकृत करता है।

समाचार माध्यमों में सरफेस टैबलेट को लेकर मिली-जुली समीक्षाएँ आई थीं। लेकिन खास तौर पर सरफेस आर.टी. की बिक्री अपेक्षा से काफी कम व ढीली रही थी। मार्च 2013 में समाचार एजेंसी 'ब्लूमबर्ग' ने अंदरूनी सूत्रों के हवाले से यह खबर जारी की थी कि बिक्री अपेक्षा से कम रही थी; कुल 15 लाख टैबलेट बिके थे, जिनमें सरफेस आर.टी. की हिस्सेदारी 4 लाख ही थी। माइक्रोसॉफ्ट ने वर्ष 2012 की अंतिम तिमाही के दौरान 20 लाख इकाइयों की बिक्री का मूल अनुमान लगाया था। ढीली बिक्री का मुख्य कारण टैबलेट बाजार में माइक्रोसॉफ्ट के प्रतिस्पर्धी एप्पल व गूगल के दबदबे को माना गया था, जबकि अन्य कारण सॉफ्टवेयर संबंधी दिक्कतें रहीं।

35 अरब डॉलर का नुकसान और बामर के पद-त्याग की घोषणा—18 जुलाई, 2013 को माइक्रोसॉफ्ट ने वित्त वर्ष 2012-13 (30 जून तक) की अंतिम तिमाही का परिणाम घोषित किया था, जिसमें सरफेस आर.टी. की वस्तु-सूची समायोजन (इन्वेंटरी एडजस्टमेंट) मद 90 करोड़ डॉलर (प्रति शेयर 7 सेंट का लाभांश नुकसान) का प्रावधान किया था। यह परिणाम अगले दिन शुक्रवार (19 जुलाई, 2013) को निवेशकों की भारी निराशा में सामने आया था। एक दिन में माइक्रोसॉफ्ट के प्रति शेयर मूल्य में 4.04 डॉलर (11 फीसदी) की गिरावट के साथ 31.40 डॉलर प्रति शेयर पर चला गया था; और कंपनी के कुल बाजार मूल्य में 35 अरब डॉलर का भारी नुकसान हुआ था। यह वर्ष 2000 के बाद माइक्रोसॉफ्ट के शेयर बाजार मूल्य में सबसे बड़ी गिरावट थी। इस गिरावट ने एक बार फिर से, सी.ई.ओ. स्टीव बामर की कार्यशैली पर सवाल खड़े कर दिए थे और 23 अगस्त, 2013 को बामर ने घोषणा की थी कि वह साल भर के अंदर नए सी.ई.ओ. का चयन होते ही अपना पद-त्याग कर देंगे।

□□□